HOTEL
PLANEJAMENTO E PROJETO

Dados Internacionais de Catalogação na Publicação (CIP)
(Jeane Passos de Souza – CRB 8ª/6189)

Andrade, Nelson
Hotel: planejamento e projeto / Nelson Andrade, Paulo Lucio de Brito, Wilson Edson Jorge. – 11ª ed. – São Paulo : Editora Senac São Paulo, 2017.

Bibliografia.
ISBN 978-85-396-1303-8

1. Hotéis – Planejamento 2. Hotéis – Projeto e construção I. Brito, Paulo Lucio de. II. Jorge, Wilson Edson. III. Título.

17-580s CDD-728.5
BUS081000

Índices para catálogo sistemático:

1. Hotéis : Planejamento : Arquitetura 728.5
2. Hotéis : Projeto : Arquitetura 728.5

Nelson Andrade
Paulo Lucio de Brito
Wilson Edson Jorge

HOTEL
PLANEJAMENTO E PROJETO

11ª
EDIÇÃO

Editora Senac São Paulo – São Paulo – 2017

ADMINISTRAÇÃO REGIONAL DO SENAC NO ESTADO DE SÃO PAULO

Presidente do Conselho Regional: Abram Szajman
Diretor do Departamento Regional: Luiz Francisco de A. Salgado
Superintendente Universitário e de Desenvolvimento: Luiz Carlos Dourado

EDITORA SENAC SÃO PAULO

Conselho Editorial: Luiz Francisco de A. Salgado
Luiz Carlos Dourado
Darcio Sayad Maia
Lucila Mara Sbrana Sciotti
Luís Américo Tousi Botelho

Gerente/Publisher: Luís Américo Tousi Botelho
Coordenação Editorial: Verônica Pirani de Oliveira
Prospecção: Andreza Fernandes dos Passos de Paula, Dolores Crisci Manzano, Paloma Marques Santos
Administrativo: Marina P. Alves
Comercial: Aldair Novais Pereira
Comunicação e Eventos: Tania Mayumi Doyama Natal

Edição de texto: Vanessa Rodrigues
Preparação de texto: Luciana Garcia (Estilo Edição de Livros)
Coordenação de Revisão de Texto: Marcelo Nardeli
Revisão de texto: Ivone P. B. Groenitz, Globaltec Editora Ltda, ASA Assessoria e Comunicação, Sandra Brazil
Capa: Amaury Massaru Mavatari, Angela Pagliuso Basso
Coordenação de Arte: Antonio Carlos De Angelis
Projeto Gráfico: Fabiana Fernandes
Editoração Eletrônica: Sandra Regina dos Santos Santana
Impressão e Acabamento: Gráfica CS

Editora Senac São Paulo
Av. Engenheiro Eusébio Stevaux, 823 – Prédio Editora
Jurubatuba – CEP 04696-000 – São Paulo – SP
Tel. (11) 2187-4450
editora@sp.senac.br
https://www.editorasenacsp.com.br

SUMÁRIO

Nota do editor, 7

Prefácio – *Julio Serson*, 9

Prefácio à 10ª edição – *Enrico Fermi Torquato Fontes*, 13

Agradecimentos, 17

Apresentação, 19

Um breve histórico, 23

- Introdução, 24
- A hotelaria no Brasil, 25

Planejamento de empreendimentos hoteleiros, 39

- Definição do produto, 40
- Estudo de mercado, 41
- Estudo de viabilidade econômico-financeira do empreendimento, 42
- Localização, 44

Tipos de hotel, 51

- Classificação dos hotéis, 53

O projeto, 109

- Área de hospedagem, 112
- Áreas públicas e sociais, 141
- Administração, 175
- Áreas de serviço, 182
- Áreas de equipamentos e sistemas de instalações, 196

Elaboração do programa, 217

Dimensionamento, 229
- Dimensionamento geral, 230
- Dimensionamento do andar-tipo de hospedagem, 233
- Dimensionamento das áreas públicas e sociais, 254
- Dimensionamento das áreas de serviços, 263

Anexo 1 – Parâmetros de custos, 275

Anexo 2 – Relação de áreas e funções, 283
- Áreas de hospedagem, 284
- Áreas sociais, 284
- Área de serviços, 287
- Área dos equipamentos, 290
- Grupo gerador de emergência, 291
- Área de recreação, 291
- Transportes, 293

Bibliografia, 295

Créditos das imagens, 299

Índice, 303

NOTA DO EDITOR

A expansão do mercado turístico nacional, acompanhando a tendência mundial, tem exigido do empresariado e do pessoal gerencial-administrativo do setor hoteleiro atenção maior à crescente complexidade desse mercado.

Respaldados em décadas de experiência na elaboração, no desenvolvimento, na coordenação e na supervisão de projetos arquitetônicos de vulto, os autores de *Hotel: planejamento e projeto* detalham as etapas necessárias à concepção de um projeto e, ao analisar os diversos tipos de hotéis, estudam a viabilidade e as variáveis que influenciam na decisão quanto ao porte, à localização e ao tipo de empreendimento.

Ao reapresentar esta publicação revista e atualizada na área de hotelaria e turismo, o Senac São Paulo está certo de contribuir com um instrumento valiosíssimo para profissionais de arquitetura e engenharia, empresários do setor e estudantes e pesquisadores interessados no tema.

PREFÁCIO

Não há como deixar de reconhecer a importância da expansão do mercado turístico nacional para o desenvolvimento econômico-financeiro-social do país. A disparada do turismo nas últimas décadas do século XX e neste início do século XXI é fruto de uma ampla teia que envolve novas dimensões nas áreas da comunicação e dos transportes mundiais, decorrentes da internacionalização das economias. Outra explicação para esse crescimento foram os avanços consideráveis alcançados por diversas regiões do mundo, como as aberturas política, econômica e cultural da Rússia e dos países vizinhos da Europa oriental, a estabilização política e econômica da América do Norte e da Europa ocidental e a consolidação do mercado asiático com o crescimento vertiginoso da economia da China. Na América Latina, emergiu, recentemente, uma consciência turística voltada para a valorização da oferta natural dos países do Cone Sul e para a expansão dos mercados e dos PIBs nacionais.

Além das estratégias de alavancagem do turismo promovidas por países e regiões, surgiram novos nichos negociais, como o turismo ecológico e o de terceira idade, que incrementaram, ainda mais, os fluxos mercadológicos.

Nesse contexto, a hotelaria desponta como vetor fundamental de expansão e consolidação do setor. Sua atuação tem correspondido à demanda dos novos segmentos de mercado e, ao mesmo tempo, propiciado o surgimento de novas modalidades de turismo, diversificando o portfólio de serviços. Por tudo isso, a hotelaria tem merecido destaque no cenário turístico. Sua evolução, nas últimas décadas, e suas amplas perspectivas de crescimento acompanham uma tendência largamente verificada em todos os ramos de negócios e setores: a qualificação e a especialização dos serviços prestados.

No Brasil, conceitos avançados no campo do planejamento hoteleiro também têm recebido destaque. A complexidade que envolve as funções de hospedagem e as atividades administrativas dos novos modelos de empreendimentos hoteleiros no mundo globalizado é o eixo central do pioneiro trabalho desenvolvido por Nelson Andrade, Paulo Lucio de Brito e Wilson Edson Jorge. Baseada na experiência e no aprendizado profissional dos autores, a obra é um guia seguro para os peregrinadores em busca da Meca do conhecimento hoteleiro. Amparados em eficiente metodologia e grande acuidade, eles detalham as etapas necessárias para dimensionar, com precisão, os fatores inerentes à concepção de um projeto hoteleiro. Estão agrupados os itens que antecedem o projeto arquitetônico, como a definição do segmento de mercado que se pretende atingir, o perfil dos usuários, a viabilidade econômico-financeira do empreendimento e a sua localização, a tipologia do edifício, o número de apartamentos, o padrão das instalações e os equipamentos necessários, assim como os itens pertinentes ao projeto técnico, como os sistemas hidráulico-sanitários e eletrônicos que devem ser utilizados, a divisão dos setores compreendidos no hotel, a configuração dos andares e das áreas sociais e recreativas do prédio e a melhor forma de administrar o empreendimento.

Todo o entendimento necessário para o sucesso do projeto está mapeado nos tópicos, subtópicos, gráficos e ilustrações, que recuperam a história do desenvolvimento hoteleiro no Brasil e no mundo e expõem os fatores responsáveis pelo atual estágio evolutivo do turismo nos continentes. A partir dessa clara abordagem acerca dos caminhos e perspectivas do mercado turístico internacional, os autores edificam seu esquema de trabalho, detalhando os atuais tipos de hotéis e a melhor forma de escolher um empreendimento. Andrade, Brito e Jorge consideram todas as variáveis que envolvem e influenciam essa decisão estratégica, sinalizando, com exatidão, os fatores de viabilidade. Trata-se de um trabalho completo, inclusive na análise do projeto de arquitetura e do programa administrativo mais adequado ao porte e ao estilo do hotel.

Quadros comparativos permitem a visualização dos mercados hoteleiros mundiais e as suas diferenças qualitativas e quantitativas pertinentes. Perfeito para empresários que pretendem montar estabelecimentos baseados em receitas que deram certo no exterior e para quem prefere distanciar-se de modelos preconcebidos. Tudo listado com prós e contras.

A presente "bíblia" comprova, por si só, a dedicação e o empenho dos profissionais e autores desta colaboração inovadora, instrumento fundamental para os corpos gerenciais, funcionais, administrativos e profissionais da cadeia hoteleira.

Julio Serson
Vice-presidente da Associação Brasileira da Indústria de Hotéis (ABIH) e secretário de Relações Internacionais do Município de São Paulo – São Paulo

PREFÁCIO À 10ª EDIÇÃO

A indústria hoteleira, essa extensa e complexa máquina de produção de bem-estar e qualidade de vida, movimenta-se 24 horas por dia pelos quatro cantos do mundo, do primeiro risco do projeto de arquitetura de um hotel à temperatura ideal do café da manhã. Situada no coração do turismo, pulsa por hospitalidade e comodidade em um mercado que se expande de maneira extraordinária em todo o planeta, transformando-se no principal motor da economia de vários países.

A disparada do turismo nas últimas décadas é resultado de uma ampla teia que envolve novas dimensões nas áreas da comunicação e dos transportes mundiais decorrentes da internacionalização das economias. A hotelaria desponta nesse cenário como vetor fundamental de expansão e consolidação do setor.

No Brasil, as cadeias hoteleiras internacionais começaram a desembarcar ainda na década de 1970, mas o grande impulso foi a partir do Plano Real, de 1994, que trouxe estabilidade econômica ao país, o qual se tornou mais seguro para receber investimentos de porte. As grandes redes serviram de parâmetro para a hotelaria nacional.

Hoje, dispomos no país de quase 26 mil estabelecimentos, entre hotéis de rede, independentes, resorts, pousadas, apart-hotéis. São 1,3 milhão de unidades habitacionais com 2,6 milhões de leitos. E o Brasil se torna um destino cada vez mais procurado: só em 2012, quase 6 milhões de estrangeiros nos visitaram – mais um recorde. Dos hotéis, 93% são independentes e 72% de pequeno porte, o que demonstra a força das empresas familiares nesse ramo.

Além disso, nossa hotelaria se orgulha de oferecer aos turistas brasileiros e estrangeiros uma gama variada de hotéis de última geração, desde os econômicos aos mais sofisticados, comparáveis aos mais desenvolvidos mercados do mundo. É assim que abrimos caminho para mostrar que o turismo é uma das vias mais importantes para o desenvolvimento do país. A hotelaria é preponderante nesse cenário.

Sua atuação corresponde à demanda dos novos segmentos do mercado e, ao mesmo tempo, propicia o surgimento de novas modalidades de turismo, diversificando o portfólio de serviços. Sua evolução e suas amplas perspectivas de crescimento acompanham a tendência largamente verificada em todos os ramos de negócios e setores: a qualificação e a especialização dos serviços. Conceitos avançados no campo do planejamento hoteleiro também têm sido realçados no mercado brasileiro.

A complexidade que envolve as funções de hospedagem e as atividades administrativas dos novos modelos de empreendimentos hoteleiros no mundo globalizado é o eixo central deste trabalho pioneiro desenvolvido por Nelson Andrade, Paulo Lucio de Brito e Wilson Edson Jorge.

Com base na experiência e no aprendizado profissional dos autores, esta obra é um guia seguro para os que pretendem se armar de conhecimento hoteleiro. Amparados em eficiente metodologia e grande acuidade, os autores detalham as etapas necessárias para dimensionar, com precisão, os fatores inerentes à concepção de um projeto nesse setor. Estão reunidos nesta obra os itens e eixos que antecedem o projeto arquitetônico, como a definição do segmento de mercado que se pretende atingir e o perfil dos usuários, a viabilidade econômico-financeira do empreendimento e sua localização, a tipologia do edifício, o número de apartamentos, o padrão das instalações e os equipamentos necessários. E completam o ciclo os aspectos pertinentes ao projeto técnico, como os sistemas hidráulico-sanitários e eletrônicos que devem ser utilizados, a divisão dos setores compreendidos no hotel, a configuração dos andares e das áreas sociais e recreativas do prédio, assim como a melhor forma de administrar o empreendimento.

Os caminhos para o sucesso do projeto estão mapeados nos tópicos, subtópicos, gráficos e ilustrações que recuperam a história do desenvolvimento hoteleiro no Brasil e no mundo e expõem os fatores responsáveis pelo atual estágio evolutivo do turismo nos continentes. A partir dessa clara abordagem acerca dos caminhos e perspectivas do mercado turístico internacional, os autores edificam seu esquema de trabalho, detalhando os atuais tipos de hotéis e a melhor forma de escolher um empreendimento.

Andrade, Brito e Jorge consideram todas as variáveis que envolvem e influenciam essa decisão estratégica, sinalizando com exatidão os fatores de viabilidade. Enfim, tudo se entrelaça nesse valioso conjunto de abordagens e situações para os que pretendem empreender no grande concerto da hospitalidade.

Enrico Fermi Torquato Fontes
Presidente da Associação Brasileira da Indústria de Hotéis (ABIH) – Nacional

AGRADECIMENTOS

Queremos manifestar nossos profundos agradecimentos aos colaboradores da 11ª edição do livro:

Caio Sérgio Calfat Jacob, de maneira muito especial por sua expressiva participação como coautor do primeiro capítulo, "Um breve histórico", e do segundo, "Planejamento de empreendimentos hoteleiros"; pelo texto e pelas ilustrações de seu arquivo particular do tema "A hotelaria em São Paulo"; por seus textos reproduzidos integralmente nesta publicação: "Definição do produto", "Estudo de mercado" e "Estudo de viabilidade econômico-financeira do empreendimento".

Fernanda Ferreira Guzzo, pela revisão e atualização da pesquisa voltada para índices e equipamentos hoteleiros.

Diogo de Lima Mourão da Silva, pela elaboração dos desenhos e pela montagem final dos quadros.

Lara Teixeira, por sua colaboração nas revisões e atualizações relacionadas à área de hospedagem - andar-tipo e apartamento-tipo.

Luiz Antônio de Moraes, pela complementação e atualização de informes sobre os sistemas de ar-condicionado e exaustão.

Amauri Antonio Pelloso, pela complementação de sua contribuição original sobre os assuntos relacionados a cozinhas e a lavanderias.

Armando Maekawa, pela colaboração na atualização das informações referentes às instalações elétricas, hidráulicas e eletrônicas.

Reiteramos ainda nossos agradecimentos aos colaboradores que tornaram possível a 1ª edição deste livro:

Luciana Bon Duarte, pelo desenvolvimento da pesquisa bibliográfica inicial e de índices hoteleiros.

Amauri Antonio Pelloso, pela consultoria fornecida para o setor de equipamentos de cozinhas e lavanderias, com a disponibilidade e a competência que caracterizam sua atuação, bem atestadas pelo êxito de sua empresa de consultoria, a Placontec.

Luiz Antônio de Moraes, pela contribuição no que se refere aos sistemas de ar-condicionado e exaustão.

Hector Perez, que reviu e complementou as informações relacionadas aos sistemas elétricos.

Jorge Duarte, pela colaboração na questão de viabilidade.

In memoriam

Angela Pagliuso Basso, pela dedicação e pelo entusiasmo com que participou da elaboração do livro, desdobrando-se sempre que precisamos de ajuda, desde o levantamento de informações, a escolha de ilustrações, a produção de desenhos e do copidesque, até sugestões - algumas solicitadas por nós e outras que sequer imaginávamos. Enfim, uma arquiteta dos sete instrumentos! A elaboração deste livro teria sido bem mais difícil sem sua colaboração.

Lamentamos que Angela, com seu contagiante entusiasmo pela vida, tenha partido tão cedo, com tanto ainda a contribuir.

APRESENTAÇÃO

O dinamismo que o setor hoteleiro vem demonstrando nos últimos anos não se reflete nas informações disponíveis sobre o planejamento e o projeto de hotéis, que continuam escassas, nem no número de profissionais atuantes no setor, ainda pequeno. Tanto é assim que este é o primeiro livro voltado para o tema do planejamento e do projeto de hotéis que se publica no Brasil a partir da experiência obtida no próprio país. E isso na passagem para o século XXI, agora contemplada com uma nova edição do livro, revista e atualizada, adequando-se às alterações ocorridas desde sua primeira publicação.

A experiência dos autores é resultante dos caminhos profissionais que os levaram e induziram à produção de inúmeros edifícios hoteleiros. O aprendizado intrínseco a esse processo significou um dispêndio importante em pesquisa, pois, no período em que começaram a trabalhar na área, em meados da década de 1970, pouca era a experiência acumulada no Brasil. Além disso, havia absoluta falta de dados e informações sistematizados. Hoje, no que diz respeito à disponibilidade de dados e informações, a situação não se modificou muito.

O livro tem, portanto, uma vertente de criação baseada na experiência acumulada de atividades profissionais. A outra vertente provém de cursos de extensão para profissionais que vêm desenvolvendo e ministrando aulas, nos últimos anos, sobre planejamento e projeto de hotéis. Essa segunda vertente trouxe a experiência didática que diz muito sobre a forma e o interesse dos temas abordados no livro.

O núcleo do livro envolve o projeto do hotel, incluindo as questões referentes a áreas e a instalações, a elaboração do programa e o dimensionamento. Os demais temas abordados se integram no contexto geral da edificação, situando-a de forma mais ampla no fenômeno hoteleiro: um breve histórico da hotelaria, a definição do produto a ser oferecido, a questão da localização do empreendimento, os tipos mais frequentes de hotéis e os parâmetros de custos de implantação e de equipamentos.

Embora os hotéis não se limitem a edifícios, sendo comuns empreendimentos hoteleiros mais diversificados – entre os quais complexos conjuntos externos de instalações de recreação e de esportes, cujo exemplo mais significativo é o resort –, neste livro são tratados principalmente os setores e as instalações de hotel compreendidos em edifícios. Isso porque, de um lado, a maioria dos hotéis inclui-se nesse caso, e, de outro, é tal a variedade das situações que fogem ao comum que sua abordagem requereria um tratamento caso a caso. As abordagens de caráter geral e as particularizadas para cada setor específico dos hotéis focalizam aspectos funcionais e requisitos físicos considerados importantes, sendo complementadas por informações relativas aos respectivos dimensionamentos.

O edifício de um hotel tem como peculiaridade básica sua complexidade, advinda da diversidade do programa e do fato de ter de funcionar ininterruptamente. A diversidade do programa decorre da grande quantidade de funções normalmente exercidas pelo hotel e do conjunto de atividades complementares que acontecem em suas dependências. À função de hospedagem, que pressupõe apartamentos confortáveis, bem dimensionados, devidamente equipados e com ambientes agradáveis, somam-se as atividades administrativas, industriais (produção de alimentos, lavanderia), comerciais (restaurantes e lojas), centrais de sistemas (água fria e água quente, vapor, energia, ar-condicionado), de manutenção, além de outras relacionadas com a realização de eventos, com a recreação e com o lazer.

A complexidade de um hotel e suas dimensões, que precisam estar acima de um nível de qualidade mínimo para torná-lo viável economicamente, resultam em empreendimento oneroso e muito sensível aos custos de construção de operação e manutenção. Assim, o projeto precisa ter dimensionamentos corretos, favorecer estritamente as circulações geradas e exigidas pelos componentes, pelos equipamentos escolhidos com rigor e por outros quesitos mais.

Se o hotel for avaliado em etapas anteriores ao projeto, é necessário lembrar que a decisão de construí-lo estará vinculada ao binômio mercado/localização. Daí decorrerão a tipologia do hotel, o número de apartamentos, o padrão das instalações e os equipamentos necessários para o atendimento do segmento de mercado ao qual ele se dirige.

Os cuidados necessários à implantação de um hotel, entre os quais o projeto físico é um elemento fundamental, levaram as grandes cadeias hoteleiras internacionais a estabelecer normas e requisitos rigorosos para implantar e/ou operar hotéis. Edifícios projetados e construídos sem o estrito atendimento dessas normas e requisitos ou são rejeitados ou precisam ser modificados.

Para completar essa primeira referência sobre o planejamento e o projeto hoteleiros, vale a pena lembrar que o edifício exige tais especificidades de organização e de equipamentos, de forma que dificilmente ele poderá ser convertido para outro uso caso o empreendimento não se viabilize. Profissionalmente, os autores têm sido solicitados também para solucionar o problema inverso: edifícios em estágios diferenciados de construção que precisariam ser convertidos em hotéis.

É muito comum também se encontrarem casos de ampliação e outras reformas de hotéis já estabelecidos sem que a obra se apoie em projeto suficientemente desenvolvido. Isso acontece porque o proprietário julga desnecessário o investimento em consultoria ou em projeto, confiando apenas em sua experiência e na sua assessoria habitual – com evidentes desperdícios e custos adicionais. Parte desses custos evitáveis ocorrerá permanentemente na operação do hotel, pois é decorrente da organização espacial das áreas que abrigam as diversas funções e que, mal dimensionadas, exigirão mais funcionários, mais materiais de reposição, etc.

Finalmente, o livro é destinado sobretudo aos profissionais de arquitetura e engenharia envolvidos em estudos e projetos de hotelaria, aos empresários do setor e aos investidores potenciais que pretendam se aproximar do tema. Ele pode ainda ser útil a estudantes e pesquisadores em seus trabalhos. Leitores de outras procedências são também bem-vindos.

UM BREVE HISTÓRICO

INTRODUÇÃO

O comércio é o responsável histórico pelas formas mais antigas de oferta hoteleira. As rotas comerciais da Antiguidade, na Ásia, na Europa e na África, geraram núcleos urbanos e centros de hospedagem para o atendimento dos viajantes. Na Idade Média, a hospedagem era feita nos mosteiros e nas abadias. Nessa época, atender aos viajantes era uma obrigação moral e espiritual.

Mais tarde, com o advento das monarquias nacionais, a hospedagem era exercida pelo próprio Estado, nos palácios da nobreza ou nas instalações militares e administrativas. Os viajantes que não contavam com o beneplácito do Estado eram atendidos, precariamente, em albergues e estalagens. Posteriormente, com a Revolução Industrial e a expansão do capitalismo, a hospedagem passou a ser tratada como uma atividade estritamente econômica a ser explorada comercialmente. Os hotéis com *staff* padronizado, formado por gerentes e recepcionistas, aparecem somente no início do século XIX.

O turismo passa por uma transformação radical após a Segunda Guerra Mundial (1939-1945), com a expansão acelerada da economia mundial, a melhoria da renda de amplas faixas da população (basicamente, nos países mais desenvolvidos da Europa central, nos Estados Unidos e no Canadá) e a ampliação e a melhoria dos sistemas de transporte e comunicação, principalmente com a entrada em cena dos aviões a jato para passageiros, de grande capacidade e longo alcance.

O turismo se torna uma atividade econômica significativa, principalmente para os países desenvolvidos, com o crescimento da renda da população, que gera mais disponibilidades de tempo e recursos para o lazer. O processo mais recente de desenvolvimento e de globalização da economia mundial, além de gerar um progressivo fluxo de viagens regionais e internacionais, ampliou de forma acelerada o setor de lazer e de turismo, que passou a ser, efetivamente, o grande promotor das redes hoteleiras.

É importante lembrar que a classe média, enquanto base para uma sociedade de consumo de massa, aparece no século XX e, em casos como o do Brasil, após a década de 1940. Nos países desenvolvidos, o operariado com capacidade aquisitiva para o lazer e o turismo passa a ser representativo no mesmo período.

MARCOS DA HOTELARIA NO MUNDO

- **Antiguidade.** Estâncias hidrominerais instaladas pelos romanos na Inglaterra, na Suíça e no Oriente Médio; pontos de paradas e de caravanas.
- **Idade Média e Era Moderna.** Abadias e mosteiros que acolhiam hóspedes; acomodações junto aos postos de articulação dos correios; abrigos para cruzados e peregrinos.
- **1790.** Surgimento de hotéis na Inglaterra e nos Estados Unidos, no final do século XVIII, estimulados pela Revolução Industrial.
- **1850.** Áreas próximas às estações ferroviárias passam a concentrar os hotéis no final do século XIX e nos primeiros anos do século XX.
- **1870.** Introdução do quarto com banheiro privativo.[1]
- **1920.** Grande número de hotéis construídos, na década de 1920, nos Estados Unidos e na Europa, gerado pela prosperidade econômica.
- **1950.** Novo surto de construção de hotéis nos anos 1950, que coincide com a era dos jatos e com o grande incremento do movimento turístico mundial.
- **1970.** Entrada em operação dos Boeing 747, em 1969-1970.

A HOTELARIA NO BRASIL

No período colonial, os viajantes se hospedavam nas casas-grandes dos engenhos e fazendas, nos casarões das cidades, nos conventos e, principalmente, nos ranchos que existiam à beira das estradas, erguidos, em geral, pelos proprietários das terras marginais. Eram alpendres construídos às vezes ao lado de estabelecimentos rústicos que forneciam alimentos e bebidas

[1] Esse conceito – quarto com banheiro privativo, hoje chamado apartamento – foi introduzido pelo suíço César Ritz, em 1870, no primeiro estabelecimento hoteleiro planejado em Paris, e atingiu os Estados Unidos em 1908, com o Statler Hotel Company.

aos viajantes. Aos ranchos e às pousadas ao longo das estradas foram se agregando outras atividades comerciais e de prestação de serviços que deram origem a povoados e, oportunamente, a cidades. Nessa época, era comum as famílias receberem hóspedes em suas casas, havendo, em muitas, um quarto para esse fim.

Movidos pelo dever da caridade, os jesuítas e outras ordens religiosas recebiam nos conventos personalidades ilustres e alguns outros hóspedes. No Mosteiro de São Bento, no Rio de Janeiro, foi construído, na segunda metade do século XVIII, um edifício exclusivo para hospedaria.

A HOTELARIA NO RIO DE JANEIRO

No século XVIII, começaram a surgir, na cidade do Rio de Janeiro, estalagens ou casas de pasto que ofereciam alojamento aos interessados, embriões de futuros hotéis. As casas de pasto ofereciam, inicialmente, refeições a preço fixo, mas seus proprietários ampliaram os negócios e passaram a disponibilizar também quartos para dormir.

Em 1808, a chegada da corte portuguesa ao Rio de Janeiro e a consequente abertura dos portos trouxeram um grande fluxo de estrangeiros, que aqui vieram exercer funções diplomáticas, científicas e comerciais. Com isso, houve aumento da demanda por alojamentos e, nos anos seguintes, os proprietários da maioria das casas de pensão, das hospedarias e das tavernas passaram a utilizar a denominação "hotel", com a intenção de elevar o conceito da casa, independentemente da quantidade de quartos e do padrão dos serviços oferecidos. Cabe destacar, nessa época, o Hotel Pharoux,[2] pela localização estratégica junto ao cais do porto, no largo do Paço, considerado um dos estabelecimentos de maior prestígio no Rio de Janeiro.

O problema da escassez de hotéis no Rio de Janeiro, que já acontecia em meados do século XIX, prosseguiu no século XX, levando o governo a criar o Decreto nº 1.160, de 23 de dezembro

---

[2] A fixação do termo "hotel" no jargão nacional se deu, definitivamente, em razão da necessidade de anunciar o serviço aos estrangeiros na cidade do Rio de Janeiro. A *Gazeta do Rio de Janeiro*, por exemplo, traz, no ano de 1817, o anúncio de um mesmo estabelecimento com as denominações de Hospedaria do Reino do Brasil e, depois, de Hôtel Royaume du Brésil.

Vista externa do Hotel
Pharoux, Rio de Janeiro.

Copacabana Palace,
Rio de Janeiro.

de 1907, que isentava por sete anos, de todos os emolumentos e impostos municipais, os cinco primeiros grandes hotéis que se instalassem no Rio de Janeiro. Esses hotéis vieram e, com eles, o Hotel Avenida, o maior do Brasil, inaugurado em 1908. O Avenida, com 220 quartos, marca, por assim dizer, a maioridade da hotelaria no Rio de Janeiro.

A partir da década de 1930, passam a ser implantados grandes hotéis nas capitais, nas estâncias minerais e nas áreas de apelo paisagístico, cuja ocupação era promovida pelos cassinos que funcionavam junto aos hotéis. Em 1946, com a proibição dos jogos de azar, os cassinos foram fechados e, como consequência, os hotéis a que estavam vinculados acabaram também encerrando as atividades. Exemplos muito conhecidos dessa fase são os hotéis Araxá e Quitandinha.

A HOTELARIA EM SÃO PAULO

1900: a chegada dos imigrantes

A imigração europeia, que vem substituir a mão de obra escrava, principalmente nas lavouras de café, aporta em São Paulo a partir de 1870. O trabalho assalariado imigrante vem servir de base também para o setor industrial, que se desenvolve a partir da Primeira Guerra Mundial, para o comércio e os serviços. O café se consolida como principal produto brasileiro para exportação, provocando uma onda de crescimento econômico no Brasil.

O número de habitantes na cidade de São Paulo, que era de 65 mil em 1890, cresce para 240 mil em dez anos. Os limites da cidade se situavam no triângulo formado pelas linhas que ligavam as igrejas do Carmo, de São Bento e de São Francisco, e o centro da cidade se localizava em outro triângulo, composto pelas ruas São Bento, Direita e do Rosário (atual XV de Novembro), onde se concentravam residências, instituições públicas, comércio, bancos, cinemas, teatros, restaurantes, bares e hotéis.

São destaques hoteleiros da época:

- **Grande Hotel, de 1878.** Localizado na rua São Bento, nº 49, esquina com a ladeira Dr. Miguel Couto, considerado o melhor hotel do Brasil do final do século XIX, foi o primeiro prédio comercial no estilo neorrenascentista e a primeira construção concebida como hotel em São Paulo. De propriedade do alemão Frederico Glette e, depois, de Carlos Schorcht, o projeto do edifício de três andares era de autoria do alemão Von Puttkamer. O hotel recebeu hóspedes famosos, como o príncipe Henrique da Prússia e a artista Sarah Bernhardt. Oferecia: "candelabros a gás, escada de mármore branco, mobiliário elegante, sala de banho, correios e telégrafos e outros serviços". Em 1911, o Grande Hotel realizou sua expansão para o prédio quase em frente, na rua São Bento, nº 46, defronte ao largo do Café. O autor do projeto, Oscar Kleinschmidt, denominou-o Grande Hotel Succursal. Esse edifício ainda existe.

Vista do Grande Hotel Succursal, São Paulo. À esquerda da foto, destacam-se as colunas balaustradas do primeiro Grande Hotel.

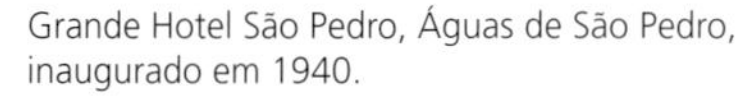

Grande Hotel São Pedro, Águas de São Pedro, inaugurado em 1940.

- **Grande Hotel d'Oeste, de 1878, e Grande Hotel Paulista, de 1887.** Localizados no largo São Bento. O Grande Hotel d'Oeste localizava-se na rua Boa Vista, nº 72, e foi construído em quatro etapas, tendo sua fachada aumentada em um andar e alterada para um estilo neoclássico. Em 1901, um incêndio o destruiu, e ele foi reconstruído. A reconstrução terminou em 1905. O Grande Hotel Paulista ocupava o nº 55 da mesma rua Boa Vista. Com 60 apartamentos, banheiros de mármore e água quente, foi um dos mais luxuosos da cidade.

1930: a quebra do café

O número de habitantes da cidade aumenta para 900 mil. A quebra da bolsa de Nova York levava o mundo à maior crise econômica da história, e a nossa principal riqueza do Brasil, o café, sofre enorme desvalorização.

Em São Paulo, a construção dos viadutos do Chá e Santa Ifigênia permite o desenvolvimento urbano para a região lindeira à outra margem do rio Anhangabaú, denominada de "centro novo". Surgem os luxuosos hotéis, com novo perfil construtivo e arquitetônico, para abrigar os barões do café e os emergentes industriais, como o Hotel Terminus, na rua Brigadeiro Tobias, o Hotel Esplanada, na praça Ramos de Azevedo – que assume o posto de melhor da cidade –, e o Hotel São Bento, no Edifício Martinelli, na avenida São João.

- **Hotel Esplanada, de 1923.** Localizado no centro novo, na praça Ramos de Azevedo, o projeto de Viret e Marmorat, com 250 apartamentos, compunha belíssimo conjunto arquitetônico com o Teatro Municipal de São Paulo, de 1911. O Hotel Esplanada foi símbolo do apogeu da era de ouro do café e o principal hotel paulistano durante 30 anos, tornando-se referência e ponto de encontro de empresários, políticos e alta sociedade e abrigando os principais acontecimentos empresariais, culturais e sociais da cidade, em meio ao rápido crescimento industrial e ao surgimento da mais promissora cidade do país, impulsionada pelos imigrantes.
- **Edifício Martinelli, de 1929.** Com projeto do arquiteto húngaro Willian Fillinger, teve sua construção iniciada

Grande Hotel d'Oeste e Grande Hotel Paulista, São Paulo: luxo no final do século XIX.

Hotel Esplanada, São Paulo: símbolo do apogeu cafeeiro e principal hotel da capital paulista na primeira metade do século XX.

em 1922, por Giuseppe Martinelli. Na inauguração, em 1929, tinha 12 andares. As obras prosseguiram até 1934, quando atingiu os 30 andares. Com 130 metros de altura, foi construído em alvenaria de tijolos e estrutura de concreto e é considerado o símbolo arquitetônico mais importante do momento de transição da cidade. Tinha 1.267 dependências, entre salões, apartamentos, restaurantes, cassinos, nightclubs, o Cine Rosário, barbearia, lojas, uma igreja e o luxuoso Hotel São Bento, oferecendo "60 apartamentos de primeira linha, com banheiros privativos e telefones automáticos". A portaria ficava na entrada da avenida São João, no 15, e dava para o Salão Mourisco, também usado para festividades.

1954: o quarto centenário de fundação da cidade

A população da cidade chega a 2,5 milhões de habitantes, já se apresentando como a mais pujante metrópole brasileira. Na década anterior, o Plano de Avenidas do prefeito Prestes Maia induziu o escoamento de um sistema viário saturado e ampliou os limites da cidade. A Cinelândia é criada no novo centro e segue o processo de verticalização dos edifícios no centro da cidade.

Os mais destacados hotéis do período são o Excelsior, na avenida Ipiranga, o Jaraguá, na rua Martins Fontes – que assume o posto de melhor hotel de São Paulo –, e o Othon Palace, na praça do Patriarca.

- **Hotel Excelsior, de 1941.** Com projeto de Rino Levi e de propriedade da Horsa Hotéis, acompanha o início da verticalização de São Paulo e destaca-se acima do Cine Ipiranga, na avenida Ipiranga.
- **Hotel Jaraguá, de 1954.** Localizado na esquina das ruas Martins Fontes e Major Quedinho, com projeto de Jacques Pilon, foi construído pelo empresário José Tjurs (Horsa). Trazia 186 apartamentos e obras de Di Cavalcanti e de Clóvis Graciano. O Jaraguá tornou-se o principal hotel de São Paulo nas décadas de 1950 a 1970, ocupando do 9º ao 23º andares desse edifício que abrigava, em seus pavimentos inferiores, a redação e a gráfica do jornal *O Estado de S. Paulo* e os estúdios da

Rádio Eldorado. Foi recentemente reformado, tendo recebido nova denominação.

- **São Paulo Othon Palace Hotel, de 1954.** De propriedade do Grupo Othon, com 224 apartamentos, na praça do Patriarca, defronte à atual sede da Prefeitura de São Paulo, abrigava no último andar um dos mais luxuosos restaurantes da capital, o Chalet Suisse, com vista para o Vale do Anhangabaú. Foi desativado recentemente.

1960-1970: mudança do centro financeiro

A população chegava a seis milhões de habitantes. Na década de 1950, foram construídos alguns dos mais emblemáticos hotéis da cidade, como o Ca'd'Oro, o Vila Rica e o Normandie. Na década de 1960, os últimos hotéis de luxo do centro, entre eles um ícone: o São Paulo Hilton Hotel. Enquanto o eixo comercial, corporativo, financeiro e empresarial da cidade deslocava-se para a avenida Paulista, os hotéis acompanhavam essa migração, iniciando um grande processo de desvalorização do centro paulistano.

- **Grand Hotel Ca'd'Oro, de 1962 a 1966.** Localizado na rua Augusta, esquina com a rua Caio Prado, com 300 apartamentos, de propriedade do italiano Fabrizio Guzzoni. O primeiro hotel foi aberto em 1953, na rua Basílio da Gama, com 50 apartamentos e o famoso restaurante Ca'd'Oro. Foi demolido para dar lugar a um empreendimento misto: comercial, residencial e hoteleiro.

A HOTELARIA NO BRASIL A PARTIR DE 1966 E AS TENDÊNCIAS PARA O SETOR

Em 1966, é criada a Empresa Brasileira de Turismo (Embratur, atual Instituto Brasileiro de Turismo), e, com ela, o Fundo Geral de Turismo (Fungetur), que atua por meio de incentivos fiscais na implantação de hotéis, promovendo uma nova fase na hotelaria brasileira, principalmente no segmento de hotéis de luxo, os chamados 5 estrelas. Esse novo surto hoteleiro leva também a mudanças nas leis de zoneamento das grandes capitais, tornando a legislação mais flexível e favorável à construção de hotéis. Nos anos 1960 e 1970, chegam ao Brasil as redes hoteleiras internacionais. Mesmo sem um número importante de hotéis, essas redes criam uma nova orientação na oferta hoteleira, com novos padrões de serviços e de preços.

A expansão da hotelaria sob a tutela da Embratur, que tem como pano de fundo uma demanda crescente e, em grande parte, reprimida, teve como consequência um desequilíbrio no perfil dos hotéis novos oferecidos, pois a maior parte pertencia à categoria 5 estrelas. Esse desequilíbrio vem sendo gradativamente superado, com a implantação em maior volume de hotéis 3 estrelas.

Em pesquisa do Instituto Brasileiro de Geografia e Estatística (IBGE) de 2006, as atividades características do turismo, a cujas demandas a hotelaria está vinculada, representaram 3,6% do valor adicionado da economia brasileira e 6,1% do total das pessoas ocupadas (mundialmente, o turismo é responsável por 6% a 8% do total de empregos).

Segundo a Organização Mundial do Turismo (OMT), as receitas cambiais geradas pelo turismo evoluíram do total mundial de US$ 632,7 bilhões em 2004 para US$ 944,4 bilhões em 2008. A crise econômica que chega no final de 2008 fez com que aquele valor recuasse para US$ 852 bilhões no ano seguinte. O Brasil totalizou, em 2004, US$ 3,2 bilhões, e, em 2008, US$ 5,8 bilhões, o que significou uma participação de 0,5% naquele ano e de 0,6% nesse último, percentuais ainda pouco expressivos. É importante salientar que, no balanço financeiro, a entrada de divisas por turistas estrangeiros no Brasil vem sendo muito inferior às saídas de divisas que os brasileiros aportam ao exterior, criando um quadro deficitário progressivo para as contas do país. Mesmo assim, as receitas do Brasil com o turismo internacional passaram de US$ 1,6 bilhão em 1998 para US$ 5,8 bilhões em 2008.

No ano de 2012, o Brasil recebeu 5,67 milhões de estrangeiros, 4,5% mais do que em 2011, dos quais 1,2 milhão vieram da Argentina. Com poucas variações, o número de 5 milhões de turistas estrangeiros vem se mantendo desde 1998.

Apesar da importância dos turistas estrangeiros, principalmente no que se refere à entrada de divisas, a demanda interna é que comanda o turismo no Brasil. Segundo a Infraero, no ano de

2000, enquanto o desembarque de passageiros nos aeroportos brasileiros significou 5,4 milhões em voos internacionais, e 29 milhões em voos domésticos. No ano de 2010, esses números significaram, respectivamente, 7,2 milhões e 61,2 milhões. Deve-se considerar, também, que as chegadas de voos internacionais abrangeram brasileiros voltando de viagens.

As pesquisas disponíveis, no entanto, mostram o brasileiro com grande mobilidade em viagens internas: 160 milhões de viagens domésticas anuais, porém a maior parte desse fluxo utiliza-se de meios de hospedagem fora do sistema hoteleiro. Pesquisa da Fundação Instituto de Pesquisas Econômicas (Fipe) mostrou que 56,3% dos viajantes hospedaram-se em casa de amigos ou parentes, e 31,8%, em estabelecimentos hoteleiros, aí incluindo-se hotéis, pousadas, colônias de férias, motéis ou pensões.

Nas viagens turísticas, o maior crescimento se deu no chamado turismo de negócios. Segundo o jornal *Valor Econômico*, o Brasil detém a sétima posição em número de eventos internacionais. São Paulo ocupa a décima segunda colocação entre as cidades.

Estudo da HIA e Horwath HTL, realizado em 2007, levantou, para o Brasil, 7.153 unidades hoteleiras, das quais os hotéis independentes representavam 91,5% das unidades e 73,3% dos quartos disponíveis. Os hotéis de cadeias (nacionais e internacionais) ficaram com o restante. Essa condição aponta para um mercado pouco concentrado, com uma importância destacada de empresas e marcas brasileiras.

Nessa pesquisa, as principais cadeias hoteleiras, com mais de 3.000 quartos, foram as seguintes:

- Accor: 21.984 quartos;
- Atlantica Hotels: 8.144 quartos;
- Blue Tree: 5.743 quartos;
- Othon: 4.381 quartos;
- Sol Meliá: 4.117 quartos;
- InterContinental: 3.370 quartos;
- Nacional Inn: 3.003 quartos.

Há evidências de que o mercado do turismo no Brasil vem mantendo sua tendência de expansão nos últimos anos, com uma crescente taxa de ocupação dos hotéis. De 2003 a 2009, a taxa de ocupação dos hotéis no país aumentou de 52% para 62%, e a razão RevPAR (*revenue per available room*, que representa a receita bruta média diária de cada unidade habitacional do hotel) média para aqueles anos subiu de R$ 78,00 para R$ 112,00. O crescimento das taxas de ocupação nos principais destinos turísticos do país está estimado em 1,7% ao ano, havendo expectativa de que essas taxas possam ser superiores a 2% ao ano. Isso significaria mais de 10 mil unidades habitacionais por ano.

MARCOS DA HOTELARIA NO BRASIL

- **1808.** Mudança da corte portuguesa para o Brasil, o que incentiva a implantação de hospedarias no Rio de Janeiro.
- **1904.** Primeira lei de incentivos para a implantação de hotéis no Rio de Janeiro.
- **1946.** Proibição dos jogos de azar e fechamento dos cassinos, o que inviabiliza os hotéis construídos para esse fim.
- **1966.** Criação da Embratur e do Fungetur, que viabilizam a implantação de grandes hotéis, inclusive nas áreas da Superintendência do Desenvolvimento da Amazônia (Sudam) e da Superintendência do Desenvolvimento do Nordeste (Sudene).
- **1990.** Entrada definitiva das cadeias hoteleiras internacionais no país.
- **2000.** Fluxo de turistas estrangeiros ao Brasil chega a 5 milhões ao ano.
- **2009.** Estimados 160 milhões de viagens domésticas anuais de brasileiros.

PLANEJAMENTO DE EMPREENDIMENTOS HOTELEIROS

DEFINIÇÃO DO PRODUTO

Hotéis, para serem rentáveis, dependem da captação diária de hóspedes. Empreendimentos hoteleiros comportam, portanto, uma boa dose de riscos, potencializados pelo conhecimento insuficiente do mercado, que levam a projetos inadequados ou mal resolvidos ou à localização mal equacionada. Tais equívocos, cometidos nas fases de planejamento e projeto, são de difícil solução ou impossíveis de resolver (no caso de erro de localização, especialmente).

A decisão de implantar hotéis no Brasil ocorre, muitas vezes, sem que haja uma política hoteleira coerente e sistemática. Esse tipo de decisão brota de conjunturas aleatórias: do interesse de um empresário que não é do setor em diversificar seus investimentos, do interesse em utilizar um terreno supostamente bem localizado, da possibilidade de utilização de recursos disponíveis, etc. De modo geral, portanto, os hotéis são implantados sem estudos suficientes.

Esse quadro vem sendo alterado gradualmente, sobretudo pelas redes hoteleiras nacionais e internacionais, que vêm aumentando sua participação no mercado em decorrência da melhoria substancial da rentabilidade de suas operações no Brasil. Em geral, essas redes são procuradas por investidores interessados no desenvolvimento de hotéis com bandeiras hoteleiras de destaque e capacidade de gestão.

Ocorre que essas redes exigem estudos de mercado e de viabilidade econômica por tais empreendedores, para evitar que sua marca seja maculada por hotéis que venham a se tornar empreendimentos malsucedidos. Empresas de consultoria têm-se especializado na realização de estudos de mercado e de viabilidade econômica para atender a essa demanda.

O *estudo de mercado* deve ser a base para a avaliação econômica e financeira do hotel, ou seja, se o empreendimento será rentável (análise econômica) e se há recursos financeiros disponíveis para sua implantação (viabilidade financeira).

ESTUDO DE MERCADO

O estudo de mercado compara a demanda (procura) por hospedagem com a oferta (rede hoteleira existente) e busca, portanto, identificar os segmentos de mercado não atendidos, de maneira que a implantação do hotel em estudo venha a significar a ampliação da oferta existente.

A análise de *gap* entre oferta e demanda deve ser feita de maneira estratificada, tanto em termos do padrão do hotel (econômico, médio, superior) quanto em termos do segmento de mercado a ser atingido: turístico, de negócios, convenções, ou a combinação desses usos.

Segmento de mercado é o universo de consumidores com objetivos, anseios, expectativas e necessidades comuns em relação a determinado produto. A identificação do segmento adequado a ser atendido permitirá a definição do tipo de hotel a ser implantado.

Como, em geral, os estudos de mercado são feitos tendo-se em vista um terreno já identificado, é fundamental nessa fase a análise de localização (do terreno em questão) comparada ao segmento de mercado e ao padrão definido para o hotel pelo estudo de mercado. Os aspectos principais a serem estudados estão elencados no capítulo "Tipos de hotel".

- Acesso fácil, com bom sistema viário; ampla visibilidade (direta ou indireta); região com qualidade de equipamentos urbanos; serviços importantes no entorno: restaurantes, comércio básico, produtos típicos, bancos, poder público, atrações de lazer e entretenimento, transportes.
- Área e dimensões do terreno apropriadas.
- Legislação urbana favorável.
- Valor do terreno compatível com o empreendimento a ser construído.

A avaliação da oferta da área estudada abrange um levantamento dos hotéis existentes na área ou na cidade selecionada, dentro do segmento de mercado em estudo para o hotel. A avaliação da demanda é um estudo mais complexo, pois é necessário analisar dados secundários (por exemplo, crescimento do PIB da cidade, no caso de hotéis de negócios, ou o movimento de turistas, para hotéis de lazer) e ainda coletar dados primários, muitas vezes por meio de especialistas locais (entrevistas qualitativas).

O tamanho do hotel também é definido pelo estudo de mercado, tendo-se em vista a análise de oferta e demanda do segmento de mercado definido para o hotel em estudo. Em alguns casos, esse tamanho está limitado pela legislação pública, restando a questão a respeito de como viabilizar o hotel com tamanho predeterminado.

ESTUDO DE VIABILIDADE ECONÔMICO-FINANCEIRA DO EMPREENDIMENTO

Para um empreendimento ser considerado viável economicamente, ele deve proporcionar uma remuneração do capital investido igual ou superior à remuneração oferecida pelo mercado (custo de oportunidade). Normalmente, no Brasil, caso seja realizado com os cuidados que sua implantação exige, um empreendimento hoteleiro pode ser bastante viável, mesmo se levando em conta os riscos que o setor comporta.

Como foi visto, o *estudo de mercado* define o tipo e o tamanho do hotel e valida sua localização, além de apontar as projeções de diárias e taxas de ocupação para o empreendimento hoteleiro. Cabe ao *estudo de viabilidade econômica* analisar a rentabilidade (taxa de retorno do investimento) e ao *estudo de viabilidade financeira*, verificar os fluxos de caixa necessários e a disponibilidade de capital para levar o empreendimento adiante.

O parâmetro usual de mercado para avaliação da rentabilidade do empreendimento é a Taxa Interna de Retorno (TIR) – a maior rentabilidade teórica que o hotel irá gerar tendo-se em vista os investimentos realizados. Outros indicadores utilizados são oValor Presente Líquido (VPL) do fluxo de caixa do hotel e o *pay-back* (prazo em que a soma dos fluxos positivos de caixa se igualará aos investimentos realizados).

Os investimentos podem ser categorizados em:

- *custos de construção*: incluem, em geral, os dispêndios com a construção, ar-condicionado, automação predial (ver "Anexo 1 – Parâmetros de custos");

- *móveis, equipamentos, mobiliário* – conhecidos no setor como FF&E (*Furniture, Fixture and Equipment*) e OS&E (*Hotel Operating Supplies and Equipment*): todos os dispêndios envolvidos com móveis, equipamentos hoteleiros, equipamentos de cozinha, convenções, uniformes, governança, "enxoval" do hotel;
- *terreno, projeto, infraestrutura.*

A geração de caixa operacional é determinada pela diferença entre as receitas e as despesas operacionais:

- *receitas operacionais*: receita de hospedagem, de eventos, de alimentos e bebidas, de estacionamento, etc.;
- *despesas*: salários e encargos, custos das vendas, despesas com marketing, com manutenção e energia, custos administrativos e de gerenciamento, *royalties* (quando há acordo para cessão de bandeira de rede hoteleira), etc.;
- *impostos*;
- *seguro predial*;
- *juros*: a serem pagos sobre o capital financiado e as condições de pagamento.

O estudo de viabilidade econômico-financeira trabalha, algebricamente, o conjunto dessas variáveis em um fluxo de caixa calculado anualmente para um período de 10 a 20 anos. Se a precisão do trabalho o exigir, o fluxo de caixa pode ser trabalhado mensalmente.

O fluxo de caixa permite chegar a um balanço econômico-financeiro global para o empreendimento e verificar se a remuneração do capital investido (TIR) é suficiente para justificá-lo. Ele também permite obter respostas para questões importantes, como o ano em que o saldo acumulado de caixa passa de negativo a positivo (*pay-back*) e a exposição máxima de caixa, que é o máximo investimento acumulado a ser feito pelos empreendedores, descontadas eventuais entradas de caixa e financiamento.

Podem ser feitos tantos fluxos de caixa quantos o estudo do empreendimento exigir. É possível também fixar os valores de variáveis dependentes (receitas, TIR) e, ao se fazer o caminho inverso dos cálculos, verificar que resultado esses novos valores trariam para uma determinada variável independente.

Por exemplo, para obter uma remuneração adequada do capital investido, qual o valor máximo a ser pago pelo terreno onde será construído o hotel? Esse tipo de questão é respondida pela utilização do fluxo de caixa no sentido inverso. Ele é, portanto, um caminho de duas mãos.

O estudo de viabilidade permite, assim, testar e alterar as variáveis independentes e, inclusive, avaliar as decisões tomadas anteriormente. Por exemplo, o estudo pode indicar a necessidade de o hotel ter um número de apartamentos superior ao previsto inicialmente, tendo-se em vista o alto custo do terreno. Após a reavaliação do *estudo de mercado*, decide-se se vale a pena fazer o empreendimento.

LOCALIZAÇÃO

Nunca é demais enfatizar a importância da localização de um empreendimento hoteleiro. Uma localização mal resolvida pode resultar na inviabilização do empreendimento.

O estudo de localização de um empreendimento hoteleiro pode envolver diferentes escalas no território. Para cada escala haverá uma resposta com precisão diferente, assim como será diferente o método por meio do qual se fará a escolha do local.

Em determinados casos, o estudo de localização envolve uma macroescala, quando o que se pretende é saber qual seria a melhor região para o empreendimento ou, no caso de implantação de uma rede hoteleira, que cidades de determinada região são mais adequadas para receber os hotéis.

Em outros casos, já se tem uma decisão sobre a região ou a cidade onde se pretende instalar o empreendimento hoteleiro. O passo seguinte seria a escolha do terreno específico, na região ou na cidade.

Finalmente, em determinados casos, existe previamente um terreno que se pretende utilizar para implantar um empreendimento hoteleiro. A questão que se apresenta nesses casos é se aquele é um local adequado e conveniente para um empreendimento hoteleiro ou para um determinado tipo de hotel. O terreno tanto pode estar em uma área não urbana (em uma praia isolada, em uma fazenda, em uma ilha) como em uma cidade (no centro urbano, junto a uma avenida movimentada, junto ao acesso à rodovia regional, etc.). Nesse caso, o estudo de suporte à decisão deverá envolver o mercado específico da cidade e a condição de outras áreas alternativas mais bem situadas ou em condições similares à área em questão.

ESTUDO DE LOCALIZAÇÃO EM ESCALA REGIONAL

No caso em que se avalia a localização em escala regional, deve-se partir de uma tipologia já determinada para o empreendimento hoteleiro, de uma avaliação suficiente da demanda potencial para o empreendimento e de uma estratégia de captação dessa demanda. O passo seguinte em relação à localização do empreendimento será realizar uma pesquisa que aponte para o local mais favorável para sua implantação.

Se o empreendimento não tem apoio urbano – por exemplo, um resort vinculado a vantagens paisagísticas e de meio ambiente, longe de qualquer cidade que pudesse garantir-lhe apoio em serviços e infraestrutura –, a condição básica para seu funcionamento é ser acessível aos usuários. Se os usuários vêm de regiões distantes, o transporte mais importante é o aéreo, e a viabilidade do empreendimento dependerá da existência de um aeroporto em condições de receber as aeronaves que partem do local de origem dos hóspedes. A acessibilidade deve estar garantida também por rodovias em bom estado, transitáveis o ano todo e, de preferência, pavimentadas. A acessibilidade deve ser equacionada levando-se em conta o tempo de viagem máximo que o hóspede se dispõe a suportar, e esse tempo dependerá dos atrativos do empreendimento em comparação a empreendimentos similares. Os demais fatores de viabilidade estão em segundo nível de importância, mas também são fundamentais: os custos de implantação e operação, que incorporam os custos de alojamento dos funcionários e as condições para sua contratação em local retirado, a logística global de funcionamento do estabelecimento, as vantagens comparativas de empreendimentos similares, etc.

No sul do estado de São Paulo, por exemplo, existe uma região com um complexo de cavernas extremamente atraentes, próximo à Serra do Mar, na maior extensão de mata atlântica do estado. O acesso ao local, apesar de sua proximidade à região metropolitana de São Paulo – que representa uma demanda turística potencial inegável –, ainda é precário. A conclusão da duplicação da rodovia Régis Bittencourt (BR-116) facilitará o acesso à região, o que deverá alterar positivamente a viabilidade de empreendimentos turísticos voltados para aquele potencial ambiental.

No caso de o empreendimento ser localizado em cidades, a avaliação da rede urbana deve incorporar um quadro de referência em que as cidades são comparadas em ordem hierárquica, segundo sua importância. As variáveis a serem incluídas no quadro são: montante e dinâmica de crescimento da população urbana, dinâmica da economia, qualidade de vida, recursos em educação e saúde, facilidades de acesso e comunicação. Em muitos casos, a disponibilidade de dados orientará a montagem do quadro de referência.

Esses estudos trabalham com dados secundários, e somente no momento das decisões finais é que interessa realizar uma pesquisa direta para a obtenção de dados. Assim, o quadro de referência terá as variáveis disponíveis, e sua precisão, controlada, dependerá da qualidade e da importância dessas variáveis. Essa precisão deve ser controlada porque, a partir dela, será possível definir a localização do empreendimento.

ESTUDO DE LOCALIZAÇÃO EM ESCALA URBANA

A escolha de um local para empreendimento hoteleiro em determinada cidade dependerá de fatores que variam ou têm pesos diferentes em relação ao tipo específico de hotel que se pretende instalar. Para determinados tipos de hotel, pesarão, basicamente, os fatores detalhados a seguir.

Hotel central

- objetivo: ficar no centro da cidade ou o mais próximo possível dele;
- restrições quanto ao uso e à ocupação do solo;
- compatibilidade entre o preço do terreno, o porte e o padrão do empreendimento: o custo do terreno não pode ultrapassar o valor determinado pelos estudos de viabilidade econômico-financeira;

- facilidade de acesso ao aeroporto e às principais artérias da cidade;
- existência de redes de infraestrutura confiáveis (água, esgoto, energia elétrica, telefones);
- localização em via sem congestionamento de trânsito;
- localização de fácil identificação na cidade.

Hotel econômico

- localização na principal via de ligação entre a rodovia regional de acesso à cidade e o centro urbano;
- localização de fácil visualização e identificação em relação à cidade e à rodovia;
- terreno de custo baixo e com dimensões adequadas para permitir pátio de estacionamento e uma construção horizontal ou, no máximo, de três pavimentos;
- terreno servido por redes de infraestrutura (drenagem, água, esgoto, energia elétrica, comunicações).

Hotel supereconômico

- localização em grandes cidades, nas proximidades de acesso aos meios de transportes;
- dimensões de terrenos podem ser reduzidas.

Hotel de convenções/eventos

- localização em cidades caracterizadas como importantes centros de negócios e de serviços;
- existência de redes confiáveis de infraestrutura urbana;
- localização de fácil identificação na cidade;
- dimensões de terreno que permitam implantar áreas de estacionamento de veículos.

Resort ou hotel de lazer

- localização em região com meio ambiente de grande apelo turístico e paisagístico;
- terreno de grandes dimensões (inclusive com trechos de floresta, quando possível) que permita a implantação de campo de golfe, hípica, parque aquático, quadras de esportes, marina, etc.;
- local de fácil acesso ao aeroporto;

- local de fácil identificação em relação à estrada ou à rodovia.

Hotel de design/Hotel boutique

- localização em áreas prestigiosas de grandes cidades.

Hotel de selva

- localização em meio a floresta ou a parque ecológico, com grande apelo turístico e paisagístico;
- facilidade de acesso por meio de rodovia ou hidrovia;
- terreno com grandes dimensões que permita áreas de esportes ao ar livre, ancoradouros de barcos, parque aquático, etc.;
- localização em terreno não inundável e relativamente protegido contra insetos.

Hotel cassino

- local de fácil acesso ao aeroporto por meio de rodovias de bom desempenho;
- existência de redes confiáveis de infraestrutura urbana;
- localização em via sem congestionamento de trânsito;
- dimensões de terreno que permitam implantar áreas de estacionamento, lazer e recreação;
- localização em áreas com recursos paisagísticos.

ESTUDO DE VIABILIDADE PARA TERRENO ESPECÍFICO

Para saber se determinado terreno é adequado à implantação de determinado hotel, é preciso verificar se ele se enquadra nos critérios de macrolocalização necessários ao tipo de hotel prefixado, isto é, se a posição relativa do terreno no bairro e na cidade oferece as vantagens de localização requeridas, inclusive no que diz respeito às redes de infraestrutura urbana.

Inicialmente, deve-se verificar a legislação municipal de zoneamento e uso do solo incidente sobre a área; é preciso saber se ela permite o uso hoteleiro e quais são os índices de ocupação e utilização admitidos. Isso determina se o hotel tem um uso compatível com a legislação e quanto de área poderá ser construído.

É necessário verificar também se o valor imobiliário do terreno se enquadra no estudo de viabilidade econômico-financeira do hotel. Pode ser que o valor do terreno seja muito alto para o empreendimento, o que significaria um uso inadequado do capital fixo.

Além disso, é preciso avaliar a urbanização do entorno do terreno, os usos e as atividades próximos ou contíguos ao entorno. Pode ser que sejam inadequados à imagem do hotel. Um padrão de urbanização deteriorado ou um processo de decadência nas proximidades do terreno não são compatíveis com o uso hoteleiro.

Finalmente, é necessário avaliar as condições físicas do terreno:

- *declividade*: quanto maior, maiores os custos com movimento de terra e com obras de contenção;
- *consistência do subsolo*: terrenos com baixa resistência exigem fundações mais onerosas;
- *nível do lençol freático*: quanto mais alto o lençol freático, mais restrições haverá nas soluções de utilização do subsolo e de fundações;
- *forma física*: terrenos com formas regulares favorecem a concepção do projeto.

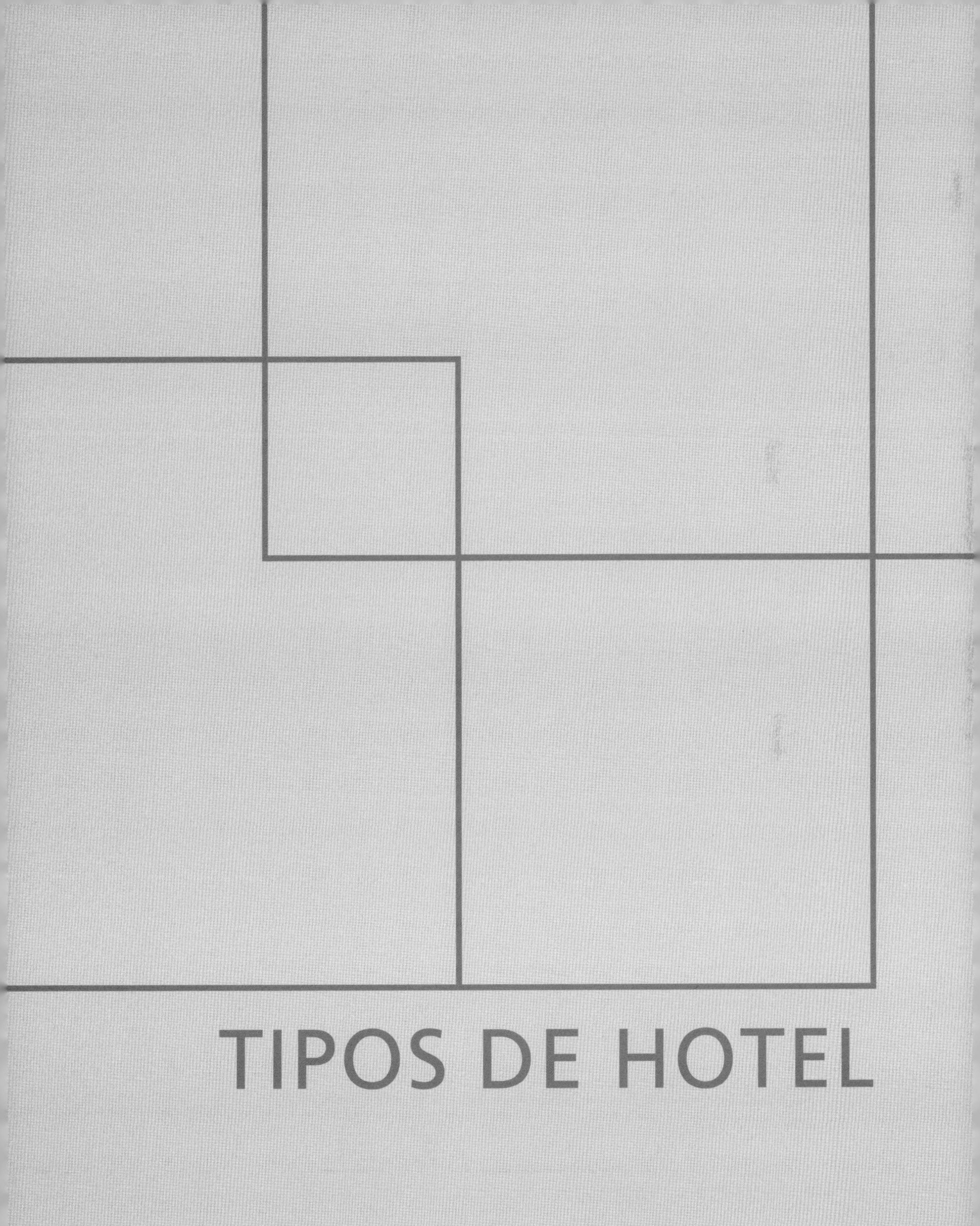

TIPOS DE HOTEL

O mercado, em resposta à diversidade das demandas, assim como à competição com outros estabelecimentos concorrentes na captação dos hóspedes, fez surgir, ao longo do tempo, muitos tipos de hotel, com características próprias em razão da sua localização e do segmento de mercado ao qual estão voltados.

O extraordinário desenvolvimento do turismo e sua diversificação (lazer, negócios, congressos, etc.) ocorridos nas últimas décadas, paralelamente ao encurtamento das distâncias e ao barateamento das viagens proporcionados pela evolução dos transportes, vêm criando a necessidade ou a oportunidade de novos tipos de hotel, dirigidos aos nichos de mercado que vão sendo criados ou aos preexistentes.

Com isso, novas cadeias hoteleiras têm surgido, e cadeias mais antigas passaram a oferecer novos produtos, visando ampliar ou, pelo menos, manter sua participação no mercado.

Por exemplo, o IHG Group, uma das maiores redes hoteleiras do mundo, afirma ter um hotel na medida certa para cada viajante entre centenas de milhares de apartamentos que tem sob seu controle em todo o mundo. Para tanto, detém, entre suas marcas, as bandeiras Holiday Inn, Holiday Inn Express, Holiday Inn Resorts, InterContinental, Crowne Plaza, Stay Bridge Suite e Candlewood Suites.

A Atlantica Hotels, outra rede com hotéis em operação no Brasil, administra várias bandeiras: Go Inn; Comfort e Sleep Inn; Park Suites, Park Inn, Quality e Comfort Suites; e Radisson, Four Points e Clarion Inn, atuando nos mercados de hotéis econômicos, mid class, superior e luxo, respectivamente.

A Atlantica Hotels opera os padrões Sleep Inn na faixa mais baixa de tarifas, os Comfort Inn e os Quality Inn, nas faixas intermediárias, e os Radisson e os Clarion Inn, na categoria luxo.

Outras cadeias norte-americanas e europeias operam também hotéis de várias categorias. A Accor, uma cadeia francesa que também atua no Brasil, opera desde os hotéis de padrão supereconônico Formule 1 e econômico Ibis até os produtos mais sofisticados da linha Sofitel, passando pelo padrão Mercure, de nível intermediário.

Entre os produtos hoteleiros que caracterizam essa proposta constante de novos atrativos para atender a um mercado cada dia mais diversificado, podem ser mencionados os hotéis residência (apart-hotéis, flats) e, mais recentemente, os hotéis dentro de hotéis, em que um mesmo hotel destina parte de suas instalações para nichos especiais do mercado de hóspedes, com oferta de instalações e serviços diferenciados em relação ao hotel como um todo.

CLASSIFICAÇÃO DOS HOTÉIS

Os hotéis podem ser classificados ou definidos conforme:

- *o padrão e as características das suas instalações*, ou seja, o grau de conforto, a qualidade dos serviços e os preços. A Embratur e a Associação Brasileira da Indústria de Hotéis (ABIH) classificaram, até o presente, os hotéis dessa maneira. Esse tipo de classificação pretendeu sempre informar ao público os níveis de conforto, os preços e os serviços oferecidos, orientar investidores e empresários, constituir instrumento de política de incentivo às atividades turísticas, etc.;
- *sua localização*: hotéis de cidade, de praia, de montanha, de aeroporto, etc.;
- *sua destinação*: hotéis de turismo, de negócios, de lazer, de cassino, de convenções/eventos, econômicos, etc.

Em 16 de junho de 2011, o Ministério do Turismo expediu a Portaria no 100, que "Institui o Sistema Brasileiro de Classificação de Meios de Hospedagem (SBClass), estabelece os critérios de classificação destes, cria o Conselho Técnico Nacional de Classificação de Meios de Hospedagem e dá outras providências".

Segundo essa Portaria, os tipos de meios de hospedagem com as respectivas características distintivas são:

> I HOTEL: estabelecimento com serviço de recepção, alojamento temporário, com ou sem alimentação, ofertado em unidades individuais e de uso exclusivo dos hóspedes, mediante cobrança de diária;
>
> II RESORT: hotel com infraestrutura de lazer e entretenimento que disponha de serviços de estética,

atividades físicas, recreação e convívio com a natureza no próprio empreendimento;

III HOTEL FAZENDA: localizado em ambiente rural, dotado de exploração agropecuária, que ofereça entretenimento e vivência do campo;

IV CAMA E CAFÉ: hospedagem em residência com no máximo três unidades habitacionais para uso turístico, com serviços de café da manhã e limpeza, na qual o possuidor do estabelecimento resida;

V HOTEL HISTÓRICO: instalado em edificação preservada em sua forma original ou restaurada, ou ainda que tenha sido palco de fatos histórico-culturais de importância reconhecida;

VI POUSADA: empreendimento de característica horizontal, composto de no máximo 30 unidades habitacionais e 90 leitos, com serviços de recepção, alimentação e alojamento temporário, podendo ser em prédio único com até três pavimentos ou contar com chalés ou bangalôs;

VII FLAT/APART-HOTEL: constituído por unidades habitacionais que disponham de dormitório, banheiro, sala e cozinha equipada, em edifício com administração e comercialização integradas, que possua serviço de recepção, limpeza e arrumação.

As categorias de cada um desses sete tipos são, segundo a mesma Portaria, as seguintes:

1. Hotel: 1 a 5 estrelas.
2. Resort: 4 a 5 estrelas.
3. Hotel fazenda: 1 a 5 estrelas.
4. Cama e café: 1 a 4 estrelas.
5. Hotel histórico: 3 a 5 estrelas.
6. Pousada: 1 a 5 estrelas.
7. Flat/apart-hotel: 3 a 5 estrelas.

Os requisitos definidos para as categorias de cada tipo são estabelecidos em "Matrizes de Classificação" e abrangem: serviços prestados; qualidade da infraestrutura de instalações e equipamentos e variáveis e fatores relacionados com o desenvolvimento sustentável, como conceitos ambientais, relações com a sociedade e satisfação do usuário. As classificações dessa Portaria substituem as anteriores, da Embratur ou da ABIH, e, embora o procedimento de classificação seja voluntário, o cadastramento dos empreendimentos hoteleiros e sua submissão ao sistema de classificação atual são indispensáveis para que possam contar com os benefícios oficiais dessa classificação por estrelas – entre os quais, financiamentos.

Adotando-se outros critérios, desvinculados de órgãos oficiais ou associações empresariais, pode-se chegar a novas classificações, que permitem uma melhor compreensão desse universo relativamente complexo constituído pelos diferentes tipos de hotel existentes. Convém lembrar ainda que um mesmo hotel pode ser classificado em mais de uma categoria e que um mesmo hotel pode reunir características comuns a mais de um tipo. Por exemplo, um hotel de montanha voltado para o lazer pode ser enquadrado simultaneamente nas categorias de lazer, alto luxo e também como hotel de convenções/eventos.

Não pretendemos abordar aqui a totalidade de tipos de hotel, mesmo porque, em face do dinamismo do setor, a cada ano novos tipos e subtipos vêm se juntar aos existentes, tornando a tarefa possivelmente incompleta.

Por outro lado, os principais tipos de hotel reúnem características comuns a vários subtipos deles derivados. Assim sendo, ressalvada a necessidade de sempre se atentar para as especificidades de cada hotel, várias das análises feitas acerca dos tipos principais são perfeitamente aplicáveis aos que deles derivam.

Vamos comentar os seguintes tipos principais de hotel: hotéis centrais (*downtown hotels*), não centrais, hotéis econômicos e supereconômicos, hotéis de aeroportos e resorts, além de outros tipos, como hotéis fazenda/hotéis de lazer, pousadas, hotéis de design/hotéis boutique, hotéis de selva, hotéis de convenções/eventos, hotéis cassino e hotéis residência.

A seguir, para cada um dos principais tipos de hotel, abordaremos aspectos relevantes que, de alguma forma, os distinguem dos demais, entre os quais a localização, o tamanho e a diversidade das instalações, as características do lobby, dos apartamentos e das áreas de estacionamento.

HOTÉIS CENTRAIS

São hotéis urbanos, localizados em áreas centrais das cidades, próximos a restaurantes, bares, cinemas, teatros, lojas, sedes de empresas, etc. Nas metrópoles, o conceito de área central deve ser ampliado para abranger os diversos subcentros - os chamados centros expandidos - ou algumas regiões particulares das cidades, como os Jardins e o Itaim Bibi, em São Paulo, ou as faixas de praias no Rio de Janeiro ou no Recife.

Localização

Os hotéis localizados em áreas centrais têm, graças à proximidade das principais atividades de comércio, serviços e lazer, um importante fator de atração de hóspedes. E é por essa razão que, na maioria das cidades, as áreas centrais reúnem a maior quantidade de hotéis.

Se, por um lado, a localização central é um fator altamente positivo para o sucesso de determinado hotel a ser construído, por outro, a acirrada competição entre os hotéis de uma mesma área impõe a necessidade de outros cuidados de planejamento.

A microlocalização, por exemplo, é um fator da maior importância. Situar-se em uma zona prestigiosa, em meio a um comércio diversificado e de qualidade, e não em uma zona em processo de decadência, faz grande diferença. A facilidade de acesso a outros pontos de interesse da cidade, a disponibilidade de bom transporte público, a qualidade do ambiente urbano da vizinhança, a segurança, etc. são fatores de diferenciação que podem trazer vantagens a um hotel em relação a seus competidores mais diretos. Assim, no planejamento de um novo hotel central, sua localização deve ser cuidadosamente estudada. A situação atual e as tendências de desenvolvimento da cidade - que poderão influir positiva ou negativamente sobre o futuro empreendimento - devem ser levadas em consideração.

Em cidades como São Paulo, com elevadas taxas de crescimento demográfico e urbano, há um constante deslocamento de atividades para novas fronteiras. Zonas prestigiosas e valorizadas entram em decadência num processo muitas vezes extremamente rápido, veem seus imóveis desvalorizados e tornam-se menos adequadas para as atividades nelas instaladas, que sofrem grandes prejuízos.

É importante considerar que nem todos os hotéis centrais se destinam a um mesmo tipo de hóspede. Há variações quanto aos níveis de renda (e, consequentemente, quanto às tarifas que podem ser cobradas) e a outros fatores, o que determina critérios diferenciados para sua localização. São comuns hotéis voltados preferencialmente para tipos muito particulares de hóspedes, como os destinados a pequenos comerciantes, para os quais é importante a proximidade de centros de comércio atacadista, ou a executivos do mercado financeiro, aos quais interessa a proximidade da área bancária ou da bolsa de valores.

Em algumas cidades, como Rio de Janeiro, Salvador e Recife, a coexistência de praias com áreas de acentuado desenvolvimento urbano viabiliza hotéis destinados tanto a executivos quanto a turistas.

Um aspecto importante a observar na escolha do terreno, além da forma, das dimensões, da topografia e de outros atributos normalmente considerados, são as ruas de acesso para hóspedes, visitantes, prestadores de serviço e fornecedores. A mão de direção das ruas pode criar dificuldades para o adequado posicionamento das diferentes entradas e dos fluxos desejados. Por essa razão, e também porque as mãos de direção estão sujeitas a mudanças, é desejável, sempre que possível, escolher um terreno no qual a adequada solução para os acessos e fluxos de circulação de veículos independa do sentido do tráfego.

Tamanho e diversidade das instalações

Os hotéis centrais podem ser grandes ou pequenos (com muitos ou poucos apartamentos) e apresentar maior ou menor diversidade de instalações (restaurantes, bares, lojas, salas de reunião, etc.) sem que isso determine maior ou menor possibilidade de sucesso ou fracasso. O Maksoud Plaza e o L'Hotel Porto Bay, em São Paulo, situados a menos de 100 metros um do outro, ilustram bem essa afirmação. O Maksoud Plaza tem mais de 400 apartamentos, vários restaurantes e bares, um teatro e um centro de eventos de porte considerável e beneficia-se de sua excepcional localização junto à avenida Paulista para movimentar todas as suas instalações. O L'Hotel Porto Bay, com apenas

82 apartamentos e um restaurante, usa como atração para seus hóspedes toda a infraestrutura da região, inclusive a oferecida pelo seu concorrente. Ambos são destinados à clientela de alto poder aquisitivo e são bem-sucedidos.

Um dos fatores de distinção entre os dois hotéis, determinante para as respectivas características na condição de empreendimentos hoteleiros, é a dimensão dos terrenos em que foram construídos: 8.300 m^2, no caso do Maksoud Plaza, e 1.000 m^2, no caso do L'Hotel Porto Bay.

Com efeito, o porte e a diversidade das instalações dos hotéis localizados nas áreas centrais das cidades derivam, para uma mesma e determinada condição de mercado, das dimensões dos terrenos disponíveis – e, naturalmente, do que as diferentes legislações permitam construir neles – e dos respectivos preços, cuja participação expressiva na composição geral de custos do empreendimento leva necessariamente à utilização máxima das possibilidades de construção em determinada área. Terrenos pequenos comportam hotéis pequenos. Em terrenos grandes só são viáveis hotéis de porte correspondente.

Haveria um tamanho ideal de hotel (por exemplo, em número de apartamentos) para as áreas centrais das cidades? Ou, colocando de outra forma, em condições ideais de mercado e sem constrangimentos orçamentários, tanto para a aquisição do terreno como para a construção, montagens e equipamentos, que tamanho e que características deveriam idealmente ter os hotéis centrais?

Não há uma resposta satisfatória para essa questão. Nos Estados Unidos são muito comuns hotéis centrais com número elevado de quartos, geralmente acima de 500, e, muito frequentemente, acima de 1.000. Na Europa, predominam hotéis menores, que possuem entre 200 e 300 quartos, e até menos. Essa diferença se explica, por um lado, pelo dinamismo e pela grandiosidade do mercado norte-americano, e, por outro, pelos fatores de natureza histórica e/ou urbanística que impõem a utilização de edificações europeias antigas ou severas restrições construtivas para edificações novas, ou ainda pela escassez de grandes terrenos disponíveis.

As grandes cadeias internacionais com origem nos Estados Unidos ou inspiradas no modelo norte-americano tendem, sempre que possível, a implantar hotéis de grande porte e só não o fazem quando, ainda que em condições não ideais, convém a elas implantar em determinado lugar uma nova unidade sob sua bandeira. É o caso de muitos hotéis implantados na Europa e da maioria dos hotéis implantados em países não pertencentes ao Primeiro Mundo. Mesmo na Europa há alguns grandes hotéis que se aproximam dos 1.000 apartamentos, como o Holiday Inn Kensington Forum Hotel de Londres, com 906 apartamentos, e o Hotel Concorde Lafayette de Paris, com 950.

Aparentemente, a tendência é que os novos hotéis sejam tão grandes quanto possível, respeitadas as limitações impostas pelo mercado e por outras razões locais. Os hotéis com grande número de apartamentos, muitos restaurantes e bares, salas de reunião, áreas de recreação e lazer, etc. teriam a preferência de muitos hóspedes pela variedade de facilidades e conveniências de que disporiam, a custos relativamente reduzidos em decorrência dos ganhos de escala na oferta dos serviços.

Essa preferência, no entanto, não pode ser generalizada. Para uma parcela considerável de hóspedes, os hotéis menores (entre 50 e 200 apartamentos) proporcionam um ambiente mais acolhedor, oferecem mais atenção e um padrão de serviços mais eficiente e menos impessoal. Alguns especialistas questionam até mesmo a economia de escala supostamente obtida na operação de grandes hotéis com menos de 500 apartamentos, pois eles demandam estrutura administrativa mais complexa (com vários níveis de supervisão e elevado grau de hierarquização) e, portanto, mais cara. Segundo esses especialistas, hotéis menores, que possam ser operados com menor número de funcionários por quarto e estrutura administrativa simplificada, podem reduzir seus custos e manter as condições de competitividade no mercado. Há quem considere um hotel verdadeiramente luxuoso incompatível com um grande número de apartamentos.

Concluindo, não há um tamanho ideal a ser recomendado para hotéis centrais (ou para qualquer tipo de hotel). As dimensões e demais características de um hotel central são aquelas estabelecidas pelo mercado e pelos recursos financeiros disponíveis para custear o empreendimento. Em outras palavras, dependem das demandas quantitativas e qualitativas por instalações hoteleiras da cidade ou do setor da cidade, dos recursos financeiros que podem e/ou pretendem investir, dos terrenos disponíveis (em termos de dimensões e custos) e da legislação de uso do solo vigente. É importante considerar também fatores relacionados com a experiência e a sensibilidade dos futuros operadores no que diz respeito ao segmento de mercado que pretendem atender.

Características do lobby

O lobby, ou saguão, é a área que mais contribui para a imagem positiva ou negativa do hotel, logo depois dos apartamentos. Acontecem no lobby o primeiro e o último contato do hóspede com o hotel. Além dessa importância mercadológica, ele tem também importância estratégica no funcionamento do hotel, uma vez que é nele que se situa a recepção e é principalmente através dele que se tem acesso às demais áreas públicas do hotel (lojas, bares, restaurantes, locais de reunião, etc.).

A importância do lobby pode ser avaliada pela qualidade dos materiais, do mobiliário e da decoração que os hotéis de todos os níveis utilizam, sempre superior à dos demais ambientes, incluindo-se os apartamentos.

Nas cidades, os hotéis centrais costumam abrigar importantes eventos de caráter social, cultural e artístico, e os lobbies são comumente a antessala dos ambientes onde esses eventos ocorrem, quando não o espaço principal. Objetivando evitar conflitos entre os hóspedes e o grande número de pessoas que geralmente afluem a esses eventos, devem ser previstas, sempre que possível, faixas de circulação privilegiadas para hóspedes ou acessos independentes para restaurantes, bares e salas de reunião. Nos hotéis Maksoud Plaza e Renaissance, em São Paulo, por exemplo, favorecidos por contar com frente para três ruas e com desníveis naturais, foi possível localizar entradas em ruas e pavimentos diferentes.

A valorização dos lobbies ganhou uma importante contribuição por meio dos átrios recriados pelo arquiteto e empreendedor norte-americano John Portman, que projetou para a cadeia Hyatt os magníficos hotéis de Atlanta, San Francisco e Chicago O'Hare, entre outros. Esses átrios são verdadeiras praças, com fontes e vegetação de porte variado, que se estendem até os últimos pavimentos, formando um imenso espaço interno cheio de luz percorrido por modernos e silenciosos elevadores panorâmicos.

Características dos apartamentos

Pode-se afirmar que existe atualmente um padrão básico de quarto adotado nos apartamentos (constituídos por vestíbulo, banheiro e quartos) de hotéis em todo o mundo, cujas dimensões, com pequenas variações da ordem de 10%, são 3,80 m de largura por 5,50 m de comprimento. Há variações maiores em alguns hotéis independentes de padrão inferior, resultantes de projetos equivocados ou de adaptações de edifícios originalmente projetados e/ou construídos para outras destinações. Há, ainda, variações em alguns tipos especiais de hotel – aqueles caracterizados como econômicos ou supereconômicos e que, embora centrais, serão tratados como um tipo diferenciado, mais adiante.

A largura de aproximadamente 3,80 m permite acomodar em frente às camas uma cômoda e/ou uma mesa de trabalho, com espaço adicional para cadeira ou poltrona e circulação entre elas. Larguras maiores são desnecessárias e até mesmo indesejáveis, quando implicam a redução do número potencial de apartamentos de uma frente de rua e quando demandam panos maiores de lajes e extensão de fachada, itens que encarecem a construção.

Quando se deseja aumentar a área dos quartos, é preferível que isso seja feito no comprimento, pois assim podem ser acrescentadas ao mobiliário poltronas ou um sofá-cama, que aumentam o conforto e/ou possibilitam a acomodação de mais pessoas.

Um importante requisito dos quartos dos hotéis centrais é a disponibilidade de espaço, mobiliário e equipamentos – as chamadas estações de trabalho – que proporcionam aos executivos, tipo de hóspede cada vez mais comum, a possibilidade de dar sequência às suas atividades normais de trabalho.

Nos hotéis centrais, terraços só são justificáveis em cidades de clima ameno praticamente o ano todo e apenas em locais de onde se possa desfrutar de vistas de grande interesse e beleza, naturais ou não. É o caso dos hotéis da orla litorânea de cidades como Rio de Janeiro, Salvador ou Recife, para mencionar apenas cidades brasileiras. Não é o caso de hotéis de cidades como São Paulo, Curitiba ou Belo Horizonte, em que nem o clima nem a paisagem justificam os custos adicionais e outros inconvenientes apresentados pelos terraços.

Estacionamento

A quantidade de vagas de estacionamento nos hotéis centrais é determinada menos pelo número de apartamentos do que pela presença de dependências como restaurantes, bares, salas de reunião, etc. frequentadas também por moradores da própria cidade. Os hóspedes, mesmo quando procedentes de locais pouco distantes, utilizam-se cada vez mais do avião como meio de transporte. Algumas vagas, no entanto, são sempre necessárias para atender a uma parcela de hóspedes motorizados com carros próprios ou alugados. A quantificação efetiva das vagas necessárias, além das exigidas pela legislação de cada cidade ou local, deve ser feita conforme a quantidade de frequentadores das diversas dependências do hotel, considerando-se os respectivos horários de funcionamento e sua concomitância.[3]

Como nos hotéis centrais as áreas de estacionamento situam-se geralmente no subsolo e/ou outros pavimentos que não o térreo, para onde os automóveis são conduzidos por manobristas, é conveniente reservar espaço no pavimento térreo, próximo à entrada principal do hotel, para algumas vagas destinadas a visitantes de curta permanência. Vagas para ônibus de turismo devem ser igualmente previstas.

---

[3] Em São Paulo, a legislação que rege a construção de hotéis (Lei nº 8.006/1974) exige uma vaga para cada dois quartos com menos de 50 m^2, uma vaga para cada quarto maior do que 50 m^2, além de vagas adicionais para cada 100 m^2 de área de restaurantes e afins e para cada 10 m^2 para área de eventos/convenções

Hotel Unique, São Paulo.

Radisson Blu Hotel, Berlim.

Grand Hyatt São Paulo, São Paulo.

Rio Othon Palace, Rio de Janeiro.

Radisson Blu Hotel, Berlim.

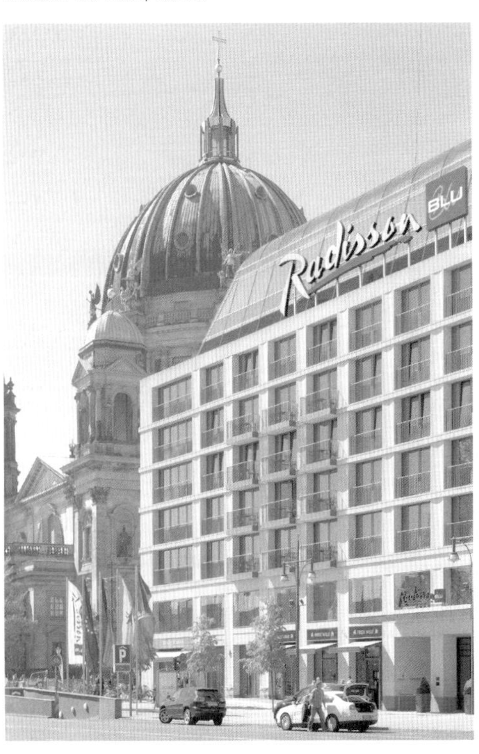

Hilton São Paulo Morumbi, São Paulo.

Comfort Hotel Downtown, São Paulo.

Quadro 1
Hotéis centrais: síntese

Localização	▪ As áreas de intensa atividade comercial, de negócios, de recreação e de lazer são as mais adequadas. ▪ As áreas em processo de decadência devem ser evitadas. ▪ O atendimento a nichos especiais de mercado com requisitos particulares de localização deve ser prioritário. ▪ A legislação de uso do solo no local deve possibilitar a construção de um hotel com tamanho compatível com o indicado por estudos prévios de mercado. ▪ O preço do terreno deve estar situado dentro dos parâmetros indicados pelo estudo de viabilidade. ▪ As dimensões e a forma do terreno devem proporcionar acessos e condições de circulação adequados para hóspedes, visitantes, funcionários e fornecedores e para os veículos de passeio e de carga.
Tamanho e diversidade das instalações	▪ A área total de construção é função da área de terreno disponível e da legislação de uso do solo. ▪ O número de apartamentos deve ser definido pelos parâmetros indicados em estudo prévio de mercado. ▪ A quantidade de restaurantes, bares, locais para reunião, etc. deve ser definida conforme o número de apartamentos e da concorrência com estabelecimentos similares disponíveis nas imediações.
Características do lobby	▪ É importante fator de valorização do hotel. ▪ No seu planejamento, é preciso observar as condições de circulação de hóspedes (entre a entrada, a recepção e os elevadores sociais), que devem ser adequadas e não conflitantes com as demais circulações – particularmente com as destinadas a não hóspedes. ▪ Devem ser previstos, sempre que possível, acessos independentes da entrada principal do hotel para restaurantes, bares e locais de reunião.
Características dos apartamentos	▪ Dimensões básicas dos quartos: 3,80 m de largura e 5,50 m de comprimento, com variações de cerca de 10%. ▪ Devem ser previstos apartamentos especiais para pessoas com deficiência.[4] ▪ Devem ser previstos terraços apenas em locais voltados para paisagens significativas e climas amenos.

[4] A Associação Brasileira de Normas Técnicas (ABNT), por meio da NBR 9.050 (editada em 1994 e atualizada em 2005, e, mais recentemente, em 2015), recomenda que 10% dos apartamentos sejam destinados a pessoas com deficiência física.

Estacionamento	▪ São necessárias poucas vagas, pois a maioria dos hóspedes de hotéis centrais utiliza o avião como meio de transporte predominante. ▪ O número de vagas, respeitada a legislação, deve ser dimensionado conforme as áreas do hotel destinadas aos demais frequentadores de suas instalações, como restaurantes, bares, locais de reunião, etc. ▪ A disponibilidade de vagas pode constituir-se em importante fator estratégico para a captação de eventos e frequentadores das instalações sociais do hotel. ▪ Devem ser previstas algumas vagas próximas à entrada principal do hotel para visitantes de curta permanência.

HOTÉIS NÃO CENTRAIS

A escassez de áreas bem localizadas e com dimensões suficientes, o elevado preço dos terrenos e problemas como o congestionamento do tráfego e a insegurança crescente das áreas centrais têm levado ao deslocamento de muitos novos empreendimentos hoteleiros para áreas afastadas do centro das cidades, mas que contam com boas condições de acesso e nas quais tais problemas não existem ou são menos acentuados.

Ao mesmo tempo, algumas dessas áreas, pelas mesmas razões, vêm atraindo empreendimentos de outras naturezas, passando a concentrar atividades diversificadas e reunindo os atrativos e as condições necessárias para viabilizar a implantação de hotéis.

Nos Estados Unidos, cerca de 70% dos novos hotéis estão sendo construídos nos chamados subúrbios. Em São Paulo, há os casos já bastante antigos do Novotel Morumbi e do Transamérica, na marginal do Pinheiros. Menos antigo é o Sheraton WTC São Paulo Hotel, antigo Meliá, também na marginal do Pinheiros – porém menos distante, em meio à concentração de escritórios da avenida Luís Carlos Berrini –, ao qual em anos mais recentes vieram juntar-se o São Paulo Hyatt e o Hilton São Paulo Morumbi. Também podem ser considerados não centrais o Sofitel, da cadeia francesa Accor, e o Novotel, antigo Ibirapuera Park, da mesma cadeia, localizados lado a lado na rua Sena Madureira, próximo ao Parque do Ibirapuera. No Rio de Janeiro, há mais de vinte anos, aproveitando a acessibilidade proporcionada pela avenida Niemeyer e pela presença das praias, foram construídos os hotéis Sheraton, Intercontinental Rio e Nacional, significativamente distantes do centro da cidade e também das áreas já então muito valorizadas de Copacabana e Ipanema.

Localização

A localização, um atributo de fundamental importância para qualquer tipo de hotel, adquire, no caso dos hotéis não centrais, um peso ainda maior como fator condicionante do sucesso ou do fracasso do empreendimento.

O hotel não central deve dispor de condições e meios de acesso fácil às principais áreas de interesse da cidade ou do setor em que se localiza. Deve estar próximo a avenidas, vias expressas ou rodovias que o liguem tão rapidamente quanto possível ao centro principal da cidade e aos subcentros – no caso de cidades maiores –, ao aeroporto ou a áreas particulares de interesse estratégico, visando atender nichos específicos de mercado, como áreas de grande concentração industrial ou de atrativos turísticos.

A acessibilidade por meio de transporte público, em países e cidades onde esse tipo de transporte de qualidade existe, é um requisito muito desejável. Nas cidades brasileiras, o transporte privado é praticamente o único que pode, até o momento, ser considerado em empreendimentos hoteleiros de alguma qualidade. À medida que o automóvel passa a ser predominante, a visibilidade do hotel adquire importância. Sua localização à beira de vias expressas ou de rodovias, junto aos trevos de acesso, às cidades ou a sub-regiões metropolitanas constitui um atrativo que permite diferenciá-lo de seus competidores menos visíveis.

É importante, na localização e no planejamento de um hotel não central, atentar para as tendências de desenvolvimento da região e para a análise de planos de desenvolvimento dessa mesma região existentes ou em elaboração, de modo a se verificar a compatibilidade entre suas propostas de ocupação e o uso do solo com os objetivos iniciais do empreendimento e a continuação dessa compatibilidade ao longo do tempo. A propósito, voltando ao caso de São Paulo, é possível hoje afirmar que a região da avenida Berrini constitui-se numa importante subcentralidade da metrópole paulistana, o que retira, na prática, a condição de hotéis não centrais dos citados Sheraton, Hyatt e Hilton.

Pelas mesmas razões, pode ser importante prever, na fase de implantação, espaços para futuras expansões que acompanhem o potencial de desenvolvimento do local. Além de pouco onerosa, essa previsão pode ser estratégica, uma vez que futuras aquisições de terreno eventualmente não serão mais possíveis.

Outro fator a ser considerado é a disponibilidade de infraestrutura vista de maneira dinâmica, no momento da construção e ao longo do tempo, tendo-se em vista a repercussão sobre os custos do empreendimento. É importante considerar a eventual necessidade de suprir deficiências da rede pública, por exemplo, com a perfuração de poços profundos ou com a construção de estação própria para tratamento de esgotos.

Tamanho e diversidade das instalações

Localizar o hotel em determinadas regiões menos centrais pode ser vantajoso. Nessas áreas, o valor unitário dos terrenos é significativamente menor, o que torna viável a utilização de terrenos maiores e a construção de uma infraestrutura de recreação maior e melhor e mais áreas de estacionamento para hóspedes, visitantes e frequentadores de restaurantes e locais de reunião. Os hotéis não centrais podem, assim, oferecer quadras de tênis, piscinas em áreas abertas, instalações amplas e bem equipadas para eventos e outras atrações raramente encontradas nos hotéis centrais nas mesmas proporções.

O Hotel Transamérica é o mais típico exemplo de hotel não central em São Paulo. Está em um local bastante afastado do centro histórico da cidade, próximo à concentração de indústrias da região de Santo Amaro. Foi implantado em um terreno de 14.200 m^2 e inaugurado na década de 1970, com 220 apartamentos, um grande centro de eventos e quadras de tênis. Mais tarde, o número de apartamentos e suítes foi ampliado para 406 unidades, com acréscimo de novas instalações de serviço e de lazer.

O Novotel Morumbi, construído na mesma época, não dispunha de área de terreno suficiente para implantar instalações que compensassem sua distância das áreas de interesse da cidade daquele tempo, quando não existiam nem os shoppings Morumbi e Market Place nem a concentração de escritórios da avenida Luís Carlos Berrini. Quanto aos outros hotéis não centrais de São Paulo já mencionados – o Sofitel e o Novotel da rua Sena Madureira –, em termos de diversidade, suas instalações em nada diferem daquelas de um hotel tipicamente central. Isso acontece, talvez, pela descaracterização, em São Paulo, do que se convencionou designar como o centro da cidade – *downtown* –, conceito que se mantém na maioria das cidades, mesmo nas metrópoles. Essa descaracterização ocorre pela conjugação de fatores como a fuga do centro, em processo de crescente deterioração; a procura de mais segurança e de terrenos mais baratos; a expectativa de contínuo crescimento da cidade, o que relativiza as distâncias, e a crescente ampliação acompanhada da descentralização das áreas de concentração de negócios, comércio, cultura e lazer.

As características mais comuns que diferenciam um hotel não central típico dos hotéis centrais são: implantação em terrenos de maiores dimensões, uma relativa autossuficiência em matéria de restaurantes, bares e serviços em geral, instalações reforçadas para eventos e infraestrutura de esportes, recreação e lazer mais desenvolvida. Para viabilizar essa infraestrutura mais desenvolvida, os hotéis não centrais necessitam de um número suficiente de apartamentos para dar suporte econômico à operação de todos os serviços oferecidos.

Características do lobby

As mesmas considerações feitas com relação aos hotéis centrais valem para os lobbies dos hotéis mais afastados. Dependendo da região onde se situam, geralmente menos servida por restaurantes, bares, lojas, etc., os hotéis não centrais tendem a suprir essas deficiências incluindo em seu interior parte das instalações e dos serviços não disponíveis nas redondezas. Isso pode se refletir na necessidade de lobbies mais amplos. Entretanto, uma atividade social menos intensa, cuja ocorrência seria mais comum e frequente nos hotéis centrais, indicaria a tendência para a criação de lobbies de menor dimensão.

Características dos apartamentos

As dimensões usualmente adotadas nos hotéis centrais são também válidas para os apartamentos dos hotéis não centrais. Aplicam-se, igualmente, os mesmos comentários, com exceção ao que se refere aos terraços. Os hotéis não centrais, por causa das dimensões maiores dos terrenos e do tratamento paisagístico que pode ser dado às áreas externas de esportes e lazer, proporcionam as condições necessárias para viabilizar terraços, mesmo em locais naturalmente desprovidos de atrativos paisagísticos.

Estacionamento

Nos hotéis não centrais, é maior a necessidade de vagas para estacionamento do que nos hotéis centrais. Em locais mais afastados de outros centros de interesse e com menos alternativas de transporte público, aumenta a porcentagem de hóspedes que se utilizam do automóvel, próprio ou alugado. Para os demais usuários (não hóspedes), frequentadores dos restaurantes, dos nightclubs, das instalações esportivas e de recreação, e, principalmente, dos locais de reunião – em grande parte, moradores da própria cidade ou de cidades vizinhas –, o automóvel é o meio de transporte predominante, quando não o único, particularmente nas cidades e/ou locais carentes ou totalmente desprovidos de transporte público de qualidade.

Ainda que a legislação de uso e ocupação do solo possa desconsiderar a necessidade diferenciada de vagas para estacionamento, é importante, no planejamento do hotel, dimensionar cuidadosamente as vagas vinculadas a cada uma das suas dependências, considerando os diferentes horários das respectivas funções exercidas e atentando ainda para a simultaneidade que, necessariamente, ocorre entre as funções.

Novotel São Paulo Morumbi,
São Paulo.

Bahia Othon Palace,
Salvador.

Royal Tulip Rio de Janeiro,
Rio de Janeiro.

Sheraton Rio Hotel & Resort,
Rio de Janeiro.

Burj Al Arab, Dubai.

Quadro 2
Hotéis não centrais: síntese

Localização	▪ Deve haver fácil acesso ao centro e às principais áreas de interesse da cidade ou da região. ▪ Devem ser cuidadosamente analisadas as tendências de desenvolvimento do local pretendido. ▪ A legislação de uso do solo do local deve possibilitar a construção de um hotel com tamanho compatível com o indicado por estudos prévios de mercado. ▪ Deve ser avaliada a conveniência de áreas para futuras expansões. ▪ Os nichos especiais de mercado para os quais o hotel quer se voltar devem ser predefinidos. ▪ O preço do terreno deve estar situado dentro dos parâmetros indicados por estudos de viabilidade. ▪ As dimensões e a forma do terreno devem proporcionar acessos e condições de circulação adequados para hóspedes, visitantes, funcionários e fornecedores e para os veículos de passeio e de carga. ▪ O terreno deve comportar áreas suficientes para a quantidade de vagas de estacionamento pretendida. ▪ É desejável que o terreno seja visível a partir das vias principais de acesso. Deve ser verificada a infraestrutura de água, esgotos, energia, telecomunicações e gás existente ou planejada.
Tamanho e diversidade das instalações	▪ A área total de construção deve ser conforme a área de terreno disponível e a legislação de uso do solo. ▪ O número de apartamentos deve ser definido por parâmetros indicados em estudo prévio de mercado. Quanto maior o número de apartamentos, maior a capacidade do hotel de suportar determinada localização. ▪ A quantidade de restaurantes, bares, locais para reunião, etc. deve ser definida conforme o número de apartamentos e de usuários potenciais de regiões limítrofes que o hotel pretenda captar.
Características do lobby	▪ Aplicam-se aos hotéis não centrais os mesmos comentários feitos com relação aos hotéis centrais. ▪ Um provável maior número de restaurantes e outras facilidades (não disponíveis nas imediações do hotel) poderá influenciar nas dimensões e em outras características do lobby. ▪ No caso de menor atividade social, podem ser considerados lobbies menores.
Características dos apartamentos	▪ Dimensões básicas dos quartos: 3,80 m de largura e 5,50 m de comprimento, com variações de cerca de 10%. ▪ Devem ser previstos apartamentos especiais destinados a pessoas com deficiência. ▪ Terraços, mesmo em locais desprovidos de paisagem natural, podem aumentar os atrativos do hotel, desde que o terreno seja amplo o bastante e tratado paisagisticamente.

Estacionamento	▪ São necessárias mais vagas para hóspedes do que nos hotéis centrais, tendo-se em vista a maior probabilidade de que um número significativo deles utilize automóveis, próprios ou alugados. ▪ O número de vagas, respeitada a legislação, também deve ser dimensionado de acordo com as áreas do hotel destinadas aos demais frequentadores de suas instalações (restaurantes, bares, locais de reunião) e segundo a disponibilidade de transporte público. ▪ São também menores as possibilidades de existir, nas proximidades, estacionamentos alternativos.

HOTÉIS ECONÔMICOS

Para determinados tipos de hóspedes, são desnecessárias muitas das instalações e dos serviços disponíveis nos hotéis convencionais de diversas categorias. É o caso, por exemplo, de profissionais de vendas ou de representação de empresas em suas viagens rotineiras pelo interior dos estados. Esses profissionais necessitam apenas de um bom apartamento, com boas instalações sanitárias, no pouco tempo em que permanecem no hotel – entre o fim de um exaustivo dia de trabalho ou de viagem e a manhã do dia seguinte. Restaurantes, ambientes de lazer, sauna, piscina, serviço de quarto 24 horas, etc. são perfeitamente dispensáveis para esse tipo de hóspede, que, no entanto, faz questão absoluta de conforto, higiene, café da manhã completo e confiabilidade das instalações. Nas cidades também há demanda para esse tipo de hotel por parte de um grande número de hóspedes que não necessitam de instalações e serviços sofisticados no pouco tempo em que permanecem na cidade para a realização de seus negócios e de suas compras.

Assim, os hotéis econômicos não podem ser confundidos com hotéis com instalações mais ou menos diversificadas, porém de alguma forma precárias ou decadentes, que procuram oferecer uma gama variada de serviços num arremedo dos hotéis de categoria superior. O que esse tipo de hotel tem em comum com os hotéis econômicos de que aqui tratamos são apenas as tarifas reduzidas que oferecem, oriundas da baixa qualidade das suas instalações e dos seus serviços. As tarifas reduzidas dos hotéis econômicos decorrem fundamentalmente do fato de as instalações e os serviços serem limitados ao que é essencial, sem prejuízo da qualidade e da eficiência da operação.

As instalações resumem-se, de maneira geral, a apartamento de dimensões e mobiliário adequados, com instalações sanitárias completas e ar-condicionado, uma pequena recepção, local para café da manhã ou uma pequena lanchonete e estacionamento. Os serviços limitam-se ao atendimento na recepção, à troca das roupas de cama e banho, à limpeza e à manutenção das dependências do hotel, ao preparo do café da manhã e ao funcionamento da eventual lanchonete.

Algumas cadeias hoteleiras internacionais têm entre seus produtos hotéis que, com algumas variações, enquadram-se na categoria de hotéis econômicos aqui definida. A Atlantica Hotels tem o produto Sleep Inn, com unidades de 62 a pouco mais de 100 quartos, para construção em terrenos de cerca de 5.000 m^2 a 7.000 m^2. A Holiday Inn tem o produto Holiday Inn Express; a Accor, o produto Ibis, e a Meliá, o produto Sol Meliá. Essas cadeias já estão há algum tempo implantadas no Brasil, respondendo à demanda por hotéis com essas características.

Localização

A localização preferencial para determinados tipos de hotéis econômicos é próxima a rodovias, junto a entradas de cidades ou a entroncamentos de onde derivam acessos para mais de uma cidade. A implantação ao longo de um eixo rodoviário pode adotar, como critério de localização, além da rede de cidades, pontos considerados estratégicos para paradas em viagens de percurso muito longo, como São Paulo-Brasília, Rio-Salvador, etc. Nas cidades, é desejável localizar os hotéis econômicos nos chamados centros expandidos, onde os terrenos são geralmente mais baratos e, sempre que possível, próximos a estações de trem ou de metrô ou a terminais de ônibus.

Tamanho e diversidade das instalações

Tendo-se em vista a necessária simplificação dos procedimentos operacionais e de manutenção, os hotéis econômicos devem ter, número reduzido de apartamentos, entre 60 e 100, aproximadamente. Para evitar a instalação ou o uso obrigatório de elevadores, tanto para hóspedes quanto para o serviço, é desejável que a construção seja predominantemente horizontal. Dois pavimentos estabelecem uma boa relação entre a não necessidade do uso de elevadores e as áreas de terreno necessárias. Um número maior de pavimentos deve ser adotado apenas quando o preço do terreno ou a pouca disponibilidade de terrenos maiores com localização adequada assim o recomendem.

Características do lobby

Nos hotéis econômicos, o lobby limita-se a um pequeno ambiente de estar e à área da recepção, em que o atendente pode ser o próprio gerente e de onde esse tem total controle sobre o movimento de entrada e saída dos hóspedes.

Características dos apartamentos

Algumas cadeias internacionais mantêm em seus hotéis de tarifa reduzida quartos de dimensões semelhantes às dos quartos de seus produtos de tarifa mais elevada. Em certas rotas, algumas cadeias adotam apartamentos até maiores, quando querem atrair famílias que viajam de carro. Nesses casos, quartos maiores, particularmente no comprimento, permitem a colocação de camas adicionais ou sofás-camas, para acomodar toda a família em um mesmo quarto.

No entanto, em hotéis econômicos, os apartamentos podem ser menores do que o padrão adotado universalmente em hotéis mais caros. Apartamentos com uma única cama podem ser combinados com apartamentos com duas camas. Os espaços para circulação podem ser reduzidos, assim como a dimensão dos armários. Da mesma forma, os banheiros podem ser bastante compactos. O que não pode faltar nos quartos é uma mesa que possa comportar um computador portátil e espaço adicional para o desenvolvimento de trabalhos.

Uma iluminação cuidadosamente projetada para trabalho, leitura ou repouso, assim como ar-condicionado, são requisitos indispensáveis.

Estacionamento

Nos hotéis econômicos, particularmente nos situados fora de áreas urbanas, é importante dispor de vagas de estacionamento em quantidade equivalente ao número de quartos, pelo menos, uma vez que a clientela básica é constituída por viajantes com seus próprios automóveis.

Ibis São Paulo Expo Barra Funda, São Paulo.

Ibis São Paulo Congonhas,
São Paulo.

Comfort Uberlândia, Uberlândia.

Quadro 3
Hotéis econômicos: síntese

Localização	▪ As áreas às margens de rodovias, próximas a entradas de cidades, são as mais favoráveis. ▪ Deve ser considerada a localização em pontos estratégicos para paradas em rotas de viagens longas. ▪ Em cidades, fora da área mais central, hotéis econômicos devem ser localizados junto a estações de trem ou de metrô ou a terminais de ônibus.
Tamanho e diversidade das instalações	▪ As instalações são reduzidas, limitadas a apartamentos, área para a recepção e sala para a administração, sala para café da manhã ou pequena lanchonete e dependências para equipamentos. ▪ A lavanderia pode ser pequena. Como alternativa, os serviços de lavagem de roupas podem ser terceirizados ou concentrados em uma lavanderia de porte médio que preste serviços a um conjunto de hotéis de uma mesma rede. ▪ Para evitar a necessidade de elevadores, deve ser adotada, sempre que possível, solução arquitetônica horizontal.
Características do lobby	▪ Deve se resumir à recepção e a pequeno ambiente de estar.
Características dos apartamentos	▪ O número de apartamentos deve ser reduzido (entre 60 e pouco mais de 100 unidades, aproximadamente). ▪ Os apartamentos podem ser maiores ou menores do que os correspondentes de hotéis de categoria superior, dependendo do local e da clientela. ▪ Devem ser previstos apartamentos especiais destinados a pessoas com deficiência. ▪ Em hotéis destinados a viajantes a trabalho, geralmente sozinhos, os apartamentos podem ser significativamente menores, assim como os banheiros. ▪ Apartamentos com uma única cama podem ser combinados com apartamentos com camas duplas. ▪ É importante adequar o mobiliário do apartamento ao tamanho reduzido, projetando-se cuidadosamente o espaço disponível. ▪ Instalações para trabalho devem ser consideradas um requisito essencial.
Estacionamento	▪ O número de vagas deve ser equivalente ao número de apartamentos.

HOTÉIS SUPERECONÔMICOS

Procurando atender a setores mais amplos do mercado de hospedagem com qualidade e preços ainda mais baixos, os chamados hotéis supereconômicos vão além dos seus congêneres econômicos na redução dos respectivos custos.

Com serviços semelhantes aos oferecidos naqueles hotéis e que se resumem aos itens essenciais antes descritos, a redução mencionada de custos se concentra, principalmente, nos custos de implantação. Isso graças à redução comparativa da área construída, resultante de apartamentos significativamente menores. Se nos hotéis econômicos a área dos apartamentos costuma variar em torno dos 20 m^2, nos supereconômicos, essa variação pode se dar ao redor dos 12 m^2 ou até menos, em casos de redução mais radical.

Pessoas que se dirigem às cidades para negócios, compras ou lazer e permanecem pouco tempo – poucos dias, muitas vezes apenas um fim de semana ou mesmo uma única noite – aceitam acomodações e instalações bastante simplificadas em troca de diárias convenientes e suficientemente baixas para viabilizar suas viagens.

No Brasil, exemplos característicos de hotéis supereconômicos são os Formule 1, da rede Accor, que os implantou inicialmente em São Paulo, em várias regiões da capital, e depois estendeu o conceito para empreendimentos similares em outras cidades do país. Nesses hotéis, de maneira geral, um número comparativamente elevado de apartamentos – da ordem de algumas centenas e tornado possível pela reduzida área das unidades – colabora também na redução das diárias, pelo rateio dos custos de operação. Nos Formule 1 São Paulo, são 399 apartamentos nas unidades Paulista e Jardins e 300 na unidade Paraíso. É exemplo também o hotel Go Inn, da Atlantica Hotels.

Um exemplo radical e emblemático de hotéis supereconômicos é o *hotel cápsula*. Criado pelo arquiteto japonês Kisho Kurokawa, o primeiro deles foi implantado em Osaka em 1979. Hoje, espalham-se por várias cidades no Japão e até mesmo em outros países. Há referência de um hotel desse tipo implantado em Varsóvia em 2009 e outro em Xangai, o qual, não obstante, não teria conseguido obter licença de funcionamento por não atender à legislação local.

Os hotéis cápsula são um caso extremo de busca de eficiência de espaço com conforto funcional em uma acomodação hoteleira. Nas unidades implantadas no Japão, esses hotéis são divididos em dois setores: um setor comum e outro, privativo. O primeiro é constituído por recepção, pequena lanchonete ou *vending machines*, vestiários/sanitários e armários onde os hóspedes deixam suas roupas e outros pertences. No setor privativo, são dispostas as "cápsulas", lado a lado e em dois níveis. As "cápsulas" consistem em módulos individuais construídos em plástico ou fibra de vidro, dotadas de portas de policarbonato ou cortinas para proporcionar privacidade, e dispõem de televisão, painel de controle de todos os equipamentos e ar-condicionado. O número de cápsulas disponível em cada hotel varia de dezenas a centenas de unidades.

Localização

Como os hotéis supereconômicos são característicos de grandes cidades, com tráfego geralmente complicado e onde são comuns distâncias grandes entre os pontos de interesse dos hóspedes, sua localização preferencial é, também, em áreas centrais ou subcentrais e tão próxima quanto possível de estações de trem ou de metrô ou de terminais de ônibus.

Tamanho e diversidade das instalações

Conforme mencionado, de maneira geral, os hotéis supereconômicos tendem a oferecer pouca área destinada a instalações comuns, resumida praticamente a pequeno lobby, recepção, ambiente para servir café da manhã – proporcional ao número de apartamentos –, estacionamento e espaço necessário às centrais das instalações prediais. O número de apartamentos, no entanto, por causa do custo elevado do terreno em áreas centrais e subcentrais das cidades, tende a ser relativamente grande, da ordem de centenas de unidades.

Características dos apartamentos

Com áreas totais dos apartamentos tão reduzidas, os banheiros devem, necessariamente, ter soluções particulares, com boxes para chuveiro e bacia, além de lavatórios, abertos ou voltados diretamente para o quarto – nesse caso, incorporando espaços de circulação que, de outra maneira, teriam que se restringir ao espaço interno do banheiro. Por outro lado, o mobiliário do quarto deve ser projetado para se adaptar às dimensões disponíveis sem perda de qualidade do espaço ou sacrifício acentuado das condições de conforto que devem ser proporcionadas aos hóspedes. É comum, nos quartos desse tipo de hotel, uma cama dupla, capaz de acomodar com elevado grau de conforto uma pessoa, mas suficiente para sua utilização por duas pessoas com grau de conforto adequado. Com a intenção de acrescentar à capacidade do quarto mais uma pessoa, alguns hotéis supereconômicos adicionam uma segunda cama superposta à primeira.

Armários podem ser muito exíguos ou substituídos por dispositivos que permitem pendurar e apoiar as poucas roupas de uso dos hóspedes em sua curta estadia.

Ainda que o hóspede conte com pouco espaço no quarto, a ele devem ser proporcionadas condições razoáveis de trabalho, como mesa de apoio para computador portátil.

Estacionamento

É importante que os hotéis supereconômicos atentem para as exigências de número mínimo de vagas de estacionamento contidas na legislação da cidade onde estão situados.

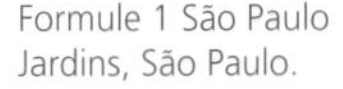

Formule 1 São Paulo Jardins, São Paulo.

Quadro 4
Hotéis supereconômicos: síntese

Localização	▪ Áreas centrais ou subcentrais das cidades. ▪ Preferencialmente junto a estações de trem ou de metrô ou a terminais de ônibus.
Tamanho e diversidade das instalações	▪ Áreas comuns, como lobby, recepção e espaço para café da manhã/lanchonete devem ser reduzidas ao mínimo necessário, observado o número de apartamentos. ▪ Áreas de serviço, como lavanderia, por exemplo, podem ser desnecessárias se consideradas alternativas de terceirização dos serviços na rede de lavanderias normalmente disponíveis nas grandes cidades.
Características dos apartamentos	▪ O número de apartamentos deve ser elevado para compensar o alto valor dos terrenos nas áreas centrais ou subcentrais das grandes cidades. ▪ Nos apartamentos, banheiros, armários, camas e estações de trabalho devem ter soluções especiais para se adequar às reduzidas dimensões, sem sacrifício acentuado das condições de conforto.
Estacionamento	▪ Devem ser observadas as exigências legais quanto ao número de vagas necessárias.

HOTÉIS DE AEROPORTOS

São casos particulares de hotéis não centrais. Com o extraordinário desenvolvimento do transporte aéreo – praticamente o único utilizado nas viagens de negócio e turismo de média e longa distâncias –, e considerando as crescentes dificuldades de acesso às áreas centrais das cidades a partir dos aeroportos, estes e suas regiões vizinhas se tornaram locais muito convenientes para a localização de hotéis. Pessoas procedentes de lugares distantes, por exemplo, podem se hospedar nesses hotéis, participar de reuniões ou congressos e partir de volta para seu local de origem sem a necessidade de enfrentar penosos e demorados deslocamentos dentro da cidade. Cancelamentos ou grandes atrasos de voos, assim como conexões mais demoradas, são outros fatores que contribuem para a conveniência de hotéis nas proximidades de aeroportos. No caso do Brasil, a ocorrência desse tipo de hotel é significativa, por enquanto, apenas no Aeroporto Internacional de São Paulo/Guarulhos.

A maioria dos hotéis de aeroportos pertence às grandes cadeias internacionais, e eles estão instalados em prédios próprios com as características dos hotéis de alto e médio padrões por elas operados. Esses prédios se situam em área do próprio aeroporto e procuram estar sempre tão próximos quanto possível dos terminais de passageiros e/ou junto ao sistema viário de acesso a eles. Há casos, porém, em que as instalações hoteleiras se situam nos próprios edifícios terminais.

Embora, como afirmado, a maioria dos hotéis siga os padrões básicos de hospedagem dos hotéis de padrões alto e médio, há demanda por diárias bem mais baratas por parte de passageiros que necessitam apenas de instalações, repouso e banho.

São Paulo Airport Marriott, Guarulhos.

Radisson Blu London Hotel
Stansted Airport, Essex.

Sofitel Athens Airport, Spata.

Hilton Frankfurt Airport, Frankfurt.

Quadro 5
Hotéis de aeroportos: síntese

Antecedentes	▪ Os hotéis de aeroportos, tais como são conhecidos hoje, principalmente nos Estados Unidos e na Europa, surgiram a partir dos anos 1960, como decorrência do extraordinário desenvolvimento do transporte aéreo; até então, eram apenas pequenos hotéis (ou motéis) de beira de estrada.
Exemplos significativos	▪ As cidades de Los Angeles, Houston e Dallas/Fortworth, cujos aeroportos contam com mais de 10 mil quartos cada. ▪ No Brasil, apenas o Aeroporto Internacional de São Paulo/Guarulhos conta com hotéis de médio porte com características similares às dos hotéis de aeroportos norte-americanos: o Hotel Caesar Park, dentro dos limites do aeroporto, e o Hotel Marriot, nas imediações.
Localização	▪ As áreas mais favoráveis são aquelas junto às vias de acesso ao aeroporto, em local de grande visibilidade. ▪ O local deve ser tão próximo quanto possível dos terminais de passageiros.

Tamanho e diversidade das instalações	▪ Dependem da importância e do tipo de aeroporto (aeroportos de origem e destino, aeroportos de conexão, etc.). ▪ O número de apartamentos deve ser definido por estudo prévio de mercado (hotéis concorrentes, qualidade e porte de instalações para reuniões, convenções, etc.).
Características do lobby	▪ Semelhantes às dos hotéis não centrais.
Características dos apartamentos	▪ Dimensões básicas do quarto: 3,80 m de largura e 5,50 m de comprimento, com variações de cerca de 10%. ▪ Devem ser previstos apartamentos especiais destinados a pessoas com deficiência. ▪ As instalações do hotel, principalmente os apartamentos, devem apresentar alto grau de proteção contra ruído de aeronaves. ▪ Os terraços devem ser evitados em razão do elevado nível de ruído.
Estacionamento	▪ A necessidade de vagas decorre principalmente do número de bares e restaurantes e do porte das instalações para reuniões.

RESORTS

Os hotéis de lazer, descendentes diretos dos spas e das casas de banho das antigas Grécia e Roma, têm seu maior atrativo na recreação e nos esportes, principalmente em espaços abertos de beleza natural e boas condições climáticas.

Os resorts, forma mais recente e predominante de hotéis de lazer, vêm ampliando significativamente esse atrativo, instalando-se em imensas áreas – verdadeiras ilhas de autossuficiência – onde os hóspedes encontram satisfação para uma variada gama de interesses (esportes, lazer, vida social e negócios), numa combinação que atende a todas as faixas etárias. Pelo que são e oferecem, buscam constituir-se em destinações turísticas que por si só justifiquem uma viagem.

Os enormes investimentos exigidos para a implantação dos modernos resorts, que demandam grandes áreas de terreno com requisitos especiais de localização e amplas e diversificadas instalações de recreação e esportes, exigem altas taxas de ocupação durante todo o tempo, com minimização das variações que podem ocorrer durante a semana ou nas diferentes estações do ano. Por essa razão, os resorts investem também na diversificação de suas atividades, visando captar o maior número possível de tipos de hóspedes. Assim, é comum encontrar resorts com grandes instalações para conferências e congressos que, pelo relativo isolamento e pela informalidade do ambiente, oferecem excelentes condições para eventos e negócios.

Cabe mencionar os grandes complexos hoteleiros do tipo multiresort. Cancún, no México, e a região de Kanaapali, em Mauí, são exemplos de empreendimentos cuja escala gigantesca é necessária para viabilizar os imensos recursos financeiros requeridos para a construção de aeroportos, rodovias, infraestrutura e outros serviços, sem o que essas regiões, embora dotadas de atrativos naturais indiscutíveis, permaneceriam até hoje fora das rotas turísticas internacionais.

No Brasil, destacam-se alguns resorts, como o Costão do Santinho, em Florianópolis, o Transamérica Comandatuba, no sul da Bahia, e o complexo turístico multiresort de Sauípe, também na Bahia.

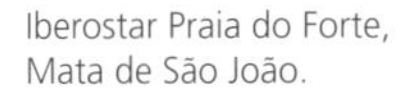

Iberostar Praia do Forte,
Mata de São João.

Sheraton Cancun Resort, Cancún.

Disney's Contemporary Resort, Orlando.

Hotel del Coronado, Coronado.

Costão do Santinho Resort, Florianópolis.

Walt Disney World Swan and Dolphin, Orlando.

Quadro 6
Resorts: síntese

Antecedentes	▪ Spas e casas de banho das antigas Grécia e Roma, que ressurgiram na Renascença, após período de inatividade na Idade Média.
Exemplos significativos	▪ No exterior: Atlantis Paradise (Bahamas); Boca Raton Resort Club (Flórida); Sonesta (Bermudas). ▪ No Brasil: Transamérica Comandatuba e Mediterranée (Bahia); Cabo de Santo Agostinho (Pernambuco); Costão do Santinho (Santa Catarina).
Localização	▪ Locais de grande beleza natural e excelentes condições climáticas. ▪ Fácil acesso a partir dos principais centros emissores de turistas pretendidos. ▪ Deve ser verificada a disponibilidade de água e de infraestrutura de energia e de telecomunicações. ▪ Deve ser observada a legislação de proteção ao meio ambiente.

Terreno	▪ São necessárias grandes glebas com características topográficas e geológicas para viabilizar as instalações pretendidas (parques aquáticos, quadras poliesportivas, campos de golfe, etc.). ▪ São desejáveis: proximidade de praia, margem de rios, lagos e represas. ▪ Há necessidade de tratamento paisagístico das áreas não diretamente ocupadas. ▪ As piscinas são elementos de grande importância para o projeto paisagístico. ▪ As áreas de carga e descarga e os demais pátios de serviços devem ser convenientemente localizados, de modo a afastá-los da vista dos hóspedes.
Tamanho e diversidade das instalações	▪ O número de apartamentos deve ser suficiente para dar suporte econômico ao conjunto de instalações de recreação, de esportes e de eventos. ▪ Para determinar o número de restaurantes, bares e outras instalações, devem-se considerar o tempo médio de permanência dos hóspedes e a necessidade de se oferecerem alternativas por causa do isolamento do hotel. ▪ As instalações para congressos e reuniões ajudam a manter taxas médias de ocupação elevadas. ▪ Deve ser considerada a necessidade e/ou a conveniência de alojamento para funcionários e suas famílias.
Características do lobby	▪ Deve ser dimensionado com generosidade, em razão da maior disponibilidade de tempo das pessoas para atividades sociais e convívio. ▪ A maior disponibilidade de tempo dos hóspedes motiva compras e a necessidade de maior quantidade relativa de lojas.
Características dos apartamentos	▪ Nos resorts, predominam grupos familiares. Os apartamentos, consequentemente, devem ser maiores, para acomodar camas adicionais. ▪ A área adicional deve ser obtida, preferencialmente, no comprimento do quarto; a largura deve ser mantida em 3,80 m. ▪ Devem ser previstos apartamentos especiais destinados a pessoas com deficiência. ▪ Os armários devem ser relativamente maiores do que em outros tipos de hotel, com pelo menos 1,5 m de frente. ▪ Os apartamentos devem ter a melhor vista. Alas de apartamentos distribuídos dos dois lados de um corredor devem ser posicionadas perpendicularmente à vista de maior interesse (praia, por exemplo). ▪ Os quartos devem, sempre que possível, ser dotados de terraços com profundidade adequada (de pelo menos 1,5 m) e mobiliados com mesa, cadeiras, espreguiçadeiras e/ou redes.
Estacionamento	▪ O número de vagas depende do tipo de transporte utilizado pelos hóspedes. Pode ser reduzido praticamente a zero quando o acesso ao local é feito direta e exclusivamente por barco ou por avião.

OUTROS TIPOS DE HOTEL

Conforme já mencionado, as diferentes solicitações do mercado conduzem sempre à criação de uma grande quantidade de tipos de hotel, às vezes com variações muito sutis entre si, assim como entre os tipos principais dos quais todos derivam. Os comentários anteriores aplicam-se parcialmente aos casos abaixo, dependendo do tipo principal de hotel com o qual tenham mais afinidade ou semelhança.

Hotéis fazenda/Hotéis de lazer

São hotéis basicamente de lazer, com muitas das características dos resorts, porém em escala muito menor e quase sempre com instalações mais modestas e com menor diversidade de serviços. O número de apartamentos é menor, as instalações para a prática de esportes resumem-se a alguns poucos itens, geralmente com ênfase em algum tipo de esporte relacionado com a localização ou a especialidade do hotel (equitação, esportes náuticos, etc.), e há sempre referências a atividades relacionadas com o campo, como criação de animais, extração de leite, hortas e pomares, etc. As áreas para reuniões, quando existem, são de pequeno ou médio portes e destinam-se, principalmente, a atrair hóspedes fora de feriados prolongados e períodos de férias, para compensar a queda de demanda que ocorre nessas ocasiões. O regime predominante é o de diárias completas, que inclui as refeições, em um único restaurante. A administração, que nos primeiros hotéis desse tipo era basicamente familiar, tende a ser, nos dias de hoje, altamente profissional, ante a acirrada competição que se verifica entre os numerosos hotéis instalados em volta das grandes cidades, num raio de até cerca de 200 km.

Apesar de terem um número relativamente grande de unidades (da ordem de 100, com variações para pouco mais ou menos), o tratamento concedido aos hóspedes tende, ainda assim, a ser bastante pessoal, uma vez que a clientela básica desse tipo de hotel é constituída por famílias – em grande parte, com crianças.

E é principalmente para essas que muitos hotéis fazenda/ hotéis de lazer destinam suas instalações (piscinas temáticas, com escorregadores e efeitos especiais de movimentação de água, playgrounds, brinquedotecas, etc.) e programam suas atividades. Conduzidas por animadores, as crianças ficam ocupadas durante todo o dia com atividades recreativas e educativas que estimulem o contato com a natureza. Liberados dos cuidados com as crianças, os pais podem participar dessas mesmas atividades ou desfrutar das diferentes instalações do hotel.

Serra Verde, Pouso Alto.

Hotel Vila Inglesa, Campos do Jordão.

Hotel Fazenda Mazzaropi, Taubaté.

Hotel Toriba, Campos do Jordão.

Hotel Fazenda Dona Carolina, Itatiba.

Pousadas

São hotéis mais de descanso do que de lazer, quase sempre de pequeno porte, com poucos apartamentos e algumas poucas áreas de convívio social. O lazer consiste em atividades como natação recreativa em piscinas de dimensões modestas, cuidados com o corpo (banhos aromáticos, saunas, massagens e afins), passeios a pé ou a cavalo e, certamente, o desfrute do clima e da paisagem locais. O grande atrativo de muitas pousadas está, além dos atributos naturais, na localização, na gastronomia e no tratamento acolhedor que proporciona aos hóspedes.

Os ambientes devem ser aconchegantes e proporcionar condições de grande conforto e, na medida do possível, aquela sensação de "estar em casa", ou pelo menos na casa com que as pessoas costumam sonhar. Sem prejuízo dessas qualidades apontadas como essenciais, os ambientes podem ser mais ou menos luxuosos, o que certamente se reflete no preço que pode ser cobrado das diárias.

Hotéis de design/Hotéis boutique

São um tipo muito especial de hotel, para os quais se podem aplicar poucos dos parâmetros de dimensões, instalações e custos que se verificam em quaisquer dos outros tipos de hotéis. Eles são diferentes e, exatamente por isso, são de preferência procurados por pessoas também diferenciadas no modo de vida e nos padrões de comportamento e que não se importam de pagar um tanto mais por diárias que não guardam exatamente proporção com o tamanho ou a qualidade das instalações e dos serviços oferecidos.

Hotéis de design e hotéis boutique não são exatamente a mesma coisa. Têm em comum essa condição de excepcionalidade que atrai pessoas especiais por seus hábitos e comportamentos suportados por uma também especial condição financeira.

Têm em comum, ainda, requintes no tratamento das áreas internas, ainda que de características pouco usuais. Podem-se observar nesses interiores, tanto nas áreas comuns quanto nos apartamentos, móveis especiais e obras de arte, muitas vezes exclusivas. Com leves distinções, a palavra moda costuma estar relacionada a ambos os tipos de hotel, no sentido da novidade, de estar em dia com a época, em contraposição aos hotéis tradicionais, que se mantêm praticamente imutáveis durante décadas.

O que os diferencia pode ser a contemporaneidade da arquitetura do edifício, do desenho dos móveis ou das obras de arte, no caso dos hotéis de design, e que não é, necessariamente, característica essencial do hotel boutique, que pode estar instalado em um prédio de valor histórico. Um hotel de design pode ter um número relativamente grande de apartamentos e instalações e infraestrutura correspondente, ao passo que, de um hotel boutique, espera-se um número relativamente pequeno de unidades (da ordem de 50), embora acompanhado também de luxuosas instalações e infraestrutura destinada ao lazer dos seus hóspedes.

A criação do hotel boutique ou de design é geralmente atribuída a Ian Shrager, com a inauguração do Morgans Hotel, em Nova York, em 1984, cujos interiores foram desenhados pela senhora Putman. A partir de então, outros hotéis novos – ou hotéis previamente existentes em renovação – passaram a adotar as características de hotéis boutique ou de design em várias partes do mundo, podendo ser mencionado, entre outros, o Faena Hotel & Universe, em Puerto Madero, Buenos Aires.

No Brasil, podem ser mencionados, como referência desse tipo de hotel, o Emiliano, o Fasano e o Unique, em São Paulo, além do Fasano do Rio de Janeiro.

Icehotel Kakslauttanen, Ivalo (hotel de gelo, na Finlândia).

Faena Hotel & Universe, Buenos Aires.

Icehotel Kakslauttanen, Ivalo.

Hotel Nhow Milano, Milão.

Hard Days Night Hotel, Liverpool.

Hotéis de selva

São hotéis cujas atrações giram em torno da floresta, no interior da qual se situa.

Na Amazônia podem ser mencionados o Hotel Ariaú Amazon Towers, com 205 apartamentos – cujo nome deriva das construções circulares de vários andares assentadas sobre palafitas nas águas do rio Ariaú –, o Amazon Village e o Overlook Jungle.

Cabe ressaltar o projeto da antiga Pousada de Silves, projetada pelo renomado arquiteto Severiano Porto, que foi construída nos anos 1960 pelos nativos, utilizando-se os materiais existentes na região amazônica. Esse projeto recebeu, na ocasião, prêmio internacional de arquitetura.

Ariaú Amazon Towers, Manaus.

Ariaú Amazon Towers, Manaus.

Hotéis de convenções/eventos

Muito comuns nos Estados Unidos e, a rigor, pouco comuns no Brasil (com exceção, talvez, do Bourbon Atibaia Convention & Spa Resort, em Atibaia, interior paulista), os hotéis de convenções/eventos são voltados principalmente para a realização de eventos e congressos de grandes proporções, com áreas específicas para essa finalidade e capacidade para acomodar alguns milhares de pessoas simultaneamente. Podem se localizar em áreas centrais, mais afastadas dos centros ou nas proximidades de aeroportos, assumindo também características próprias dos hotéis com as localizações mencionadas, os quais, como vimos, costumam ter entre suas instalações também áreas para reuniões, exposições e eventos de naturezas diversas, sem se caracterizarem como hotéis de convenções/eventos.

Bourbon Atibaia Convention & Spa Resort, Atibaia.

Spas

São voltados para hóspedes interessados em saúde e cuidados com o corpo. Originalmente, os spas vinculavam-se a locais cujas águas com propriedades terapêuticas constituíam o atrativo principal. Hoje, o interesse por esse tipo de instalação vem se ampliando, com o foco sendo desviado para o controle de peso e o condicionamento físico.

Hotéis cassino

São hotéis cuja receita principal advém da exploração de jogos de azar. A hospedagem e os serviços de alimentação, recreação e lazer são atrativos frequentemente subsidiados pela atividade principal, que é o jogo. No Brasil, onde os jogos de azar são proibidos desde 1946, os poucos hotéis desse tipo deixaram de existir ou sofreram transformações que os descaracterizaram. No exterior, são famosos os gigantescos hotéis cassino de Las Vegas e Atlantic City, que possuem milhares de apartamentos, vários restaurantes, áreas de lazer e fantásticas instalações para espetáculos, além das instalações dos cassinos propriamente ditos.

Hotéis residência (apart-hotéis e flats)

Os hotéis residência, também conhecidos como apart-hotéis e flats, têm como clientes-alvo pessoas que, tendo que permanecer em determinado local por um tempo relativamente longo, embora insuficiente para estabelecer domicílio, necessitam de acomodações com dimensões e outras condições que os hotéis normalmente não conseguem proporcionar a preços que possam pagar. Outros clientes em potencial são moradores permanentes da cidade (casais idosos ou sem filhos, por exemplo) que podem pagar pelas acomodações e pelos serviços e preferem ficar liberados das responsabilidades e rotinas domésticas.

Os hotéis residência oferecem apartamentos com área total pouco maior do que a dos apartamentos standard dos hotéis e têm características que os aproximam dos apartamentos residenciais comuns. Em vez do vestíbulo de entrada com armário, quarto de dormir e banheiro, os apartamentos dos hotéis residenciais costumam apresentar pequena sala de estar com quitinete, hall de distribuição, banheiro e um ou mais quartos.

Outra característica que os distingue dos demais hotéis é a oferta de alguns serviços restritos: recepção, limpeza, troca e lavagem de roupas de cama e café da manhã - servido no próprio apartamento com tarifa diferenciada ou no restaurante em funcionamento no prédio, normalmente arrendado.

Essas características originais dos hotéis residência vêm se alterando nos últimos anos, e alguns dos novos empreendimentos do gênero vêm adquirindo graus de sofisticação e complexidade que os tornam cada vez mais semelhantes aos demais hotéis. Seus apartamentos resumem-se ao conjunto vestíbulo-quarto-banheiro, em nada diferenciado dos apartamentos de hotéis.

Isso porque muitos desses flats constituem uma nova forma de fazer um hotel. Se muitos (ou quase todos os) hotéis residência surgiram da convergência de dois fatores - a existência de um público-alvo necessitado de moradia temporária com alguns serviços a preços razoáveis e investidores desejosos de alternativas para escapar da lei do inquilinato -, mais recentemente, um terceiro fator veio se juntar aos dois primeiros.

Tendo em vista as dificuldades para obtenção de financiamento a fim de atender ao aumento da demanda por meios de hospedagem, muitos dos empreendimentos imobiliários lançados como flats são, na verdade, hotéis, porque são operados como tais, com todas as unidades reunidas em um *pool* de locação. A diferença está na composição acionária pulverizada entre os vários pequenos ou médios investidores, que adquirem unidades e as colocam a serviço de uma administração centralizada.

Navios

Pode parecer inusitado abordar os navios como um tipo de hotel, mas sua função primordial de transportar passageiros e mercadorias sempre incluiu a hospedagem de passageiros e tripulantes durante os longos dias de duração das viagens marítimas.

Hoje, no entanto, com a hegemonia do transporte aéreo de passageiros sobre o marítimo, o aspecto hoteleiro nos modernos transatlânticos assume importância cada vez maior. As viagens ficaram reduzidas apenas a cruzeiros, nos quais a qualidade das acomodações de hospedagem e de lazer oferecidas constituem atrativos tão ou mais importantes do que as viagens propriamente ditas, podendo estas ser consideradas uma mera sequência de locais privilegiados que funcionam como contraponto à vida a bordo.

Mas o que vale destacar nos navios, no que diz respeito às instalações de hospedagem, é o tamanho reduzido dos apartamentos, ou camarotes, e a localização da maioria deles na parte central, sem nenhuma abertura para o exterior. As dimensões básicas do módulo (que corresponde ao camarote standard) são significativamente inferiores às dos módulos adotados em hotéis, inclusive nos de tipo econômico. No entanto, não se pode negar que haja luxo e conforto nesses camarotes, proporcionados por um esmerado projeto de interiores e de design do mobiliário. A falta de janelas também não impede que pessoas de alto poder aquisitivo e com elevados níveis de exigência se disponham a utilizar os camarotes em viagens que duram muitos dias, nas quais estarão integralmente confinadas às dependências do navio.

O PROJETO

Como já foi exposto, o planejamento que deve anteceder o projeto de arquitetura apresenta aspectos fundamentais para o sucesso de qualquer empreendimento hoteleiro, que devem ser abordados em sequências adaptadas a cada caso.

São eles:

- o *segmento de mercado* a que se destina o hotel, ou seja, qual(is) tipo(s) de hóspede(s) o novo hotel pretende preferencialmente captar;
- o *perfil do usuário*, definido pelo conjunto de características (gostos pessoais, necessidades, exigências, padrão de consumo, etc.);
- a *viabilidade econômico-financeira*;
- a *localização*, com enorme influência na determinação do tipo e de outras características do empreendimento hoteleiro;
- a *definição do programa* e da *relação entre as áreas*;
- o *tipo de hotel*.

O planejamento envolve equipes interdisciplinares, com participação de especialistas nas áreas de hotelaria, estudos de mercado e viabilidade econômico-financeira e dos arquitetos encarregados do projeto.

Este capítulo e os dois próximos ("Elaboração do programa" e "Dimensionamento") abordam as atividades diretamente relacionadas à elaboração do projeto de arquitetura de um hotel após a conclusão da etapa de planejamento.

Essas atividades são:

- definição do programa de áreas e dos requisitos de instalações;
- montagem de diagramas funcionais gerais e parciais – instrumento extremamente útil para se caracterizarem as inter-relações entre os vários setores do hotel, que evidenciam relações e identificam suas respectivas naturezas e seus graus relativos de importância (em hotéis de grande porte, as áreas e a diversidade dos programas atingem tal grau de complexidade, que podem tornar os diagramas não só úteis, mas indispensáveis);
- definição do partido básico de arquitetura, que compreende:

a. definição do pavimento-tipo, conforme o tipo de hotel, a dimensão do terreno, a paisagem circundante, etc.;
b. definição do apartamento-tipo, tendo-se sempre em mente tratar-se de elemento altamente repetitivo, com enorme repercussão sobre a área total construída e sobre a qualidade e a economia do empreendimento;
c. distribuição espacial dos diversos setores que compõem o hotel (áreas sociais e públicas, áreas de serviço, centrais de sistemas e equipamentos, áreas de estacionamento, etc.).

O partido básico deve incorporar as restrições básicas de uso e ocupação do solo e normas de preservação do meio ambiente vigentes em cada local, assim como as relacionadas à topografia, à paisagem e à infraestrutura existentes.

O desenvolvimento do projeto requer o cuidadoso estudo de todas as áreas de cada setor específico do hotel, bem como das respectivas localizações (definidas nos estudos iniciais de distribuição espacial), e a observância criteriosa das relações funcionais identificadas por meio de diagramas funcionais.

Os hotéis são constituídos pelas seguintes áreas básicas:

- *área de hospedagem* (andar-tipo; apartamentos e suítes);
- *áreas públicas e sociais* (lobby, salas de estar, sala de TV, sala de leitura, restaurantes, bares, salas de reunião, salão de eventos, áreas recreativas, etc.);
- *áreas administrativas* (recepção, gerências, reservas, marketing, contabilidade, recursos humanos, etc.);
- *área de recebimento* (espaço para manobras e estacionamento de caminhões e outros tipos de veículos, doca e área de triagem);
- *áreas de serviço* (lavanderia, vestiários, manutenção, depósitos, etc.);
- *áreas de alimentos e bebidas (A&B)* (pré-preparo, câmaras frigoríficas, almoxarifado de A&B, cozinha principal, cozinha de banquetes, etc.);
- *áreas de equipamentos* (central de água gelada, subestação, quadros de medição, grupo motor-gerador, casa de bombas de recalque, caldeiras, etc.).

Cada uma dessas áreas contribui de maneira significativa para o desempenho do hotel, embora seus respectivos graus de importância variem, tanto no que se refere ao desempenho quanto à participação nos investimentos, aos custos operacionais e às receitas que proporcionam.

Cada área do hotel será objeto de tratamento particular, com o estabelecimento de critérios específicos de projeto e considerações sobre cuidados especiais a serem tomados. A inter-relação entre os setores, sua posição estratégica, suas interdependências, a separação dos fluxos de circulação (hóspedes, público, funcionários e mercadorias), os pontos de controle, etc. são apresentados graficamente e de maneira genérica e simplificada por meio de diagramas funcionais, que, no entanto, não dispensam a elaboração de diagramas específicos, mais ou menos detalhados conforme o caso.

Para complementar, são ainda apresentados outros aspectos, também importantes, relacionados com sistemas de instalações, com aspectos construtivos (tratamentos acústico e térmico, entre outros) e, finalmente, com parâmetros de custos para diferentes tipos de hotel.

ÁREA DE HOSPEDAGEM

Para se definir o apartamento-tipo com dimensões, instalações, layout do mobiliário, etc, devem-se conhecer com clareza as necessidades do hóspede, que pertence a um determinado segmento de mercado para o qual o hotel será projetado.

É preciso lembrar que a área de hospedagem pode representar de 60% a 90% da área total do hotel, sendo em geral sua maior fonte de receita. Assim, as soluções de projeto adotadas para o apartamento-tipo deverão ser rigorosamente testadas e otimizadas.

A área de hospedagem, que reúne os apartamentos e as suítes do hotel, distribui-se, muito comumente, em pavimentos idênticos ou muito semelhantes, chamados *andares-tipos*.

A configuração do andar-tipo varia de hotel para hotel em razão de fatores diversos, na medida em que seus componentes básicos são organizados e dispostos de formas diferenciadas.

Em uma mesma configuração básica podem, ainda, ocorrer variações, em razão da combinação de apartamentos-tipos com um ou mais modelos de suítes.[5]

As diferentes configurações derivam principalmente:

- do *tipo de corredor*, que pode ser central, com apartamentos dos dois lados, ou lateral;
- da *forma* e da *disposição das alas de apartamentos* (em forma de quadrado, círculo, cruz, estrela, com átrio, etc.);
- da *posição no andar das circulações verticais* (escadas e/ou elevadores) de hóspedes e de serviços.

A configuração do andar-tipo a ser adotada em cada projeto pode ser influenciada pela forma do terreno, pelas características da paisagem circundante, pela eficiência operacional e por outros fatores. Cabe chamar a atenção para a abordagem sobre a economicidade das alternativas, mais adiante no capítulo "Dimensionamento", tendo em vista que a área de hospedagem pode representar de 60% a 90% da área total construída do hotel, dependendo do padrão.

O andar-tipo e a área de hospedagem, por sua importância na constituição da área total do hotel, são normalmente os primeiros elementos a serem definidos no projeto.

O conjunto de andares-tipos define a volumetria básica do edifício, assim como a modulação do sistema estrutural, diretamente derivada da modulação dos apartamentos. Seu projeto, a partir do dimensionamento dos componentes básicos (ver capítulo "Tipos de hotel") e da configuração pretendida, deve considerar:

- a posição das prumadas (*shafts*) de circulação social vertical e sua repercussão sobre os andares inferiores, particularmente sobre o andar térreo, em razão da localização da entrada principal e da recepção;
- a posição da prumada de circulação de serviços vertical, tendo-se em vista viabilizar, nos andares inferiores, a implantação das áreas e instalações de serviço;

[5] A relação entre o número de suítes e o número total de apartamentos pode variar significativamente de um hotel para outro, sendo em geral determinada pelo estudo de mercado ou pelo interesse da operadora na captação de certo tipo especial de hóspede. Comumente, essa relação situa-se em torno de 10% do número total de apartamentos.

- a disposição dos pilares, tendo-se em vista liberar, tanto quanto possível, áreas de colunas para os setores sociais e, principalmente, para o setor de eventos;
- o adequado aproveitamento do subsolo para áreas de equipamentos e estacionamento;
- o número e o posicionamento das escadas, para atender às normas de segurança;
- o correto dimensionamento da área de serviços do andar, com espaço para circulação de funcionários, de carros da governança e do serviço de quarto (room service), roupa-ria e sala para a camareiras, duto de roupas e sanitário.

Com o objetivo de proporcionar condições adequadas de instalação e facilitar a manutenção das tubulações hidráulicas dos apartamentos, principalmente em edifícios de hotel com vários andares-tipos, devem ser previstas prumadas diretamente acessíveis a partir dos corredores. O acesso direto pelo corredor permite que operações rotineiras de manutenção, e mesmo operações de manutenção mais pesadas, sejam feitas sem necessidade de incomodar os hóspedes ou de interditar os apartamentos por um longo período.

Essas prumadas devem percorrer todos os andares, interligando-se com um pavimento técnico localizado imediatamente abaixo do primeiro andar-tipo de hospedagem, por onde se faz a distribuição horizontal dos feixes de tubulação até uma prumada hidráulica geral. Essa concentra a tubulação proveniente das várias prumadas hidráulicas, reduzindo a interferência da descida da tubulação nos andares inferiores a um único ponto. No andar-tipo, para possibilitar o agrupamento das tubulações, os apartamentos costumam ser posicionados aos pares.

A modulação da estrutura, como mencionado anteriormente, deriva da própria modulação dos apartamentos. A solução mais econômica é, geralmente, aquela em que a cada parede divisória de apartamentos corresponda uma linha de pilares. Nessa solução, os vãos transversais de vigas e lajes ficam limitados à largura de um apartamento entre 3 m e 4 m, e, apesar do maior número de pilares, o conjunto dos elementos estruturais tende a se tornar mais esbelto em comparação às soluções em que os vãos transversais são duplicados.

Vãos pequenos não apresentam problemas nos andares-tipos, mas são indesejáveis nas áreas públicas e sociais e incompatíveis com as áreas de serviços, equipamentos e garagens. Para conciliar vãos menores nos andares-tipos, supostamente mais econômicos, com vãos mais adequados às demais áreas do hotel, pode-se estabelecer uma estrutura de transição abaixo dos andares-tipos que distribua o esforço vertical para um conjunto menor de pilares. O espaço vertical necessário para essa transição estrutural pode ser acomodado no andar técnico, já mencionado.

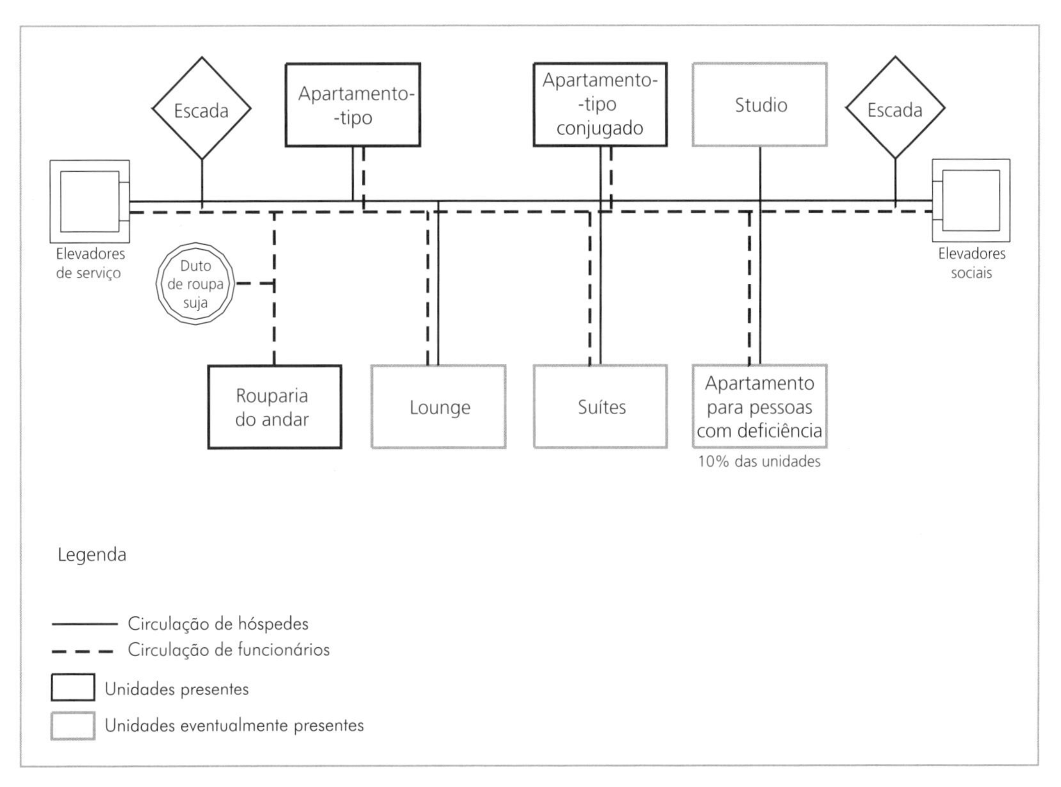

Diagrama funcional: andar de hospedagem.

Com relação a esse diagrama funcional, é importante observar:

- Alguns hotéis não utilizam duto de roupa suja, tendo em vista possível condução de fumaça, na eventualidade de falhas nas vedações corta-fogo dos bocais.

- Acima de determinado número de pavimentos, um mínimo de duas escadas de emergência deve ser considerado para atender às condições de segurança e à exigência dos bombeiros.

A NBR 9.050, da Associação Brasileira de Normas Técnicas (ABNT), solicita 10% de apartamentos adaptados para pessoas com deficiência.

As ilustrações a seguir apresentam algumas configurações de possíveis andares de hospedagem.

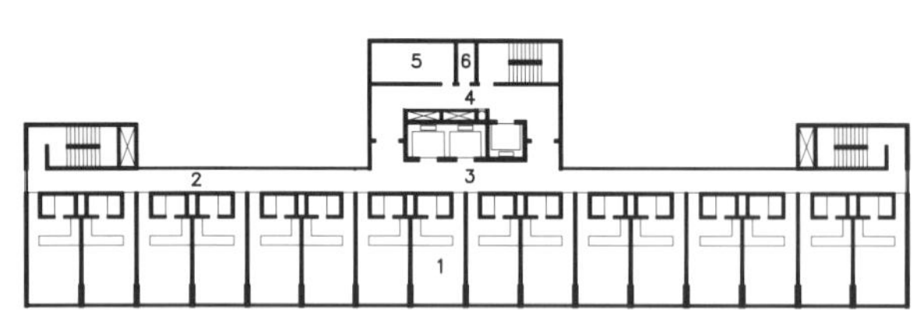

Planta com apartamento em um dos lados do corredor

Legenda:

1. Apartamento-tipo
2. Corredor
3. Hall de elevadores de hóspedes
4. Hall de elevadores de serviço
5. Rouparia/governança
6. Lavabo de serviço

Planta com apartamento em um dos lados do corredor

Legenda:

1. Apartamento-tipo
2. Corredor
3. Hall de elevadores de hóspedes
4. Hall de elevadores de serviço
5. Rouparia/governança

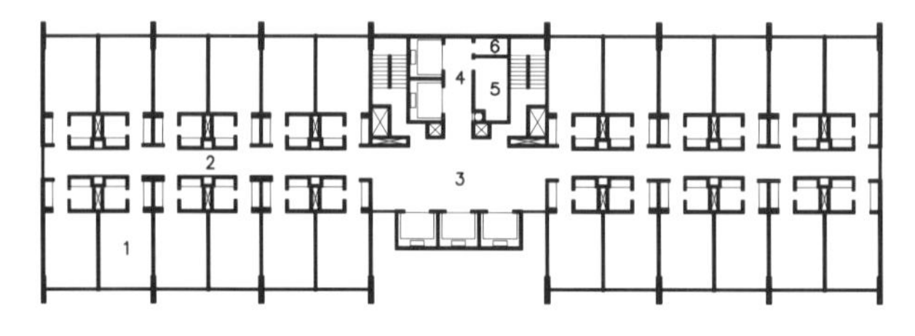

Planta com apartamento dos dois lados do corredor

Legenda:

1. Apartamento-tipo
2. Corredor
3. Hall de elevadores de hóspedes
4. Hall de elevadores de serviço
5. Rouparia/governança
6. Lavabo de serviço

Planta com apartamento dos dois lados do corredor

Legenda:

1. Apartamento-tipo
2. Corredor
3. Hall de elevadores de hóspedes
4. Hall de elevadores de serviço
5. Rouparia/governança
6. Lavabo de serviço

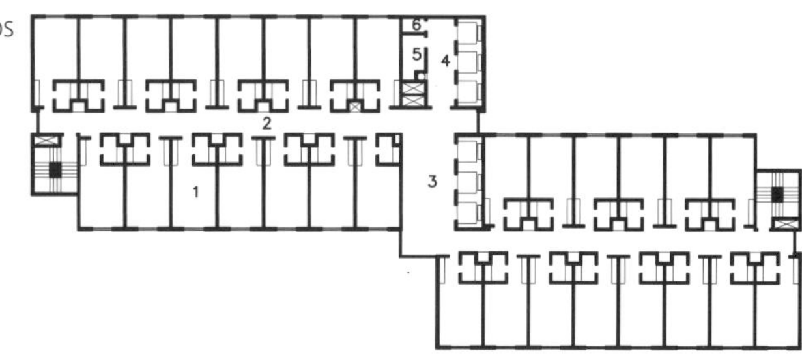

Planta em "Y"

Legenda:

1. Apartamento-tipo
2. Corredor
3. Hall de elevadores de hóspedes
4. Hall de elevadores de serviço
5. Rouparia/governança

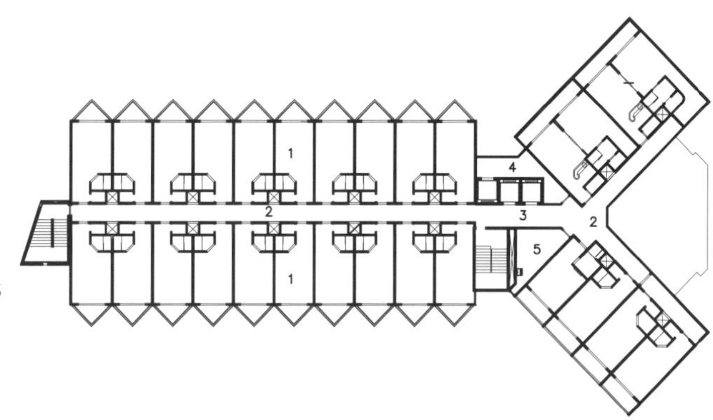

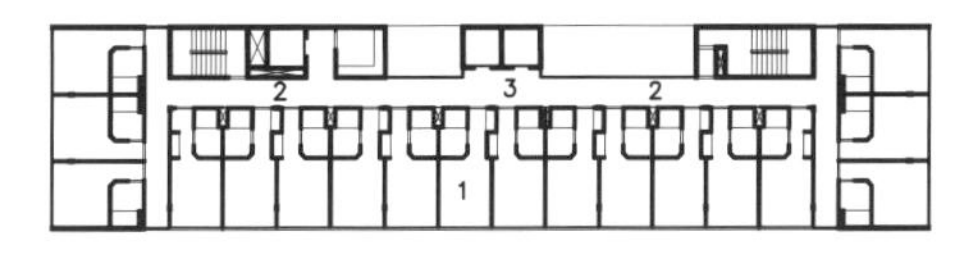

Planta com apartamento em um dos lados do corredor

Legenda:

1. Apartamento-tipo
2. Corredor
3. Hall de elevadores de hóspedes
4. Hall de elevadores de serviço
5. Rouparia/governança

Planta em "L"

Legenda:

1. Apartamento-tipo
2. Corredor
3. Hall de elevadores de hóspedes
4. Hall de elevadores de serviço
5. Rouparia/governança
6. Lavabo de serviço

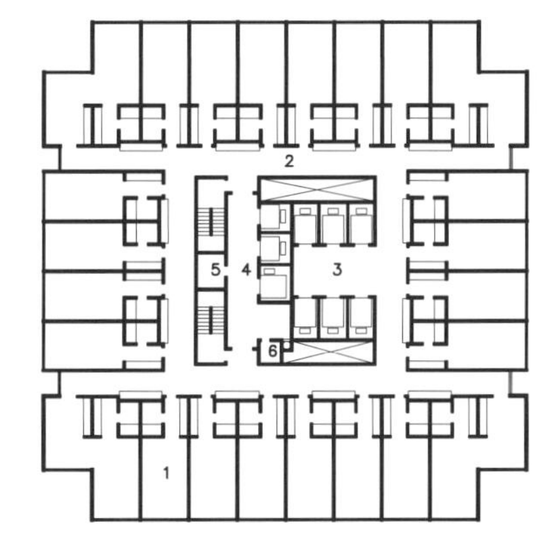

Planta quadrada com núcleo de escadas e elevador no centro

Legenda:

1. Apartamento-tipo
2. Corredor
3. Hall de elevadores de hóspedes
4. Hall de elevadores de serviço
5. Rouparia/governança
6. Lavabo de serviço

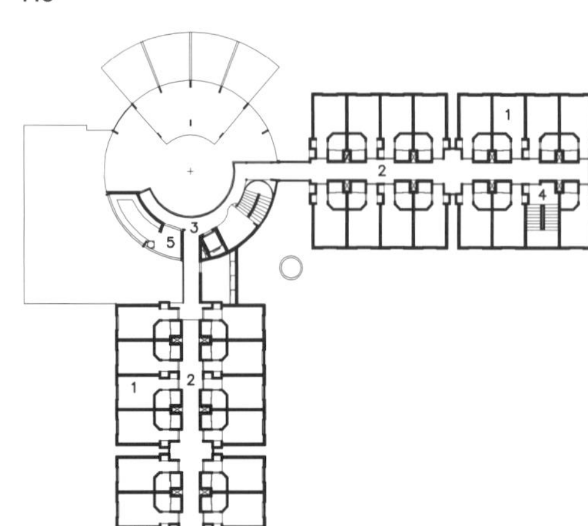

Planta em "L"

Legenda:

1. Apartamento-tipo
2. Corredor
3. Hall de elevadores de hóspedes
4. Hall de elevadores de serviço
5. Rouparia/governança

Planta quadrada com núcleo de escadas e elevador no centro

Legenda:

1. Apartamento-tipo
2. Corredor
3. Hall de elevadores de hóspedes
4. Hall de elevadores de serviço
5. Rouparia/governança

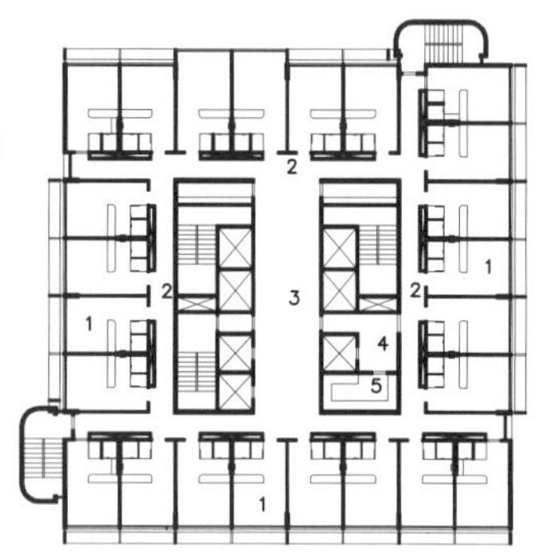

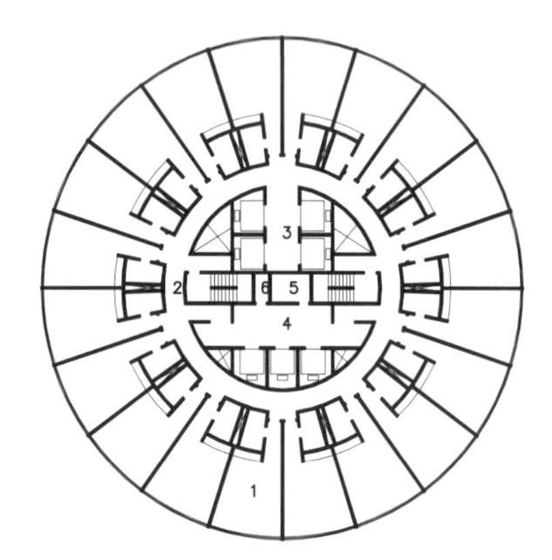

Planta circular com núcleo de escadas e elevador no centro

Legenda:

1. Apartamento-tipo
2. Corredor
3. Hall de elevadores de hóspedes
4. Hall de elevadores de serviço
5. Rouparia/governança
6. Lavabo de serviço

Planta circular com átrio

Legenda:

1. Apartamento-tipo
2. Corredor
3. Hall de elevadores de hóspedes
4. Hall de elevadores de serviço
5. Rouparia/governança
6. Lavabo de serviço

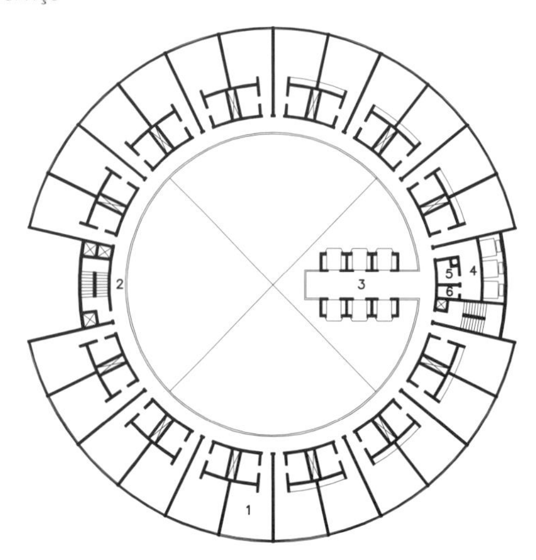

Planta com átrio

Legenda:

1. Apartamento-tipo
2. Corredor
3. Hall de elevadores de hóspedes
4. Hall de elevadores de serviço
5. Rouparia/governança
6. Lavabo de serviço

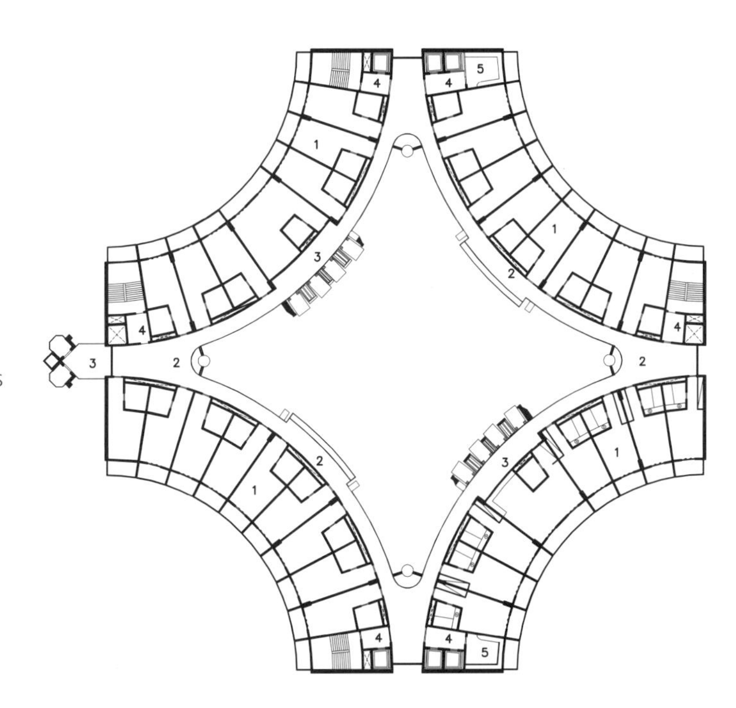

Planta com átrio

Legenda:

1. Apartamento-tipo
2. Corredor
3. Hall de elevadores de hóspedes
4. Hall de elevadores de serviço
5. Rouparia/governança

APARTAMENTO-TIPO

A unidade básica formadora do andar-tipo é o apartamento-tipo (ou módulo). Suítes são apartamentos maiores, com maior número de dependências, que aproveitam áreas particulares do andar (extremidades, cantos, etc.) ou que são resultantes da composição de um ou mais módulos.

Como elemento que se repete dezenas, centenas e até milhares de vezes, representando parcela significativa no custo total do hotel, o apartamento-tipo deve ser objeto de cuidadosos e detalhados estudos para, dentro de parâmetros de economia, adequar-se ao tipo de hotel, ao segmento de mercado a que se destina e até mesmo aos padrões adotados internacionalmente.

O projeto detalhado do apartamento-tipo, que inclui acabamentos, instalações (elétricas, hidráulicas, de condicionadores de ar, de detecção e de combate a incêndios) e mobiliário, deve ser complementado por um protótipo idêntico às unidades a serem posteriormente construídas, onde as soluções poderão ser testadas e os eventuais erros, corrigidos. Por meio do protótipo, condições similares às do local da construção poderão ser simuladas, os desempenhos térmicos poderão ser testados e, principalmente, os acústicos (ruídos de tubulações e equipamentos, ruídos entre apartamentos, ruídos provenientes dos corredores e ruídos externos). Será possível testar, ainda, outras condições de conforto importantes para os hóspedes, como tipo e dimensão das janelas, iluminação geral e localizada para trabalho e leitura. Poderão ser estabelecidos procedimentos para racionalizar a execução e a montagem de elementos repetitivos, como móveis, peças de arremates, etc. Por fim, poderão ser estabelecidos, detalhadamente, os custos de cada unidade completa.

As dimensões e outras particularidades dos apartamentos variam, como indicado nos capítulos "Tipos de hotel" e "Dimensionamento", conforme o tipo e o padrão do hotel. Os tipos de apartamento costumam ser designados internacionalmente de acordo com o número e as dimensões das camas, como mostra o quadro 7.

Quadro 7
Designação de apartamentos conforme o tamanho das camas

Tipos	Número de camas	Dimensões das camas
Twin	2 camas twin	1 m × 2 m
Double-double	2 camas double	1,30 m × 2 m
Queen	1 cama queen	1,50 m × 2 m ou 1,60 m × 2 m
King	1 cama king	2 m × 2 m
Califórnia king	1 cama king	1,80 m × 2 m
Oversized twin	2 camas twin	1,15 m × 2 m
Queen-queen	2 camas queen	
Double-studio	1 cama double e 1 sofá-cama	
Queen-studio	1 cama queen e 1 sofá-cama	
King-studio	1 cama king e 1 sofá-cama	
Parlor	1 sofá-cama	
Wall bed	1 cama de parede	

Fonte: Rutes & Penner (1985).

Observações ao quadro 7:

- A cama oversized twin tem normalmente 1,20 m.
- Hoje, muitos hotéis de luxo já especificam camas com 2,10 m de comprimento, que oferecem maior conforto a hóspedes mais altos.

No projeto do apartamento-tipo, considerando sempre o tipo de hotel e os tipos de hóspedes a que se destina, devem ser observados requisitos relacionados com o conforto do hóspede, como por exemplo:

- escolha de tipos adequados de luminárias e posicionamento conveniente para as várias situações de utilização do apartamento pelos seus ocupantes (trabalho, leitura, convívio, etc.);
- posicionamento correto do televisor e, eventualmente, a possibilidade de rotação para a adequada visibilidade a partir de diferentes pontos do apartamento;
- provisão de espaço de trabalho com tomadas para equipamentos como computador, impressora, escâner, telefone, *tablet*, câmera fotográfica, etc.;

- disposição de telefones em pontos estratégicos (cabeceira, mesa de trabalho, banheiro);
- cabeamento estruturado e Wi-Fi;
- escolha correta do mobiliário (dimensões, materiais, design), de acordo com as dimensões do apartamento e com o tratamento das superfícies de pisos, paredes, tetos, além da durabilidade e da facilidade de manutenção;
- correto dimensionamento dos armários, conforme o tipo de hotel, com previsão de espaço para apoio e abertura de malas;
- definição sobre a necessidade efetiva de frigobar ou apenas de pequena geladeira para água mineral e gelo e respectivas localizações;
- cuidadosa disposição das peças no banheiro, tendo em vista a otimização do aspecto, do conforto e da segurança dos hóspedes em espaço relativamente limitado e a racionalização das instalações hidráulicas em razão da prumada vertical;
- na medida do possível, os banheiros devem ter bancada para lavatório – com espelho geral, espelho de aumento, secador de cabelos, tomada para barbeador, porta-lenços de papel, bacia, banheira (em casos especiais) e box.

Com relação ao mobiliário, podem ser feitas as seguintes observações:

- Os móveis devem ter bom desenho, ser de materiais de qualidade que garantam a sua durabilidade e não devem apresentar reentrâncias que dificultem a limpeza e a manutenção ou quinas que comprometam a segurança do hóspede.
- As dimensões das camas devem ser escolhidas conforme o tipo e o padrão do hotel e as dimensões do quarto, mas, na medida do possível, devem seguir os padrões utilizados internacionalmente.

- Os móveis de cabeceira devem proporcionar apoio conveniente para o aparelho telefônico fixo, o controle remoto de TV e objetos de uso permanente ou eventual do hóspede (telefone celular, óculos, copos, livros, etc.).
- As cômodas usualmente adotadas, que serviam de apoio para aparelhos de TV, vinham sendo substituídas por um armário menos comprido e mais alto, com gavetas e espaço para frigobar na parte inferior e um compartimento com portas para a TV na parte superior. Atualmente, com os aparelhos de TV de telas planas, as cômodas reassumiram sua função anterior como apoio ou foram inteiramente liberadas dessa função.
- O maleiro pode ser fixo, com local próprio no arranjo do apartamento, ou do tipo dobrável, que pode ficar guardado dentro do armário quando não está sendo usado.
- Poltronas e/ou sofás acrescentam condições de conforto ao apartamento, valorizando-o.
- Em hotéis de lazer ou resorts, sofás-camas possibilitam acomodar uma terceira pessoa ou crianças pequenas no apartamento.
- A mesa de trabalho deve oferecer condições adequadas para que o hóspede possa desenvolver tarefas com o auxílio de equipamentos pessoais (*laptop*) ou do próprio hotel, dependendo do caso (impressora, escâner, etc.).
- Os móveis dos apartamentos costumam ser desenhados especificamente para determinado hotel, ou para hotéis de um mesmo tipo de uma mesma rede, visando tanto a exclusividade no design quanto outros requisitos, como configurações e dimensões dos quartos e limitações de orçamento.

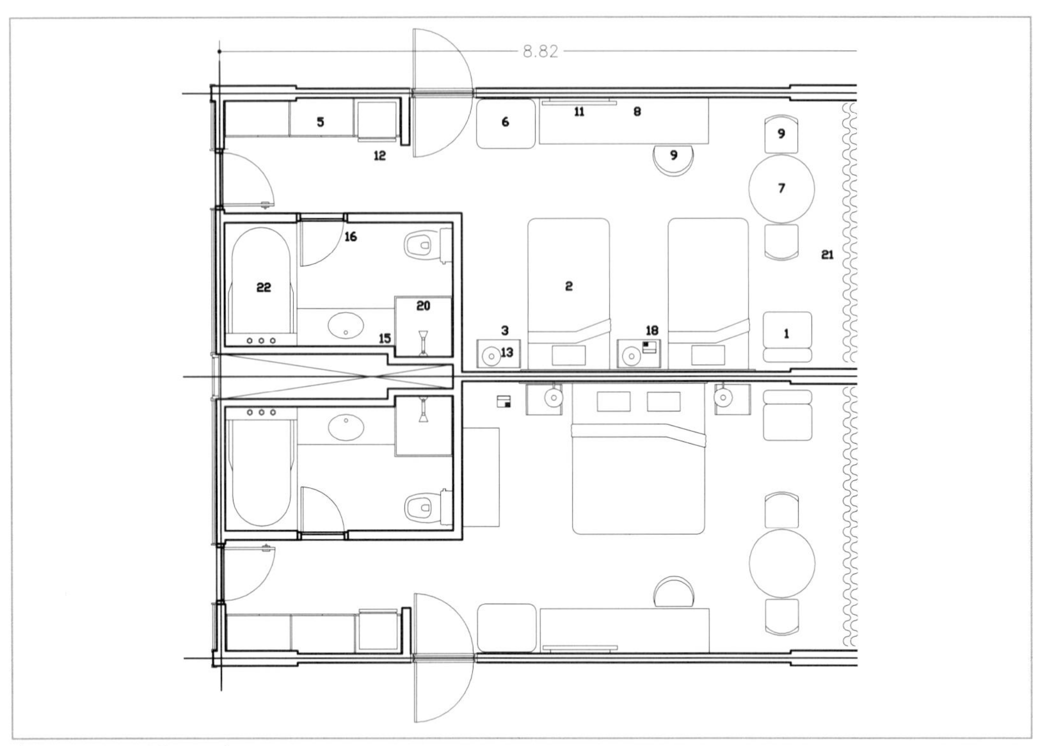

Apartamento padrão superior.

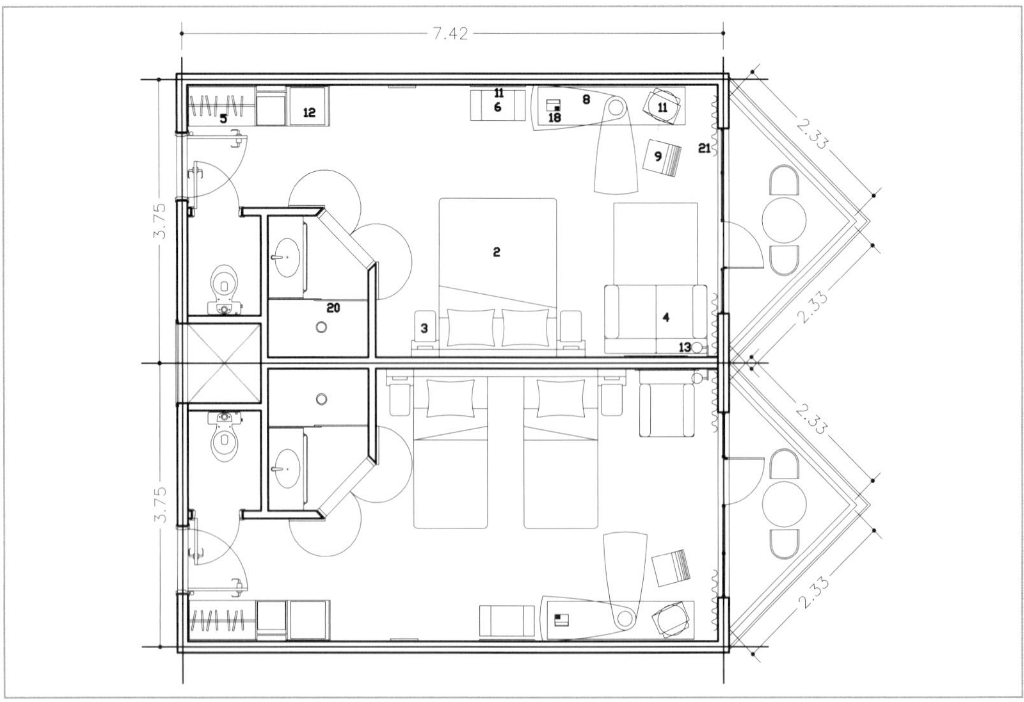

Apartamento padrão superior.

1. Poltrona; 2. Cama; 3. Mesa de cabeceira/criado; 4. Sofá; 5. Armário; 6. Maleiro; 7. Mesa; 8. Mesa de trabalho; 9. Cadeira; 10. Cômoda; 11. Televisor; 12. Frigobar; 13. Abajur; 14. Espelho de aumento; 15. Espelho; 16. Barra de segurança; 17. Luminária; 18. Telefone; 19. Cortina para box; 20. Box de vidro temperado; 21. Blackout voil/cortina decorativa

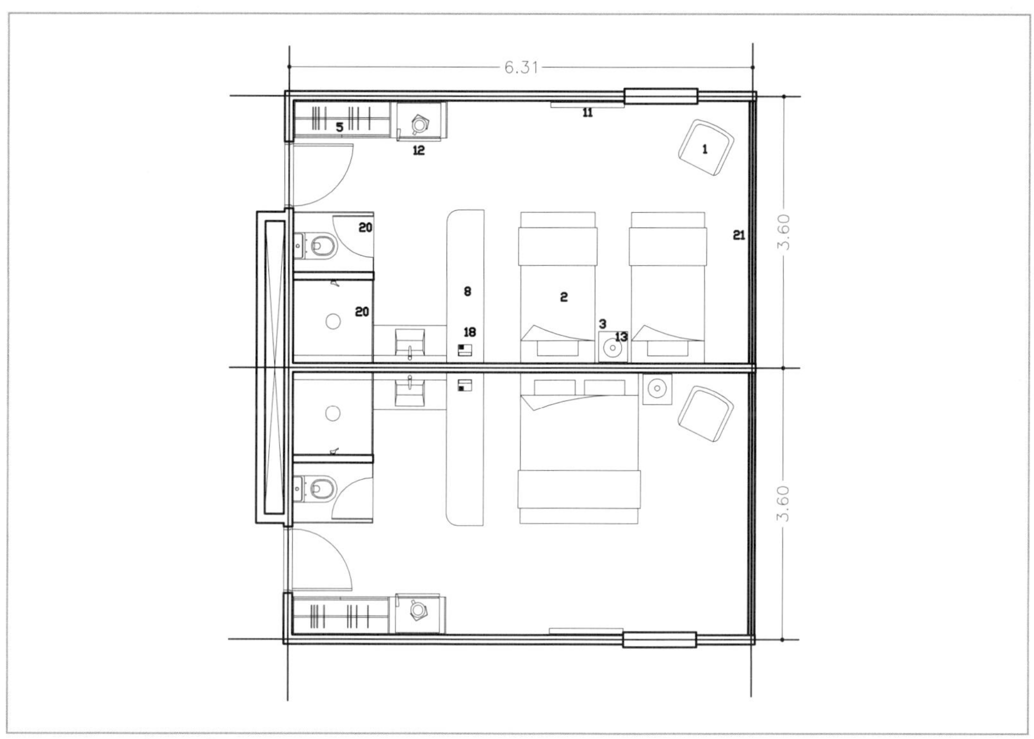

Apartamento padrão médio.

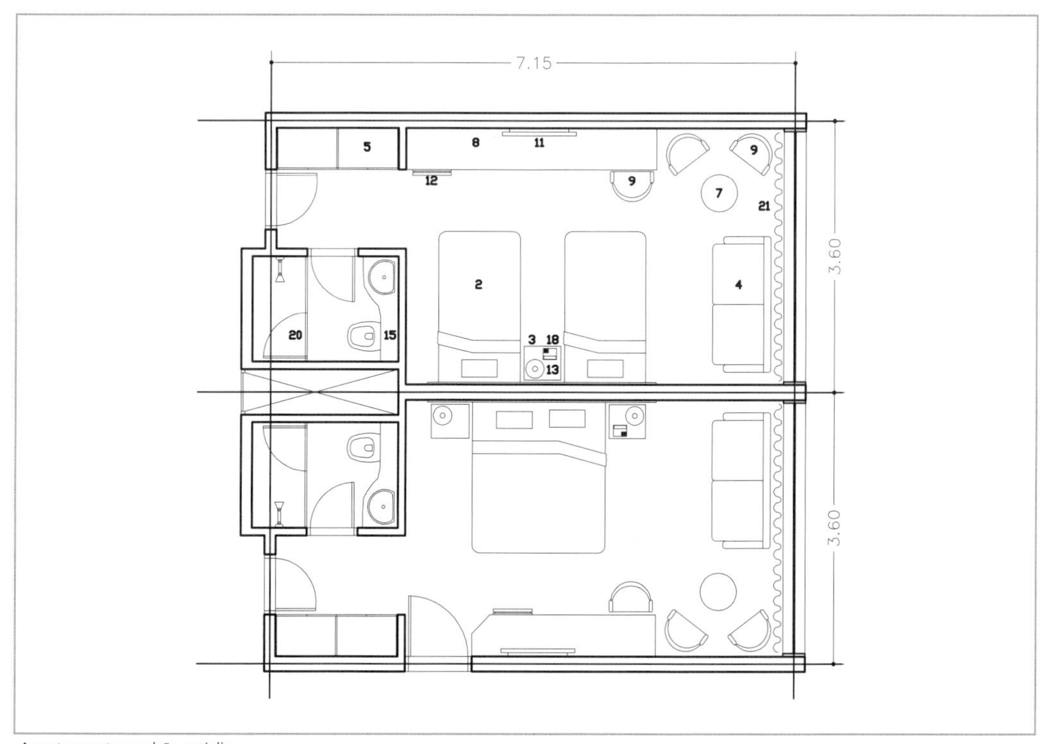

Apartamento padrão médio.

1. Poltrona; 2. Cama; 3. Mesa de cabeceira/criado; 4. Sofá; 5. Armário; 6. Maleiro; 7. Mesa; 8. Mesa de trabalho; 9. Cadeira; 10. Cômoda; 11. Televisor; 12. Frigobar; 13. Abajur; 14. Espelho de aumento; 15. Espelho; 16. Barra de segurança; 17. Luminária; 18. Telefone; 19. Cortina para box; 20. Box de vidro temperado; 21. Blackout voil/cortina decorativa

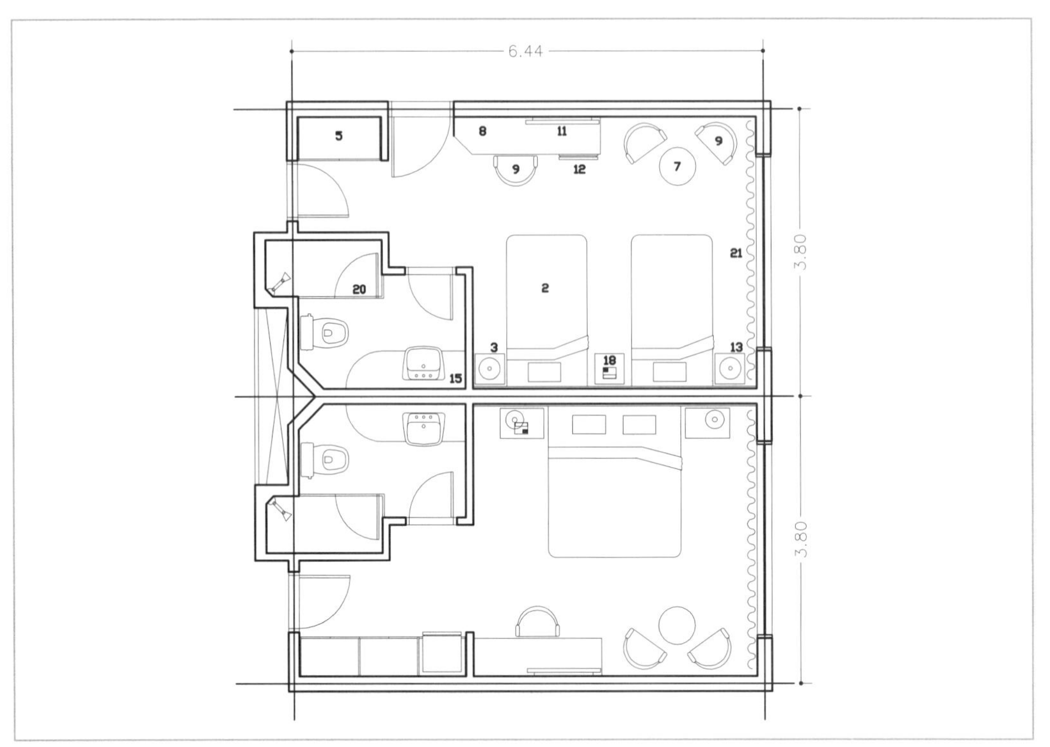

Apartamento padrão médio.

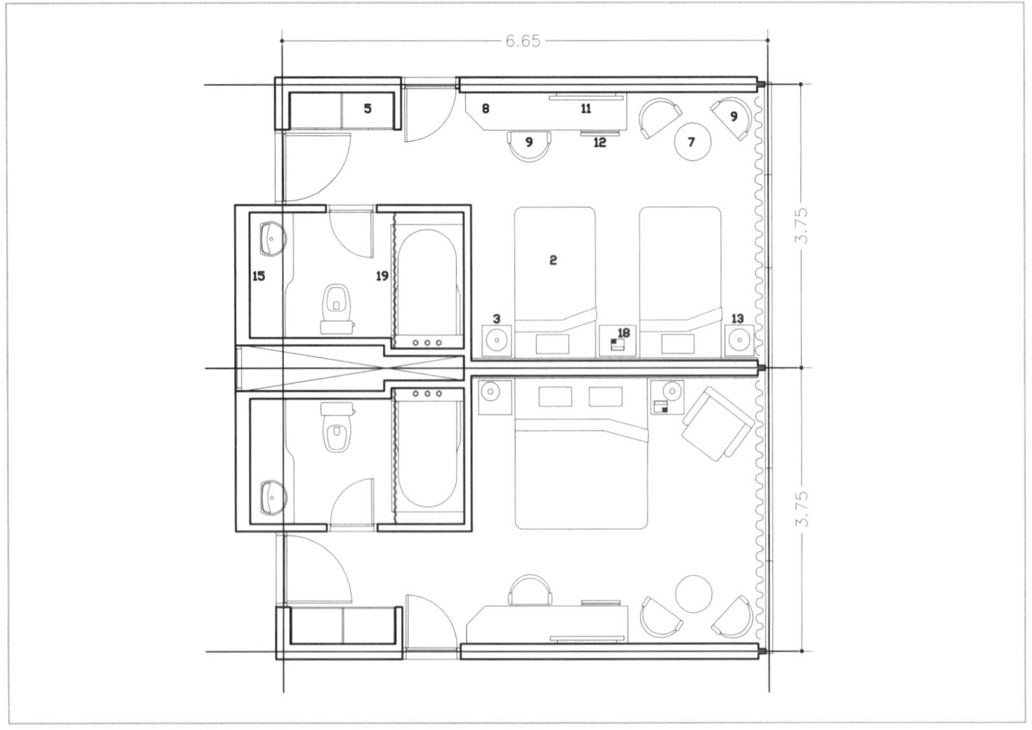

Apartamento padrão médio.

1. Poltrona; 2. Cama; 3. Mesa de cabeceira/criado; 4. Sofá; 5. Armário; 6. Maleiro; 7. Mesa; 8. Mesa de trabalho; 9. Cadeira; 10. Cômoda; 11. Televisor; 12. Frigobar; 13. Abajur; 14. Espelho de aumento; 15. Espelho; 16. Barra de segurança; 17. Luminária; 18. Telefone; 19. Cortina para box; 20. Box de vidro temperado; 21. Blackout voil/cortina decorativa

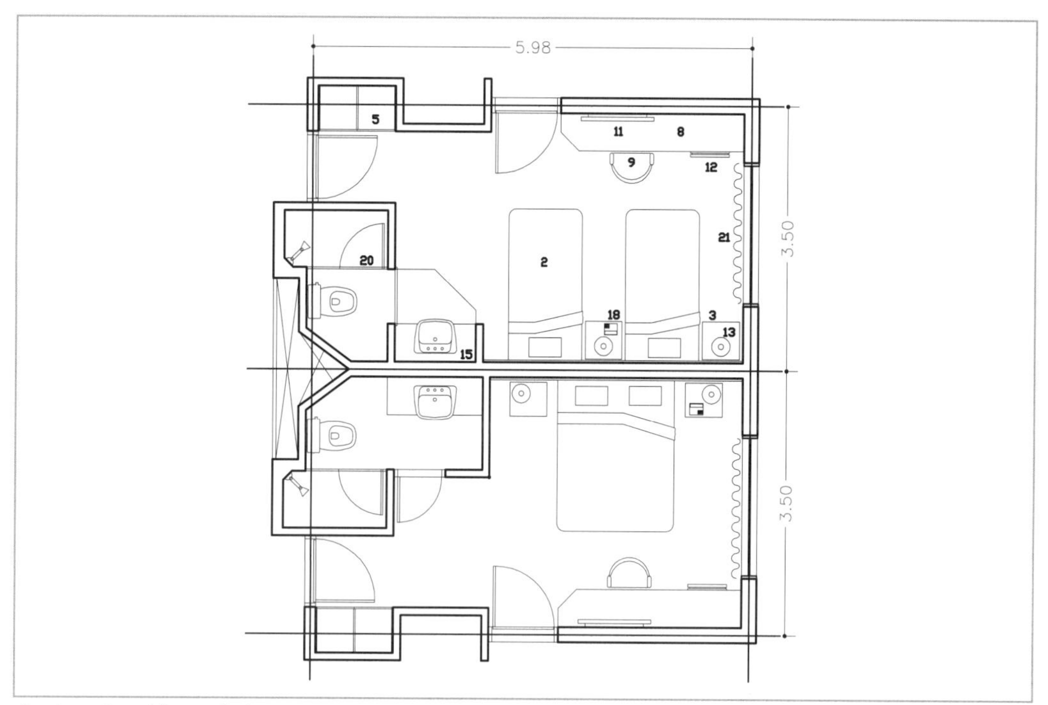

Apartamento padrão econômico.

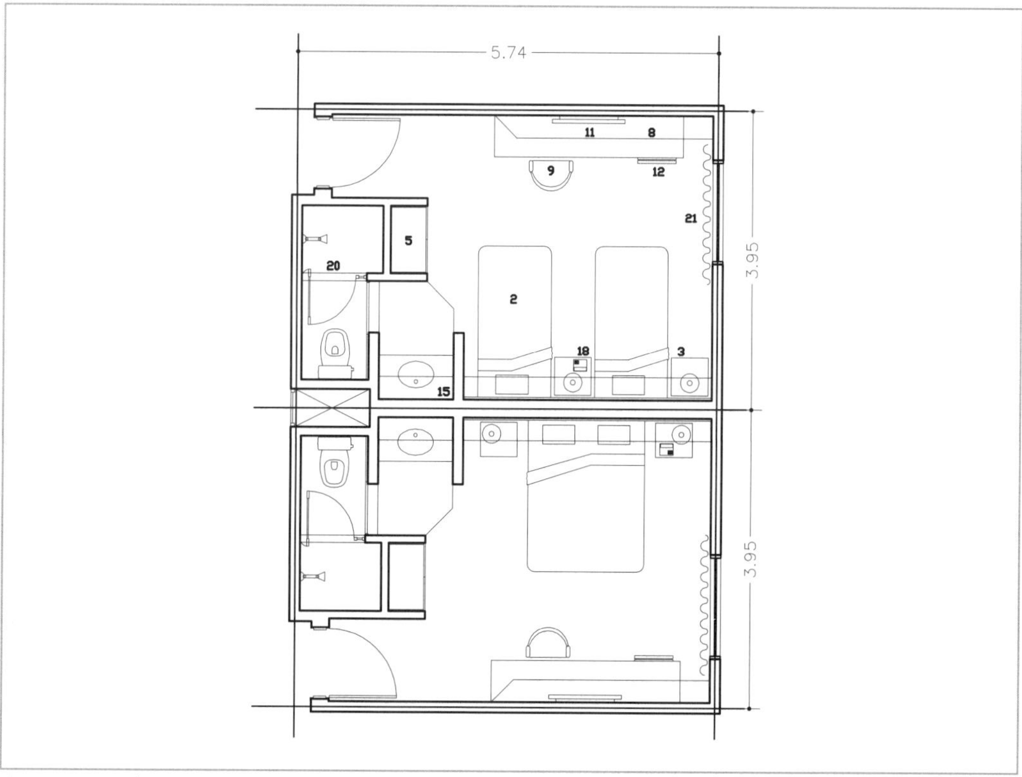

Apartamento padrão econômico.

1. Poltrona; 2. Cama; 3. Mesa de cabeceira/criado; 4. Sofá; 5. Armário; 6. Maleiro; 7. Mesa; 8. Mesa de trabalho; 9. Cadeira; 10. Cômoda; 11. Televisor; 12. Frigobar; 13. Abajur; 14. Espelho de aumento; 15. Espelho; 16. Barra de segurança; 17. Luminária; 18. Telefone; 19. Cortina para box; 20. Box de vidro temperado; 21. Blackout voil/cortina decorativa

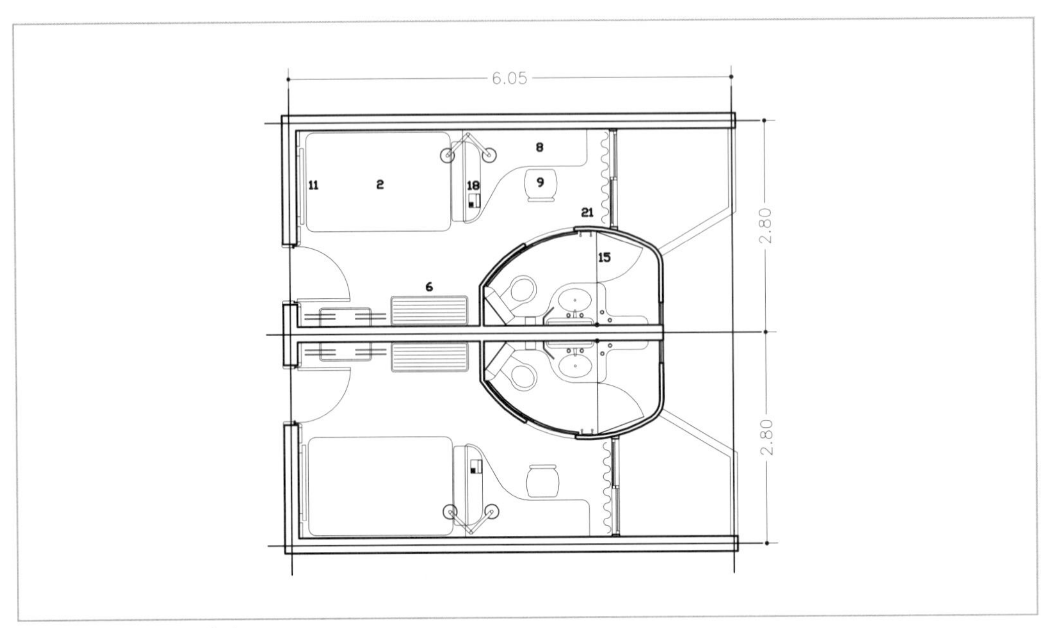

Apartamento supereconômico.

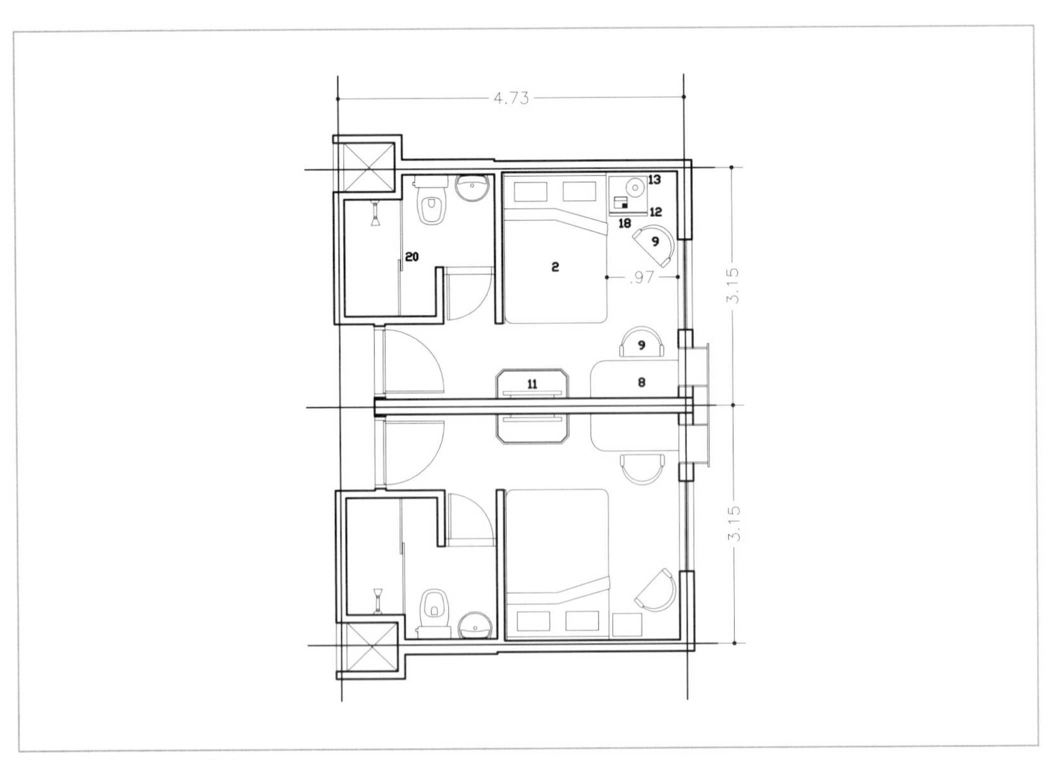

Apartamento supereconômico.

1. Poltrona; 2. Cama; 3. Mesa de cabeceira/criado; 4. Sofá; 5. Armário; 6. Maleiro; 7. Mesa; 8. Mesa de trabalho; 9. Cadeira; 10. Cômoda; 11. Televisor; 12. Frigobar; 13. Abajur; 14. Espelho de aumento; 15. Espelho; 16. Barra de segurança; 17. Luminária; 18. Telefone; 19. Cortina para box; 20. Box de vidro temperado; 21. Blackout voil/cortina decorativa

Hotel Unique, São Paulo.

Iberostar Praia do Forte, Mata de São João.

Semiramis Hotel, Atenas.

Copacabana Palace, Rio de Janeiro.

Hard Days Night Hotel, Liverpool.

Straf Design Hotel, Milão.

Burj Al Arab, Dubai.

Grand Hyatt São Paulo, São Paulo.

Grande Hotel Campos do Jordão – Hotel-Escola Senac, Campos do Jordão.

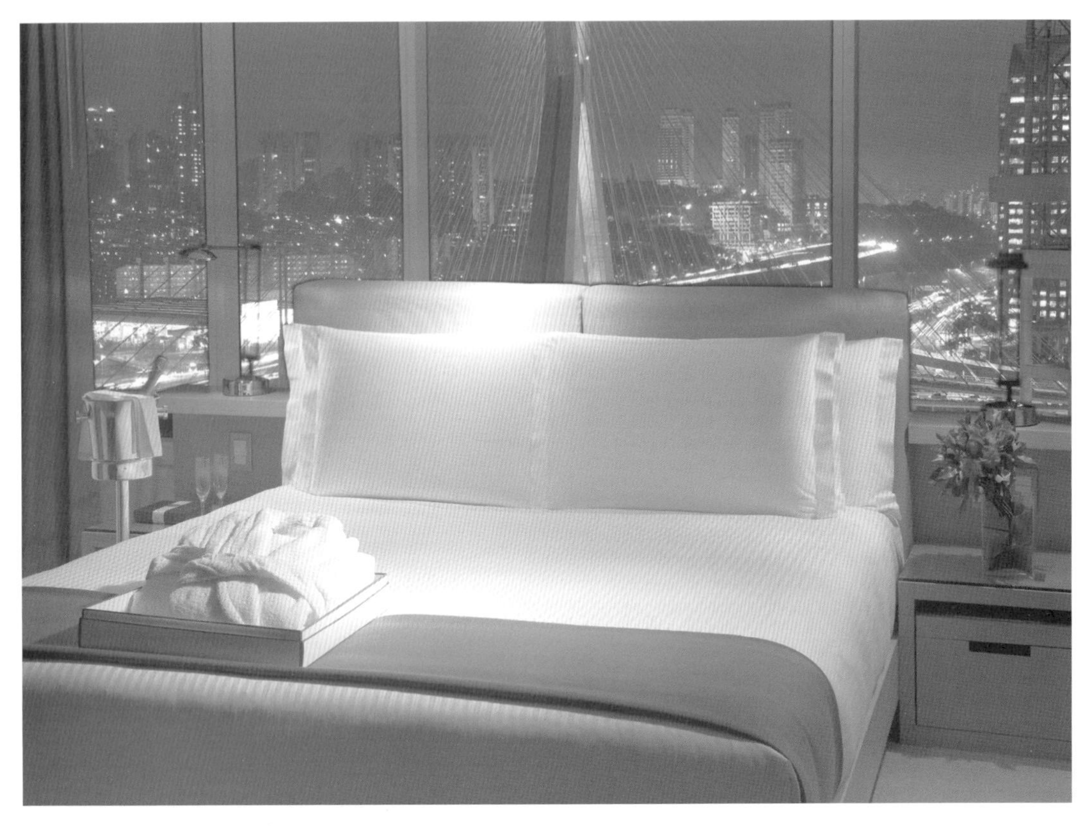

Grand Hyatt São Paulo, São Paulo.

Radisson Blu Hotel, Berlim.

Radisson Blu Hotel, Berlim.

Hotel Vila Inglesa, Campos do Jordão.

APARTAMENTO PARA PESSOAS COM DEFICIÊNCIA

É imprescindível implantar nos hotéis algumas unidades com facilidades construtivas, de instalações e de uso para esse tipo particular de hóspede, de acordo com as disposições contidas na NBR 9.050.[6]

Segundo a NBR 9.050, devem ser proporcionadas nesses apartamentos, entre outras, as seguintes condições:

- a porta de acesso ao quarto deve ter largura útil mínima de 0,80 m e altura mínima de 2,10 m, deve poder ser aberta com um único movimento, e suas maçanetas devem ser do tipo alavanca, além de dispor de um puxador horizontal associado à maçaneta;
- a altura das janelas deve observar os limites de alcance visual conforme parâmetros específicos definidos na norma, e cada folha ou módulo de janela também deve ser operado com um único movimento;
- o espaço para circulação interna deve ter largura útil mínima de 0,90 m;
- o piso deve ser uniforme, sem saliências e antiderrapante;
- para o giro completo da cadeira de rodas, deve haver no apartamento espaços livres capazes de conter um círculo de 1,50 m de diâmetro;
- nos armários, a projeção de abertura das portas não deve interferir na área de circulação mínima de 0,90 m;
- as prateleiras e os cabides devem estar a uma altura máxima de 1,20 m, e a prateleira mais baixa, a 0,45 m do piso;
- o comando geral para controle da luz do teto e de outros equipamentos elétricos existentes no apartamento deve estar localizado junto à cabeceira da cama;
- os demais comandos, interruptores e tomadas devem estar localizados a uma altura máxima de 1,20 m e mínima de 0,45 m do piso.

[6] A NBR 9.050 da ABNT, "Acessibilidade de pessoas portadoras de deficiências a edificações, espaço, mobiliário e equipamentos urbanos", aplicável a todos os tipos de edificações, deve ser observada nos projetos de hotéis em todas as dependências e não apenas nos apartamentos especiais.

Quanto ao mobiliário:

- a cama deve ter altura semelhante à do assento da cadeira de rodas;
- as mesas e as penteadeiras devem ter um vão livre que permita o acesso de pessoas em cadeira de rodas;
- os pés de mesas e penteadeiras não devem ser centrais nem em forma de cruz.

Quanto ao banheiro:

- a porta do banheiro privativo do apartamento também deve ter largura mínima de 0,80 m;
- o piso do banheiro deve ser plano, antiderrapante e uniforme;
- o espaço interno livre deve permitir o acesso da pessoa em cadeira de rodas a todos os equipamentos sanitários;
- junto à bacia, devem ser instaladas barras de apoio firmemente fixadas às paredes;
- o assento das bacias deve ter altura semelhante à do assento da cadeira de rodas;
- os boxes para chuveiros também devem ser providos de barras de apoio;
- os registros ou misturadores devem ser do tipo alavanca;
- em frente aos lavatórios, que devem ser suspensos, deve ser prevista área de aproximação frontal que permita acesso aos misturadores.

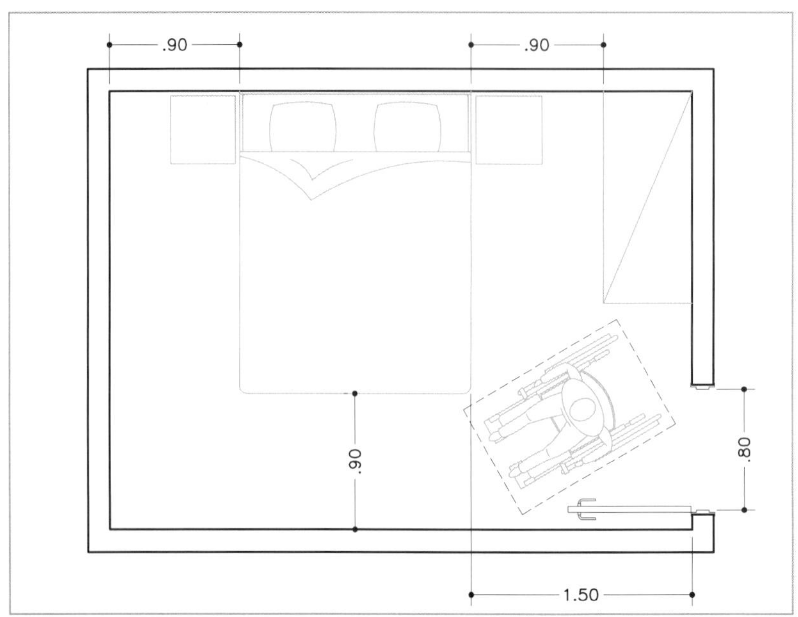

Planta de circulação mínima em dormitório – NBR 9.050
Escala 1:50

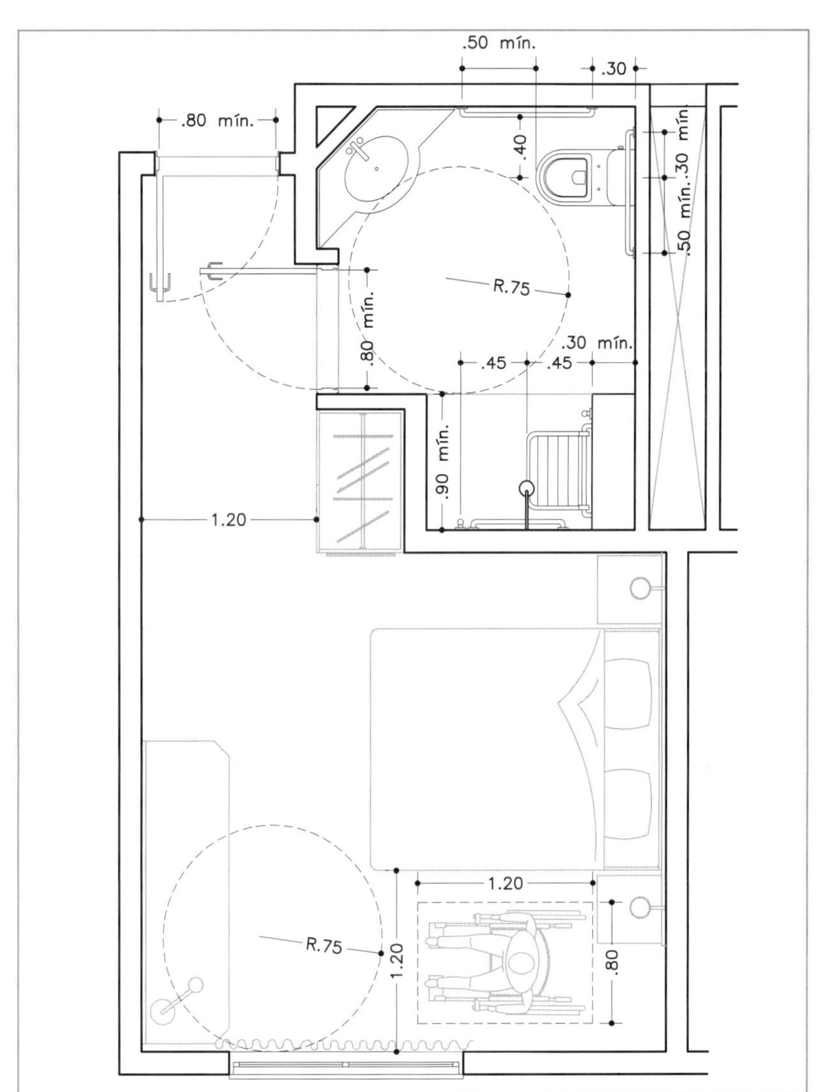

Planta de apartamento/ pessoas com deficiência
Escala 1:50

ÁREAS PÚBLICAS E SOCIAIS

ENTRADA PRINCIPAL E ESTACIONAMENTO

Dependendo do tipo de hotel, a chegada e a saída dos hóspedes poderá ocorrer por diferentes meios de transporte: táxi, veículo do próprio hóspede, ônibus de excursão, embarcação, etc.

Particularmente nos hotéis urbanos, as chegadas ou partidas de hóspedes e de outros usuários das dependências do hotel (por meio de táxis, veículos particulares ou ônibus) concentram-se em determinados horários, podendo causar congestionamentos que provocam confusão, atrasos e, por consequência, prejuízo para a imagem do hotel. Nos hotéis localizados nos grandes centros esse fato é comum, por causa das limitações dos terrenos e das decorrentes dificuldades de criar espaços para manobras de veículos na frente do hotel. Para resolver de forma adequada esse tipo de problema, é necessário prever e dimensionar de maneira correta as áreas de acesso e de manobra de veículos, de embarque e desembarque de hóspedes (devidamente protegidos de chuva e sol), de estacionamento de ônibus e de acesso às garagens (muitas vezes localizadas no subsolo).

Próximas à entrada principal, deverão ser previstas a cabine de controle e de cobrança do estacionamento e um fácil acesso (escadas ou elevador) dos manobristas às garagens.[7]

Nos hotéis com pátio de estacionamento ao ar livre, é importante que os veículos fiquem protegidos por coberturas leves e/ou árvores específicas para sombreamento. Vale ressaltar que é sempre desejável contar com um pequeno número de vagas na entrada para visitantes de curta permanência.[8]

De modo a proporcionar condições adequadas de movimentação e de estacionamento para os veículos que chegam e saem do hotel, a definição do posicionamento tanto da entrada principal - em especial - como das eventuais entradas secundárias e de serviço deve considerar a intensidade do tráfego e as mãos de direção das ruas que dão acesso ao local.

LOBBY

Nos diferentes tipos de hotel, o lobby caracteriza-se como o espaço que transmite ao hóspede a primeira sensação do ambiente em que ele permanecerá por um ou vários dias. Assim, o lobby deve refletir a própria *imagem do hotel*, que, por meio da decoração, do conforto e da eficiência de serviços, proporcionará uma sensação acolhedora.

[7] É importante considerar que, nos hotéis, os carros particulares costumam ser conduzidos entre a porta principal de entrada e a garagem e vice-versa por manobristas. Isso determina a necessidade de condições adequadas de circulação nesses percursos, de modo que o manobrista possa entregar o veículo ao seu condutor original no mesmo local onde o recebeu, geralmente próximo à entrada do hotel.

[8] Nos resorts localizados em ilhas, devem ser previstas uma pequena estação de embarque, área de estar e recepção no continente, onde os hóspedes possam aguardar a embarcação que os transportará para o hotel.

A porta principal de entrada deve possibilitar a passagem de hóspedes e visitantes, assim como de carregadores de bagagens. Quando utilizadas portas giratórias de larguras reduzidas, elas devem ser ladeadas por portas específicas para a passagem dos carros transportadores de bagagens de grupos de pessoas, enquanto as portas automáticas devem ser usadas aos pares, separadas por um espaço que, funcionando como antecâmara, isole térmica e acusticamente o lobby do ambiente externo.

A partir da porta de entrada, hóspedes e visitantes devem facilmente visualizar seus pontos de interesse: a recepção, os elevadores sociais, o balcão de informações, os telefones, o acesso a bares, a restaurantes, a áreas de eventos, etc.

As áreas de acesso devem ser claras e desimpedidas. Bares, restaurantes e áreas de eventos devem, sempre que possível, contar também com acesso externo independente.

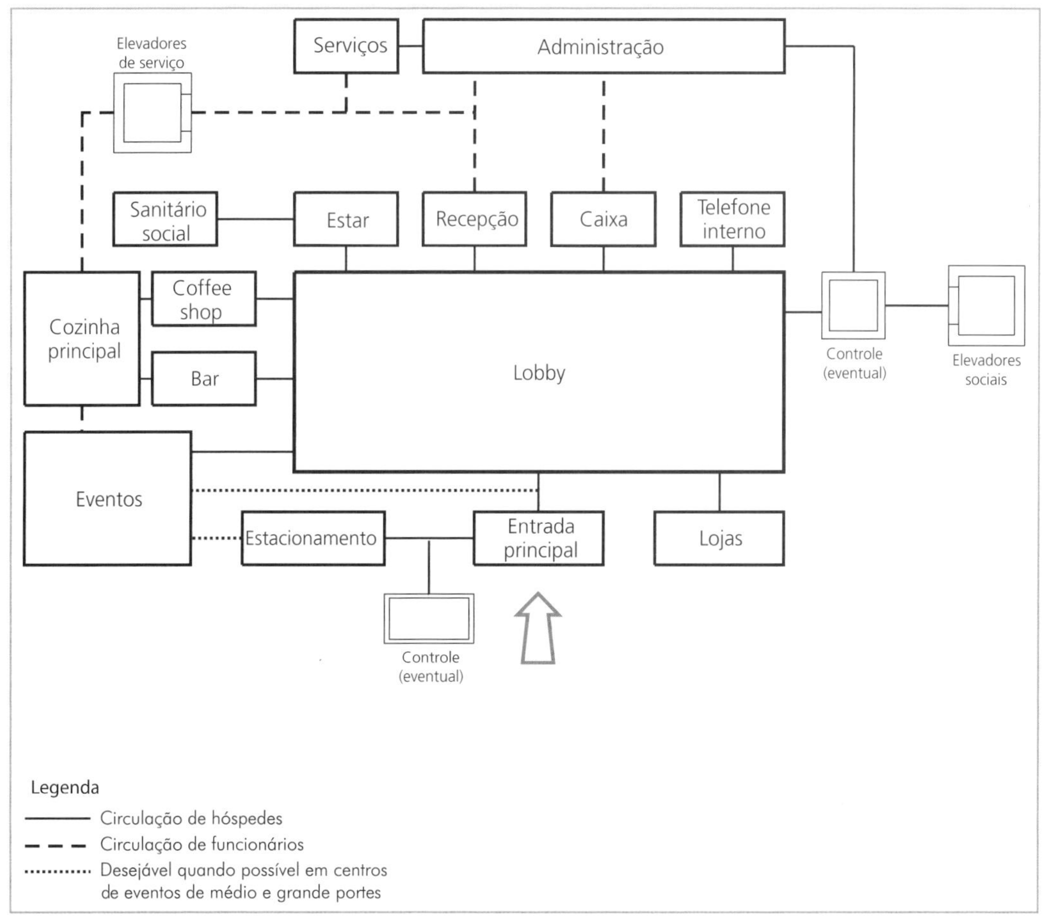

Diagrama funcional: lobby.

É importante considerar no projeto do lobby, independentemente de suas dimensões:

- espaços para livre circulação de hóspedes, desimpedidos entre a entrada, a recepção e os elevadores sociais;
- espaço na recepção, ou em outro local programado, para que grupos de pessoas e suas bagagens possam aguardar os procedimentos de registro ou liberação;
- áreas de estar para hóspedes e visitantes;
- áreas livres para circulação de pessoas que se destinam a bares, restaurantes e eventos em hotéis em que o acesso a essas áreas tenha que ser feito através do lobby;
- tratamento de interiores esmerado, com iluminação natural e/ou artificial cuidadosamente estudada, enriquecido com obras de arte e, se possível, com elementos naturais, como vegetação e água; objetos de artesanato podem, em determinados casos, contribuir positivamente para a imagem e a identidade do hotel.

Radisson Blu Hotel, Berlim.

Hotel Unique, São Paulo.

Hotel Vila Inglesa, Campos do Jordão.

Iberostar Praia do Forte, Mata de São João.

Copacabana Palace, Rio de Janeiro.

Grande Hotel Campos do Jordão – Hotel-Escola Senac, Campos do Jordão.

Burj Al Arab, Dubai.

Grand Hyatt São Paulo, São Paulo.

Hyatt Regency Atlanta, Atlanta.

Hyatt Regency Hotel Embarcadero, São Francisco.

Grande Hotel São Pedro – Hotel-Escola Senac, Águas de São Pedro.

BARES E RESTAURANTES

Os restaurantes e os bares devem estar estrategicamente integrados ao lobby, com fácil acesso para a rua, para que, a qualquer momento do dia ou da noite, as pessoas tenham livre acesso a eles.

Bares e restaurantes são elementos presentes em praticamente todos os hotéis, com exceção dos hotéis do tipo econômico ou de padrão muito baixo. Embora os investimentos sejam grandes e nem sempre compensadores do ponto de vista da receita, bares e restaurantes são serviços importantes para os hóspedes e essenciais para conferir ao hotel padrão de qualidade.

Nos hotéis maiores é comum a existência de mais de um bar ou restaurante, tendo em vista principalmente a conveniência dos hóspedes, mas também a receita que eles podem proporcionar. Com a oferta aos hóspedes de alternativas de cardápio, de ambientes e de tipos de serviços, é possível mantê-los por mais tempo no hotel, frequentando seus bares e restaurantes em vez de estabelecimentos concorrentes.

No entanto, o número de bares e restaurantes, que não é necessariamente proporcional ao número de apartamentos, deve ser decidido por meio de um cuidadoso estudo de viabilidade que leve em consideração, entre outros fatores, a localização do hotel, o mercado de clientes potenciais e a concorrência representada por bares e restaurantes da vizinhança.

De qualquer modo, como regra geral, e pelas razões apontadas, desde que respeitadas as condições de mercado que definem o número total de lugares, é preferível que ele seja distribuído por mais de um bar e um restaurante.

Com relação à localização, deve ser observada, para bares e restaurantes, a regra básica que determina como condição essencial de sucesso o acesso conveniente a partir do lobby. E, como eles não são exclusivos para hóspedes, é importante o acesso fácil também para quem vem de fora – se possível, diretamente da rua. Como essa segunda condição é possível apenas em alguns casos especiais, o que se deve buscar é um lobby facilmente visível a partir da entrada principal ou de uma entrada especial que estimule, em vez de inibir, a ida ao restaurante ou ao bar. O que se deve evitar, por outro lado, são localizações escondidas ou situadas em outros pavimentos, dependentes de escadas acanhadas e corredores tortuosos. Restaurantes de cobertura, por exemplo, raramente são bem-sucedidos, a não ser quando proporcionam vistas deslumbrantes ou têm comida e serviços excepcionais, mas mesmo esses devem contar com recepção própria, no piso térreo/próximo à entrada/ao lobby, e elevadores controlados, quando não exclusivos.

Cada bar e cada restaurante devem ter seu apoio de serviço ou sua cozinha em terminais adjacentes e interligados com a cozinha principal (que, no caso de um único restaurante, pode ser sua própria cozinha) e com as demais áreas de suprimento (despensa, adega, central de gelo, etc.). Embora não seja um requisito fundamental, a proximidade da cozinha principal é altamente desejável, assim como é desejável que ela se situe no mesmo nível. Quando isso não é possível, é indispensável contar com um sistema de circulação horizontal e vertical (elevadores e/ou monta-cargas) adequado e bem dimensionado.

A localização de bares e restaurantes de hotéis está, assim, duplamente comprometida com a sua acessibilidade e com as instalações de serviço.

Embora não haja regras que determinem o tamanho ideal de restaurantes de hotel, geralmente admite-se que, para garantir um excelente padrão de qualidade dos serviços, é razoável um número aproximado de 100 lugares. Quando, por razões de organização do espaço físico, não for possível implantar mais de um restaurante, havendo, no entanto, condições de implantar um restaurante maior, recomenda-se dar a esse restaurante único flexibilidade para funcionar, com eficiência, nas diferentes situações que se apresentam ao longo do dia (café da manhã, almoço, chá da tarde, *happy hour*, jantar, etc.). Setorizar esse restaurante, criando ambientes diferenciados, se possível com separações para grupos com número variável de pessoas, pode contribuir para a flexibilidade mencionada sem perda da qualidade da decoração conveniente para cada situação. No capítulo "Dimensionamento", serão apresentados parâmetros para dimensionamento do restaurante único, bem como índices médios de área por assento nas várias categorias de restaurante.

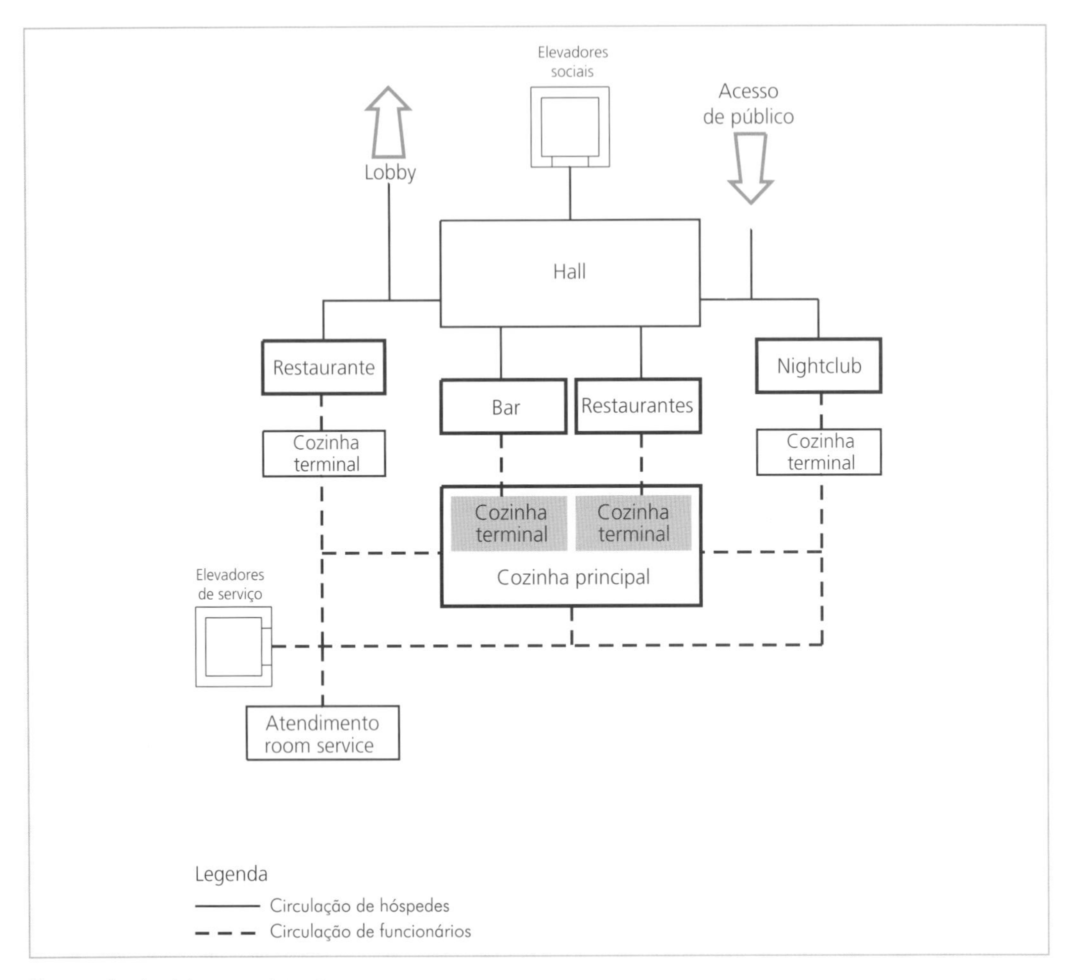

Diagrama funcional: bares e restaurantes.

Além de estrategicamente localizados e dimensionados de maneira correta, os restaurantes devem ser cuidadosamente projetados quanto:

- ao tratamento dos interiores, visando-se diferenciá-los e reforçar sua identidade, por exemplo, estabelecendo-se uma relação com os respectivos cardápios e suas procedências;
- ao arranjo de mesas, que deve ter flexibilidade para atender a grupos com número variado de pessoas, permitindo que a junção ou a separação de mesas possa ocorrer com facilidade, sem perturbar os usuários e sem diminuir a qualidade dos serviços;

- ao correto dimensionamento dos espaços para mesas e circulação conforme o padrão do hotel e do restaurante;
- ao tipo de mobiliário, que deve ter design compatível com o tratamento dado aos interiores e características ergonômicas que proporcionem o devido conforto a seus ocupantes;
- à iluminação, para complementar e valorizar a decoração pretendida;
- à acústica do ambiente, privilegiando-se as conversas, mas ela deve ser compatível com música ambiente ou ao vivo, conforme o caso.

Os bares podem ser de vários tipos: bar de lobby, piano-bar, bar de piscina, etc. Cada um apresenta requisitos especiais de decoração, e os projetos devem considerar as especificidades. Podemos fazer as seguintes observações gerais:

- Os bares fechados costumam ser ambientes ruidosos por causa das conversas em voz alta, das comemorações, etc., sendo necessário cuidado especial no tratamento acústico tanto das superfícies internas (pisos, paredes, teto, estofados) quanto das paredes e vedações voltadas para outros ambientes do hotel.
- Junto ao balcão, o piso da área de serviços pode, sempre que possível, estar em nível mais baixo (cerca de 50 cm) do que o nível do salão, para que os *barmen*, em pé, possam atender a usuários sentados, preferencialmente, em cadeiras ou poltronas de altura normal.

Faena Hotel & Universe, Buenos Aires.

Hotel Unique, São Paulo.

Grand Hyatt São Paulo, São Paulo.

Straf Design Hotel, Milão.

Hotel Vila Inglesa, Campos do Jordão.

Myhotel, Brighton.

Comfort Hotel Downtown, São Paulo.

Grande Hotel São Pedro – Hotel-Escola Senac, Águas de São Pedro.

Grande Hotel Campos do Jordão – Hotel-Escola Senac, Campos do Jordão.

Radisson Blu Hotel, Berlim.

Hard Days Night Hotel, Liverpool.

São Paulo Airport Marriott Hotel, Guarulhos.

ÁREAS DE EVENTOS

Hoje em dia, os locais para eventos são obrigatórios em hotéis de vários tipos e tamanhos, tal a importância que reuniões, festas, congressos e exposições têm no competitivo mercado hoteleiro.

O turismo relacionado a congressos e a conferências cresce a taxas que se aproximam de 10% ao ano, e mais de 100 milhões de pessoas se hospedam em hotéis para participar desses eventos. Em cidades como São Paulo, por exemplo, a ocupação dos hotéis está intimamente ligada aos negócios e à grande quantidade de feiras, exposições e congressos que a cidade abriga. Mas, mesmo em outras cidades com apelos turísticos mais diversificados, os eventos têm cada dia mais importância para a manutenção da atividade hoteleira instalada e para o surgimento de novos hotéis. Como decorrência, verifica-se um constante esforço dos hotéis de vários tipos e localizações para implantar áreas destinadas a eventos ou para ampliar as já existentes.

Essas áreas podem variar de apenas algumas poucas salas para reuniões, pequenas ou de médio porte, até grandes centros de convenções ou congressos, que reúnem salas e salões de tamanhos variados e em condições de acolher, simultaneamente, diversos tipos de eventos de variadas dimensões.

Embora não haja nenhum parâmetro que relacione diretamente o número de apartamentos com as proporções das áreas de eventos, estas costumam ser menores em hotéis com pequeno número de apartamentos, enquanto os grandes centros de convenções estão frequentemente associados a hotéis de maior porte. Hotéis maiores podem mais facilmente dar suporte a eventos que reúnem centenas ou milhares de pessoas e que demandam sistemas complexos de infraestrutura e equipamentos, além de serviços de variadas naturezas. Apenas grandes hotéis podem proporcionar os serviços de hospedagem e alimentação nas proporções exigidas nesses casos, principalmente quando situados em lugares isolados.

Compõem as áreas de eventos as salas e/ou os salões, o foyer (antessala da área de eventos) e as instalações de apoio e serviços, constituídas por administração de eventos, chapelaria, sanitários, cabines de projeção e de tradução simultânea, cozinha ou copa de distribuição e depósito de móveis. Alguns centros de eventos maiores possuem, ainda, área especial para exposições e auditório, além do espaço usualmente designado como ballroom.

As áreas de eventos devem estar localizadas no pavimento térreo, ou logo abaixo ou acima, tendo em vista as facilidades de acesso, principalmente para a saída das pessoas em casos de emergência. Essas áreas devem ser acessíveis a partir do lobby e, quando possível, principalmente nas áreas de eventos de maior porte, contar com acesso próprio a partir da rua.

As salas e os salões devem ser planejados e projetados tendo em vista a maior flexibilidade possível, de modo a poder formar ambientes de dimensões variáveis, capazes de comportar eventos de diferentes portes. Essa flexibilidade é importante e muito conveniente ao hotel, pois possibilita a adaptação às diferentes solicitações do mercado e facilita a ocupação das instalações de eventos por mais tempo. Assim, o ballroom – necessário apenas em grandes eventos e, muitas vezes, apenas nas solenidades de abertura e encerramento – deve, idealmente, resultar da incorporação de um conjunto de salas menores, adequadas a eventos pequenos e a trabalhos paralelos e complementares aos eventos maiores.

Divisórias especiais, disponíveis no mercado, são facilmente deslocáveis e permitem serem recolhidas. Além disso, proporcionam amplas possibilidades de junção e separação de ambientes. Essas divisórias possuem ainda as propriedades acústicas necessárias para garantir o isolamento de sons e ruídos entre as salas, e viabilizam a realização simultânea de eventos ou de atividades diferentes.

São mais valorizados salas e salões com pés-direitos altos, pois eles constituem importante fator de diferenciação e valorização de espaços para eventos.

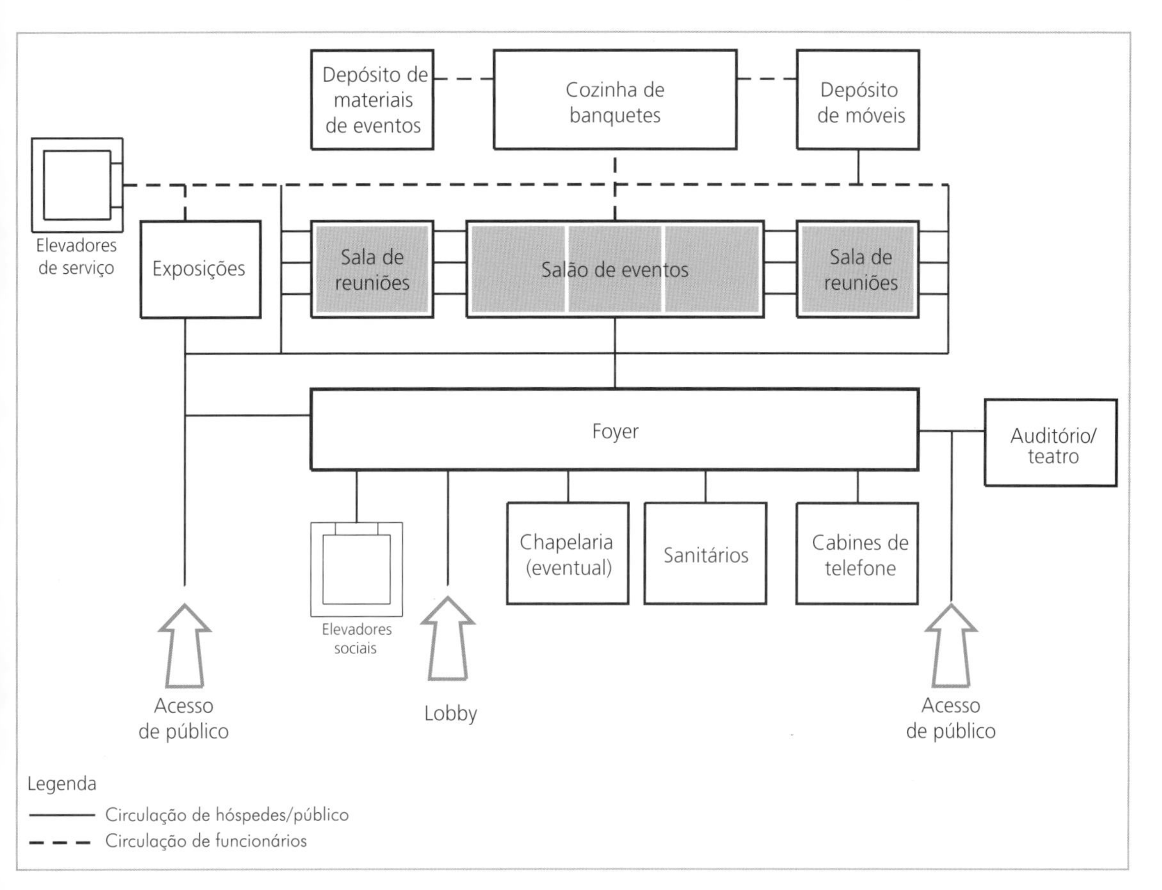

Diagrama funcional: áreas de eventos.

Há outros aspectos a serem observados no projeto de salas e/ou salões para eventos:

- o tratamento acústico das salas deve ser voltado não apenas para evitar a transmissão de sons e ruídos entre as salas, mas também ser adequado para os diferentes tipos de eventos, que demandam diferentes respostas de pisos, paredes e forros;
- o forro deve ter tratamento acústico para garantir isolamento de som compatível com o isolamento proporcionado pelas divisórias e os outros elementos de cada sala ou salão;
- o forro deve possibilitar a fácil manutenção das instalações nele contidas (iluminação, som, detecção de fumaça, *sprinklers*, condicionadores de ar, telas com comando elétrico, caixas acústicas de potência maior, trilhos para suporte das divisórias acústicas), assim como possibilitar a adição de outras instalações para eventos especiais;

- o sistema de som deve atender, com igual qualidade, desde reuniões nas salas pequenas a banquetes e até espetáculos musicais, que podem ser realizados nas mesmas salas, porém, nesse caso, agrupadas na configuração de ballroom;
- a iluminação deve combinar diferentes tipos de lâmpadas, com o objetivo de se adequar aos diferentes tipos de eventos;
- o sistema de ar-condicionado deve dispor de controles que possibilitem o acionamento individual de cada sala;
- devem ser previstas tomadas de força e de telefone (espaçadas a cada 3 m, aproximadamente) ao longo das paredes ou no piso, junto às divisórias, de cada sala e salão e também do foyer;
- as instalações elétricas e de comunicações devem considerar a possibilidade de equipamentos complementares de som em caso de espetáculos, assim como transmissões por televisão;
- poderá ser conveniente prever acesso especial ao salão (separado do público) para autoridades ou artistas;
- deverão ser consideradas as necessidades de instalações para tradução simultânea e projeções de diferentes tipos.

O foyer é utilizado nas atividades conhecidas como *pre-function* e nos intervalos das sessões (inscrições e distribuição de crachás e de material promocional, serviço de café, etc.). Ele deve ter comunicação direta com o lobby, no mesmo nível, ou por meio de escadas e/ou escadas rolantes quando em níveis diferentes. Deve também ser acessível, sempre que possível, diretamente a partir de áreas externas. Elevadores não devem ser meios de acesso preferenciais por não darem vazão adequada ao grande afluxo de pessoas ao término dos eventos.

Os auditórios, quando existem, devem se interligar com as salas e os salões através do foyer, de modo que se possa integrar o conjunto de instalações dedicado a eventos. Quando dotados de palco, camarins e outros requisitos, podem funcionar como teatro. Nesses casos, é desejável que disponham, além do foyer de eventos, também de foyer próprio, interligado ao primeiro e com acesso direto e independente a partir da rua, podendo funcionar com autonomia em relação ao centro de eventos.

As instalações de serviço complementam as áreas de eventos, constituindo retaguarda indispensável à sua adequada operação. Devem se interligar com as demais áreas de serviços do hotel e localizar-se, em relação às salas e salões, em posição oposta à do foyer e das áreas de circulação de público.

O depósito de móveis, destinado à guarda dos diferentes tipos de móveis utilizados nos diferentes tipos de eventos, deve ter dimensões compatíveis e localizar-se tão próximo quanto possível, preferencialmente no mesmo nível, das salas e dos salões.

A proximidade se justifica em razão da rapidez com que a transformação das salas e dos salões tem que ser feita; no intervalo de menos de uma hora é preciso alterar suas configurações, transformando-os de auditórios ou salas de reuniões em um local para banquete, por exemplo.

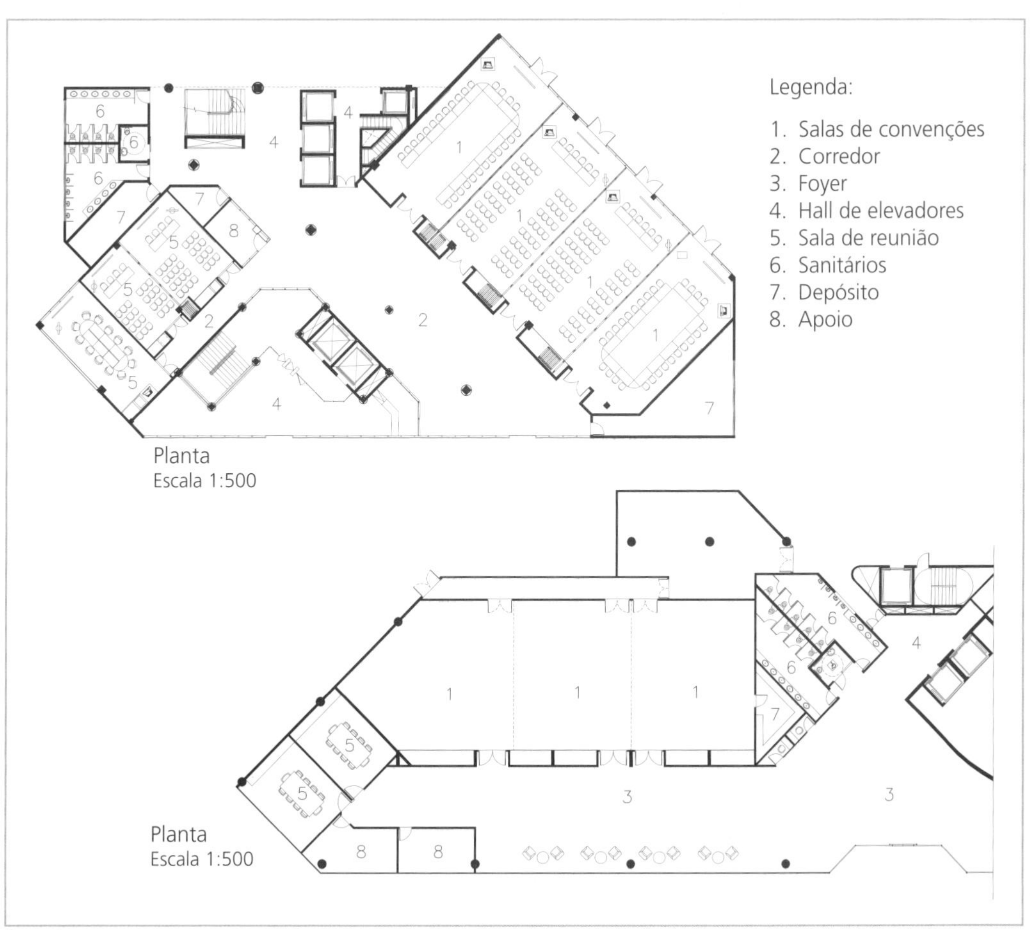

Áreas de eventos.

Hotel Unique, São Paulo.

Grand Hyatt São Paulo,
São Paulo.

Hotel Unique, São Paulo.

Grande Hotel Campos do Jordão – Hotel-Escola Senac, Campos do Jordão.

Bourbon Atibaia Convention & Spa Resort, Atibaia.

Comfort Franca, Franca.

Copacabana Palace, Rio de Janeiro.

ÁREAS RECREATIVAS

As instalações recreativas variam muito conforme a localização, o tipo, o padrão e o porte do hotel, não sendo possível tratá-las de modo genérico.

Em hotéis de cidade, particularmente os centrais, as áreas recreativas se resumem, com maior frequência, a salas para ginástica, sauna e massagens e a piscinas. Dependendo do número de apartamentos e do padrão do hotel, esse conjunto de instalações assume as características de um health club, com salas equipadas com variados e sofisticados aparelhos de ginástica, diferentes tipos de sauna, duchas, etc. A piscina, quase sempre com dimensões reduzidas, pode ser externa ou interna (neste caso, geralmente é climatizada). Algumas outras instalações para recreação presentes em hotéis centrais são aquelas relacionadas com jogos de salão (baralho, bilhar, jogos eletrônicos, etc.). Alguns hotéis dispõem ainda de quadras de squash.

Em hotéis não centrais, às instalações já mencionadas somam-se outras, relacionadas principalmente com atividades esportivas. Por disporem de maior área de terreno, é mais fácil encontrar piscinas externas.

Mas é sobretudo nos hotéis de lazer, principalmente em sua forma mais recente e complexa, o resort, que as áreas recreativas são mais desenvolvidas e diversificadas. Além de praias, braços de mar e áreas à beira de lagos e de represas, que facilitam a recreação e a prática de esportes náuticos, os resorts, frequentemente situados em locais estratégicos do ponto de vista da paisagem, oferecem ainda um grande conjunto de outras instalações para recreação e esportes destinado a diferentes faixas etárias: quadras, campos de golfe, parques aquáticos, marinas, trilhas para caminhadas, etc. Em alguns resorts, maiores e mais sofisticados, são tão grandes as áreas ocupadas e tratadas paisagisticamente, e tão complexo e variado o conjunto de instalações recreativas e esportivas, que a paisagem natural até chega a perder importância.

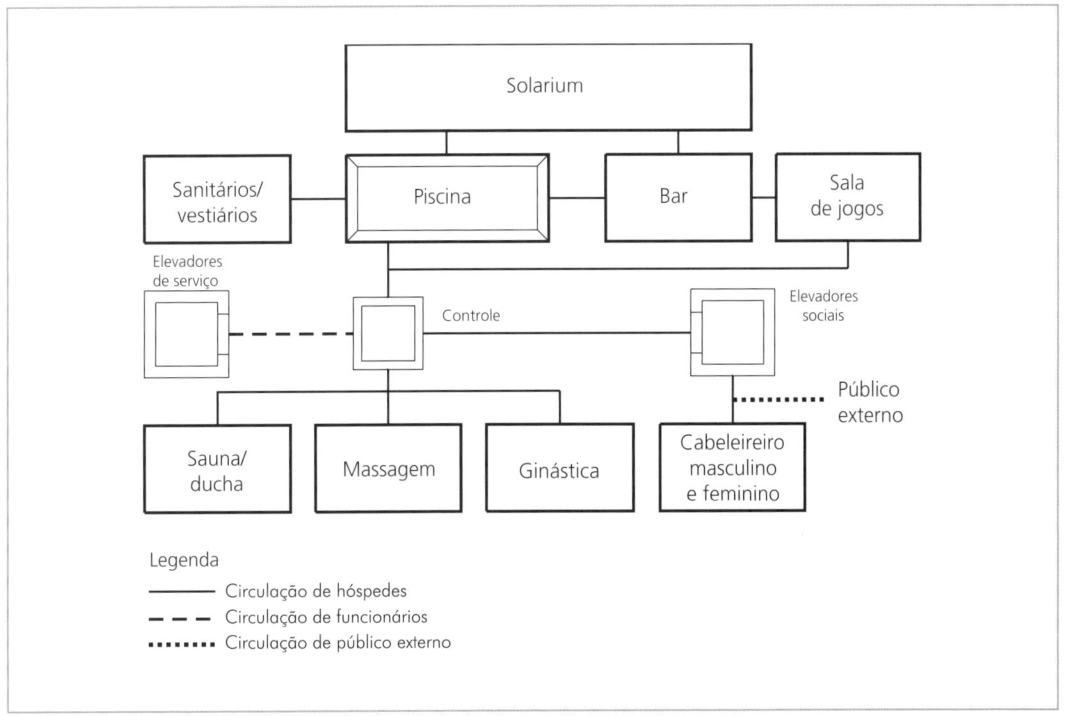

Diagrama funcional: áreas recreativas.

Grande Hotel Campos do Jordão – Hotel-Escola Senac, Campos do Jordão.

Hilton São Paulo Morumbi, São Paulo.

Grande Hotel São Pedro – Hotel-Escola Senac, Águas de São Pedro.

Westin Mission Hills, Rancho Mirage.

Bourbon Atibaia Convention & Spa Resort, Atibaia.

Hotel Fazenda Mazzaropi, Taubaté.

Iberostar Praia do Forte,
Mata de São João.

Hotel Vila Inglesa,
Campos do Jordão.

Hotel Unique, São Paulo.

Radisson Faria Lima, São Paulo.

Comfort Uberlândia, Uberlândia.

ADMINISTRAÇÃO

RECEPÇÃO

A recepção é responsável pelo registro e por um conjunto de atividades de informação e de controle dos hóspedes. Na recepção se estabelece o primeiro contato do hóspede com o pessoal do hotel. Como já mencionado, ela deve estar localizada em uma posição estratégica, ou seja, ser facilmente visível desde a entrada principal e permitir a total visualização dos acessos às áreas de hospedagem (corredores e/ou elevadores).

O balcão tradicional, presente na quase totalidade dos hotéis, deve ser funcional, garantindo ao hóspede conforto e acesso às informações desejadas, e aos funcionários, as condições e os equipamentos necessários à prestação de serviços do mais elevado padrão. Na recepção localizam-se os caixas, os cofres de segurança (que muitos hotéis ainda mantêm, complementares aos individuais disponíveis nos apartamentos), o depósito de bagagens e, tão próximo quanto possível, as áreas administrativas de apoio e as gerências de recepção e de hospedagem.

O espaço em frente ao balcão deve ser dimensionado para acomodar confortavelmente os hóspedes e seus acompanhantes durante o check-in e o check-out. É preciso considerar a presença frequente de grupos, que geram uma considerável aglomeração nas proximidades do balcão.

A área da recepção deve se comunicar diretamente com a área de administração do hotel.

Procurando diferenciação no mercado e também dar atendimento personalizado aos hóspedes, alguns hotéis – particularmente os de menor porte e caracterizados como hotéis de design ou hotéis boutique – têm abandonado o balcão tradicional. A recepção aos hóspedes se faz de outras formas, atendendo-os confortavelmente instalados em cadeiras em torno de uma mesa ou até mesmo em poltronas ou sofás, num acolhedor ambiente de estar. Em alguns hotéis, a recepção dos hóspedes é feita no próprio apartamento, que lhes é destinado previamente, no momento da reserva.

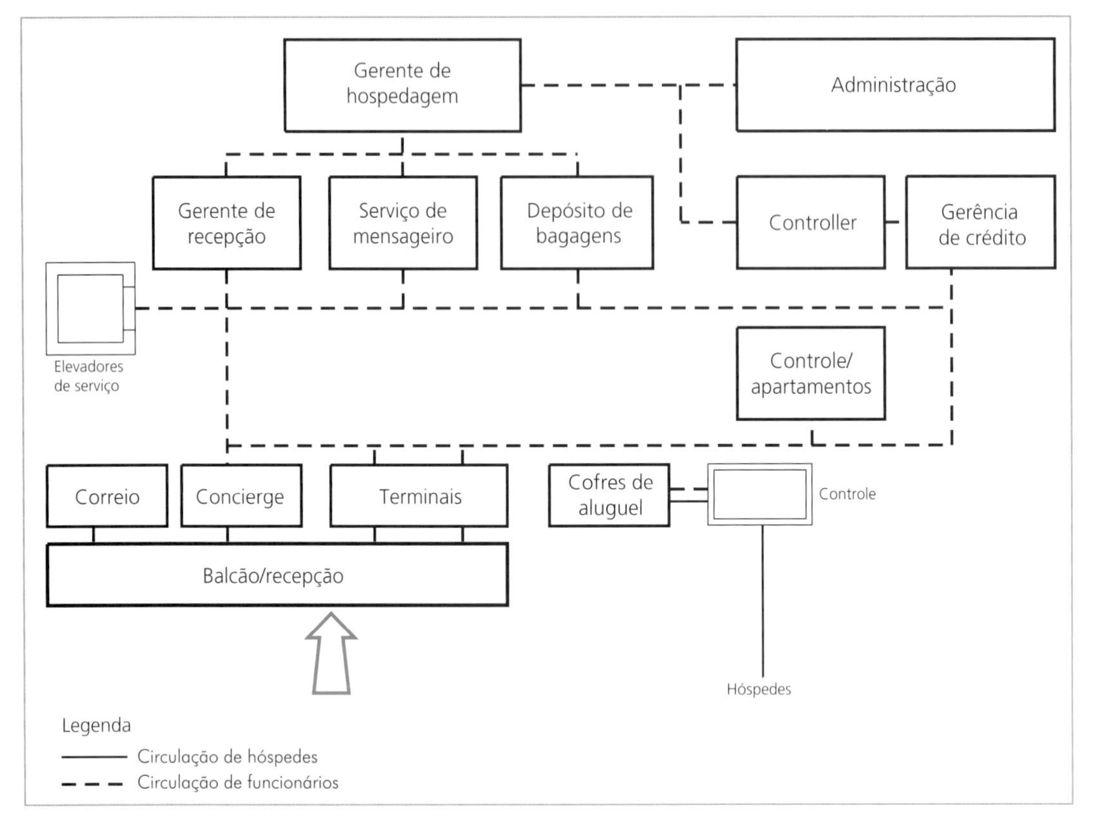

Diagrama funcional: recepção e caixas.

É importante observar que, qualquer que seja o tipo de recepção adotado, é sempre importante que o hóspede conte, no lobby, com os serviços usuais de informações sobre a cidade, suas atrações, espetáculos, concertos, etc.

Cabe lembrar ainda que, atualmente, a internet possibilita que o check-in seja feito de maneira automática, com mínima intervenção do pessoal do hotel e tornando, nesse caso, a função da recepção obsoleta e dispensável, assim como qualquer aparato ou ambiente específico para exercê-la.

Radisson Blu Hotel, Berlim.

Mercure Hotel Alameda, Quito.

Hotel Vila Inglesa, Campos do Jordão.

Grande Hotel Campos do Jordão – Hotel-Escola Senac, Campos do Jordão.

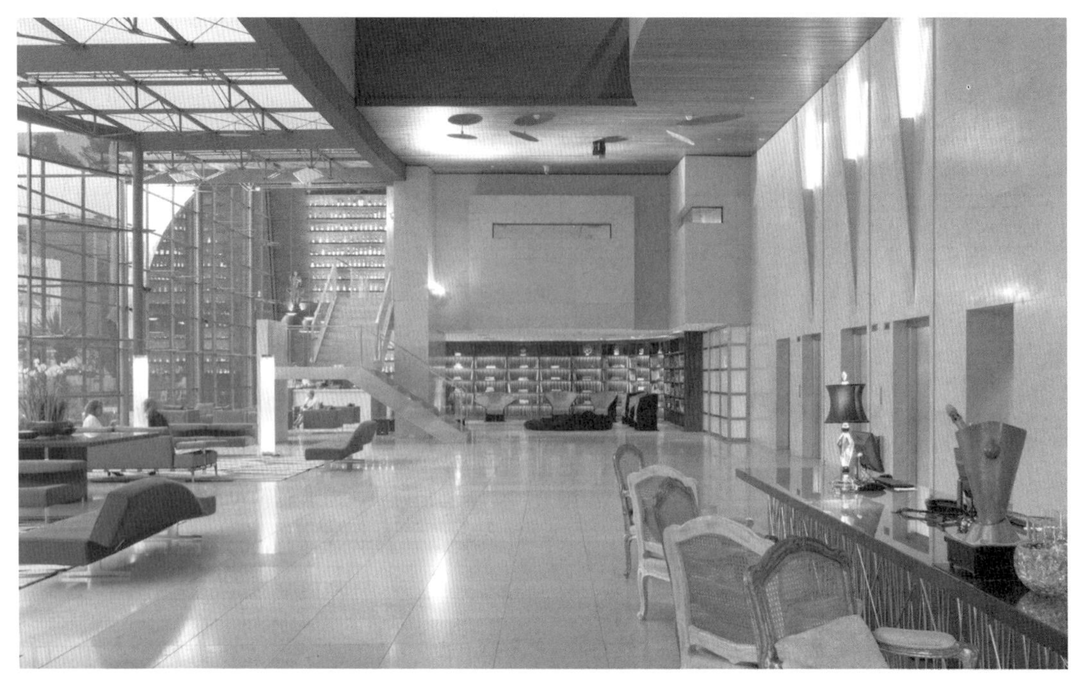

Hotel Unique, São Paulo.

Grande Hotel São Pedro – Hotel-Escola Senac, Águas de São Pedro.

ÁREAS ADMINISTRATIVAS

As áreas destinadas à administração são geralmente definidas pela empresa responsável pela operação do hotel. O diagrama funcional apresentado corresponde às necessidades de áreas para a administração de um hotel de grande porte, a saber: reservas, Centro de Processamento de Dados (CPD), central de segurança, vendas, gerência de marketing, A&B, patrimônio, *controller*, etc., além das áreas de contabilidade, compras, pessoal, recrutamento e seleção, treinamento, ambulatório médico, posto bancário, etc.

É importante observar que as áreas da administração podem ser agrupadas conforme seu relacionamento com hóspedes, público, fornecedores e funcionários. Os diferentes grupos assim constituídos podem estar reunidos em um único local ou ser separados em locais diversos (ou pavimentos), respeitada a acessibilidade das diferentes categorias de pessoas com as quais se relacionam e garantida a ligação, por meio de corredores, escadas e elevadores, entre elas e as áreas de serviços, de recepção, públicas, sociais e de hospedagem.

Os grupos segundo os quais pode ser dividida a administração são:

- a *gerência*, que compreende a sala do gerente geral e de outros gerentes, conforme o caso, secretaria geral, salas de reuniões e de espera. A gerência deve ser acessível aos hóspedes, a pessoas de fora que necessitem entrar em contato com a alta administração do hotel e aos funcionários. As salas da gerência podem se situar no pavimento de entrada, no mezanino ou nos pavimentos imediatamente superiores ou inferiores. O acesso dos hóspedes e do público externo às dependências da gerência pode ser feito por escadas e pelos elevadores sociais. O acesso dos funcionários deve se dar por escadas e elevadores de serviço;
- os setores de *vendas, reservas e marketing*, que apresentam requisitos de localização parecidos com os da gerência, tendo-se em vista o contato com público externo de nível social semelhante;
- os setores de *contabilidade* e *recursos humanos* (recrutamento e seleção, treinamento e administração de pessoal), que têm relações com público externo apenas eventuais. Esses setores podem situar-se em outros pavimentos que não o térreo, porém com fácil acesso a partir da via pública, tendo-se em vista, principalmente, o recrutamento de funcionários;
- o setor de *compras*, que mantém muito contato com vendedores e fornecedores, deve também estar estrategicamente localizado próximo à entrada de serviço;
- o setor de *protocolo*, que, preferencialmente, deve situar-se próximo à entrada de serviço;
- o *ambulatório*, que, por exigência legal, deve existir nos hotéis a partir de determinado porte, destina-se prioritariamente ao atendimento dos funcionários, assim como a exames médicos que antecedem sua admissão. Sua

localização, portanto, deve ser definida com base nessa função. O ambulatório precisará dar atendimento a hóspedes em caso de emergência. Por isso, deve-se cogitar a possibilidade de colocá-lo em um lugar facilmente acessível tanto a funcionários quanto a hóspedes.

É importante considerar a importância de reduzir o número de entradas e, consequentemente, o número de controles necessários, tendo-se em vista a própria eficiência do controle e a economia de instalações, equipamentos e, principalmente, funcionários.

O setor de engenharia e manutenção, subordinado à gerência de patrimônio, recebe também pessoas de fora, mas relaciona-se predominantemente com o pessoal próprio de manutenção. Sua localização tem mais a ver com as oficinas e o almoxarifado. É importante que as áreas de controles operacionais - como o Centro de Controle Operacional (CCO), a central de segurança/som/TV, etc. - fiquem próximas ao setor de engenharia.

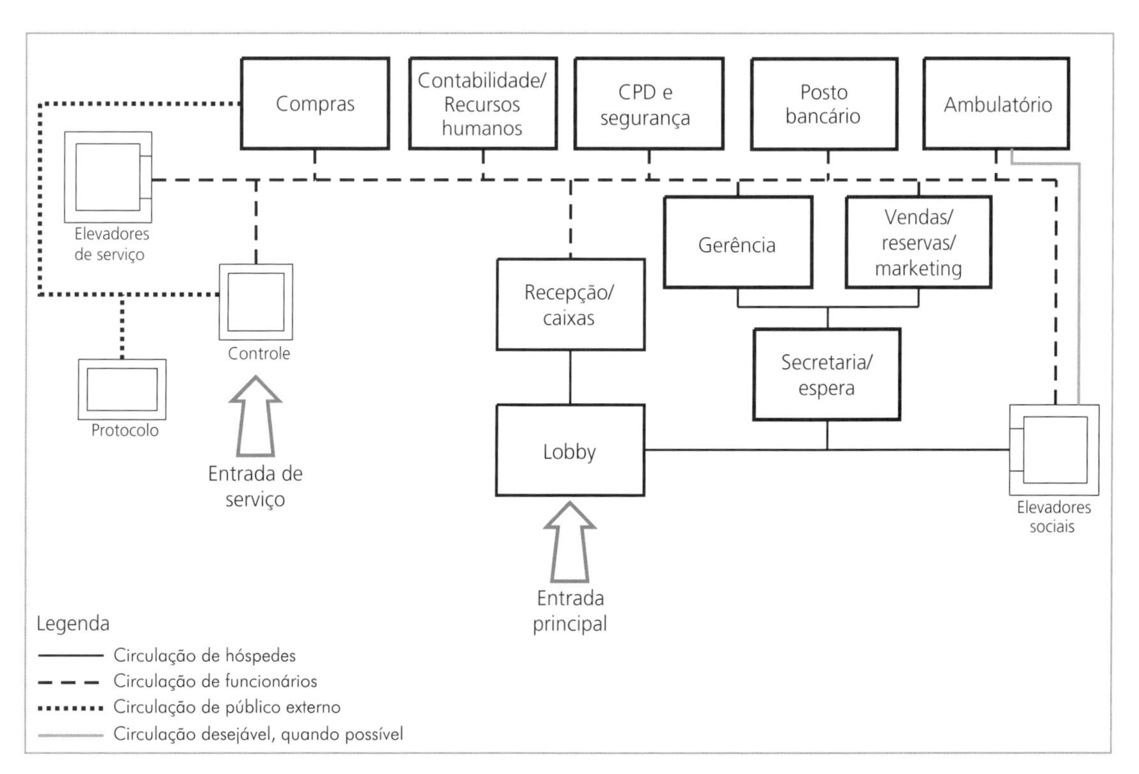

Diagrama funcional: áreas administrativas.

ÁREAS DE SERVIÇO

ACESSO E INSTALAÇÕES PARA FUNCIONÁRIOS

O acesso de funcionários deve ser feito por uma entrada independente e exclusiva, controlada 24 horas por dia, na qual cada um deles é identificado por meio de crachá ou cartão magnético. Para maior controle operacional, o percurso dos funcionários desde a entrada deve evitar a travessia da área de recebimento de mercadorias.

Na entrada, após a identificação, a maior parte dos funcionários recebe uniforme e toalha de banho, toma banho e troca de roupa no vestiário, registra a entrada (relógio de ponto) e dirige-se à sua área de trabalho. Na saída, o fluxo é inverso até a guarita de controle. Ali, o profissional poderá passar por uma revista, conforme rotina estabelecida pela administração.

Praticamente todos os funcionários de um hotel, à exceção dos gerentes e do pessoal da administração, que não têm contato com o público, usam uniformes. Os vários tipos de uniformes devem estar disponíveis para as diferentes categorias de funcionários logo após a entrada no edifício.

Os uniformes podem ficar dobrados e dispostos em prateleiras em uma sala especial para que a entrega aos funcionários seja feita através de um balcão. Outra forma de disposição dos uniformes, adotada em alguns hotéis, utiliza cabides devidamente identificados e protegidos por capas com zíper. Na entrada, o funcionário recebe seu cabide, dirige-se ao vestiário e, após vestir o uniforme, utiliza o mesmo cabide para colocar a roupa que acabou de tirar. A seguir, o cabide é pendurado no mesmo cabideiro no qual originalmente estava o uniforme.

Essas duas formas de disposição dos uniformes repercutem nos vestiários. No primeiro caso, os vestiários precisam ter armários individuais para cada funcionário. No segundo, dispensam-se esses armários, com economia de espaço e de mobiliário, além de outras vantagens relacionadas com segurança e controle. Apesar das vantagens da segunda alternativa, há nítida preferência dos funcionários pela solução com armários individuais,[9] pelas facilidades oferecidas para guarda de objetos pessoais (bolsas, sacolas, produtos de higiene e beleza, etc.).

9 Conforme o exigido pela NR 24 – Condições das Leis do Trabalho.

Os sanitários e vestiários para funcionários devem ser dimensionados como indicado no capítulo "Dimensionamento", e em seu projeto deve ser observado o seguinte, conforme o caso:

- os vestiários devem ser localizados tão próximo quanto possível da entrada de funcionários;
- os funcionários do hotel apresentam diferenças de qualificação e de condição social e, consequentemente, têm hábitos higiênicos distintos. Em razão disso, podem-se prever, particularmente nos hotéis de maior porte, vestiários diferenciados para duas ou mais categorias de funcionários. No entanto, vestiários únicos bem planejados e dimensionados podem perfeitamente acolher funcionários de condições sociais muito distintas, contribuindo para a convivência necessária a uma equipe de trabalho e para a elevação geral dos padrões de higiene. Devem ser previstos, porém, vestiários separados para quem trabalha na cozinha (uniformes brancos).

O refeitório dos funcionários deve ser dimensionado conforme sugerido no capítulo "Dimensionamento", observando-se também a NR 24.3 e/ou a legislação municipal ou estadual específica. O número de lugares do refeitório de funcionários deve considerar também sua rotatividade por turnos, visando adequar o atendimento às necessidades desses profissionais ao atendimento aos hóspedes. Outro aspecto a considerar é a categoria do hotel, assim como o tipo e a diversidade de serviços oferecidos, que se refletem diretamente no número de funcionários.

A localização do refeitório de funcionários deve levar em consideração o fácil acesso e também a proximidade e/ou condições de comunicação com a cozinha onde estará sendo produzida a comida.

No projeto do refeitório, devem ser considerados ainda os seguintes aspectos:

- espaços para a formação de filas no acesso ao refeitório, de modo a não obstruir os corredores;
- adequada disposição e o dimensionamento das instalações e dos equipamentos para distribuição dos alimentos e lavagem de bandejas, louças e talheres;

- localização do guichê para a devolução de bandejas, considerando-se o fluxo natural de saída das pessoas do refeitório.

As áreas para descanso e lazer destinam-se a proporcionar um local de permanência dos funcionários nos intervalos e nas folgas, principalmente após as refeições. Nos hotéis afastados das regiões centrais da cidade, onde os terrenos costumam ser grandes, as áreas externas cumprem, em parte, essa função, reduzindo a importância ou as dimensões desse tipo de ambiente em recinto fechado. Nos hotéis caracteristicamente urbanos, uma sala para uso dos funcionários torna-se indispensável para lhes proporcionar conforto e evitar que, por falta de alternativas, venham a ter que ocupar outras áreas do hotel, causando inconveniências. Essa mesma sala pode funcionar também como local para treinamento.

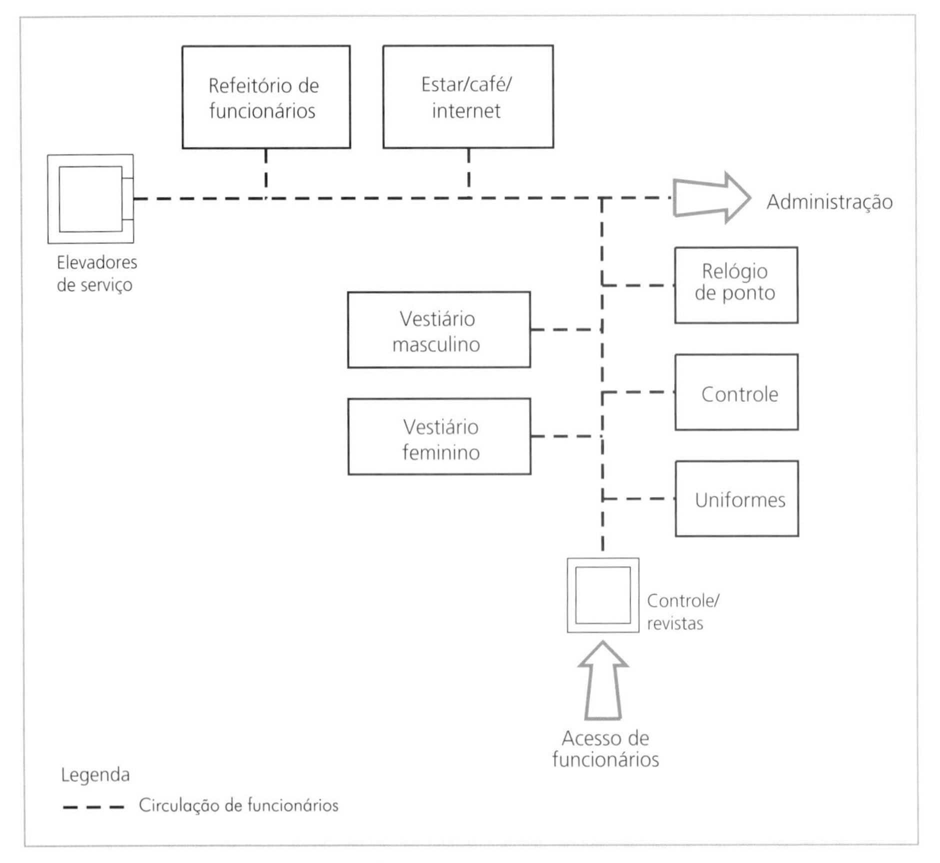

Diagrama funcional: acesso e instalações para funcionários.

ÁREA DE RECEBIMENTO

Os hotéis são grandes receptores de uma enorme variedade de bens destinados ao consumo dos hóspedes e demais frequentadores de suas dependências e necessários a sua operação e à manutenção de suas instalações. Todos os bens, que envolvem alimentos e bebidas, produtos de higiene e limpeza, materiais de manutenção, etc., devem passar por um primeiro controle, na entrada de serviço, antes de chegar à área de recebimento propriamente dita. Nesta, todas as mercadorias passam por um segundo controle, mais completo e rigoroso, por meio de procedimentos variáveis, antes de serem consideradas recebidas e encaminhadas para áreas específicas de disposição e/ou armazenagem.

A área de recebimento compreende:

- área para estacionamento e manobra de caminhões ou vans;
- plataforma para descarga de gêneros alimentícios e outros produtos de uso do hotel;
- área exclusiva para a triagem de gêneros alimentícios;
- pequeno escritório ou posto de controle;
- compartimentos para lixo seco (reciclável) e câmaras frigoríficas para lixo úmido;
- depósito para vasilhames.

A área para estacionamento de veículos de entrega de mercadorias e coleta de lixo pode variar conforme o tamanho e a localização do hotel (e o número de restaurantes e a área de eventos). Ela depende do número de veículos que estacionam ao mesmo tempo no pátio e da frequência com que são feitos o abastecimento e a remoção do lixo. Essa frequência é mais espaçada e com veículos provavelmente maiores em cidades pequenas ou em localizações isoladas.

A área de recebimento, que inclui a área de estacionamento, deve ser protegida por cobertura e ter pé-direito alto o suficiente para possibilitar operações de carga e descarga dos diversos tipos de produtos pelos diferentes tipos de veículos comumente utilizados na cidade ou na região em que se localiza o hotel.

Na plataforma de carga e descarga, deve ser prevista uma cabine ou um posto de controle de entrada e saída de produtos, uma balança e uma área de triagem, onde todos os produtos que chegarem serão, conforme o caso, retirados de suas embalagens, limpos e acondicionados em contêineres padronizados do hotel para serem transportados aos respectivos locais de armazenagem. As frutas e as verduras devem ser devidamente higienizadas e transferidas para recipientes próprios antes de serem conduzidas para as câmaras frigoríficas. Na plataforma de carga e descarga, deve, ainda, haver nítida separação entre os fluxos de alimentos e os de outras mercadorias. A área de remoção do lixo, com o depósito de lixo seco e a câmara de lixo refrigerado, deve ficar afastada da área de triagem de alimentos.

ÁREAS DE ALIMENTOS E BEBIDAS (A&B)

O Brasil é membro, desde a década de 1970, do Codex Alimentarius, um programa conjunto da Organização das Nações Unidas para a Agricultura e a Alimentação (FAO) e da Organização Mundial da Saúde (OMS). Trata-se de um fórum internacional de normatização sobre alimentos, criado em 1962, e suas normas têm como finalidade proteger a saúde da população, assegurando práticas equitativas no comércio regional e internacional de alimentos, criando mecanismos internacionais dirigidos à remoção de barreiras tarifárias e fomentando e coordenando todos os trabalhos que se realizam em normatização.

Ao se pensar em projetos de locais para produção e distribuição de alimentos e/ou refeições, é imperiosa a consciência sobre a segurança alimentar. Na prática, por meio do planejamento, do projeto, da implantação de cozinhas e da distribuição de alimentos, esse requisito fica assegurado. Tendo-se como base esse princípio e o amplo conhecimento sobre as legislações a serem seguidas, o resultado é sempre positivo. As legislações federais, estaduais e municipais devem ser observadas e aplicadas em detalhes como configuração ideal de espaços, equipamentos adequados e segurança do trabalho, entre outros.

Armazenagem de alimentos e bebidas

A área de armazenagem de alimentos deve ter espaços separados para alimentos secos, refrigerados (câmaras com temperatura entre 0 °C e 2 °C para alimentos frescos e entre 4 °C e 6 °C para vegetais e legumes) e congelados (câmara com temperatura de -20 °C para armazenagem por tempo prolongado).

No planejamento e no projeto das áreas de armazenagem de alimentos, devem ser consideradas situações distintas como a de uma única cozinha central e a de várias cozinhas (a principal somada às de terminação de restaurantes e de banquetes) distribuídas pelo hotel, assim como as condições e os métodos de transporte de alimentos entre elas. Dependendo do porte das diferentes cozinhas e das condições de transporte, serão necessárias áreas complementares de armazenagem imediatamente próximas a elas.

No capítulo "Dimensionamento" são apresentados os parâmetros para a distribuição percentual dos diferentes tipos de armazenagem de alimentos e bebidas. A dimensão dessas áreas depende não só do porte do hotel e da quantidade de bares, restaurantes e instalações para eventos, mas também da sua localização, em face da frequência e da confiabilidade do abastecimento.

Há, no mercado, câmaras frigoríficas modulares, constituídas de painéis pré-fabricados revestidos de chapas metálicas isoladas termicamente, que proporcionam grande flexibilidade de tamanhos e de arranjos. É importante observar que o piso das câmaras frigoríficas deve estar no mesmo nível da cozinha e que, para isso, pode ser necessário prever o rebaixamento do piso para isolamento térmico.

A legislação prevê que os almoxarifados de alimentos e bebidas sejam separados daqueles de materiais gerais e produtos de limpeza. Quando a separação não for inteiramente possível, os almoxarifados devem ser providos de sistema de ventilação com pressão negativa, a fim de evitar a migração de possíveis contaminantes para os produtos de alimentação.

Por segurança, todas as paredes que contornam os almoxarifados de alimentos devem ser estanques, para evitar a entrada de vetores externos e também a migração destes para o interior da cozinha. Portas de acesso aos almoxarifados devem estar localizadas antes da "barreira" para o interior da cozinha.

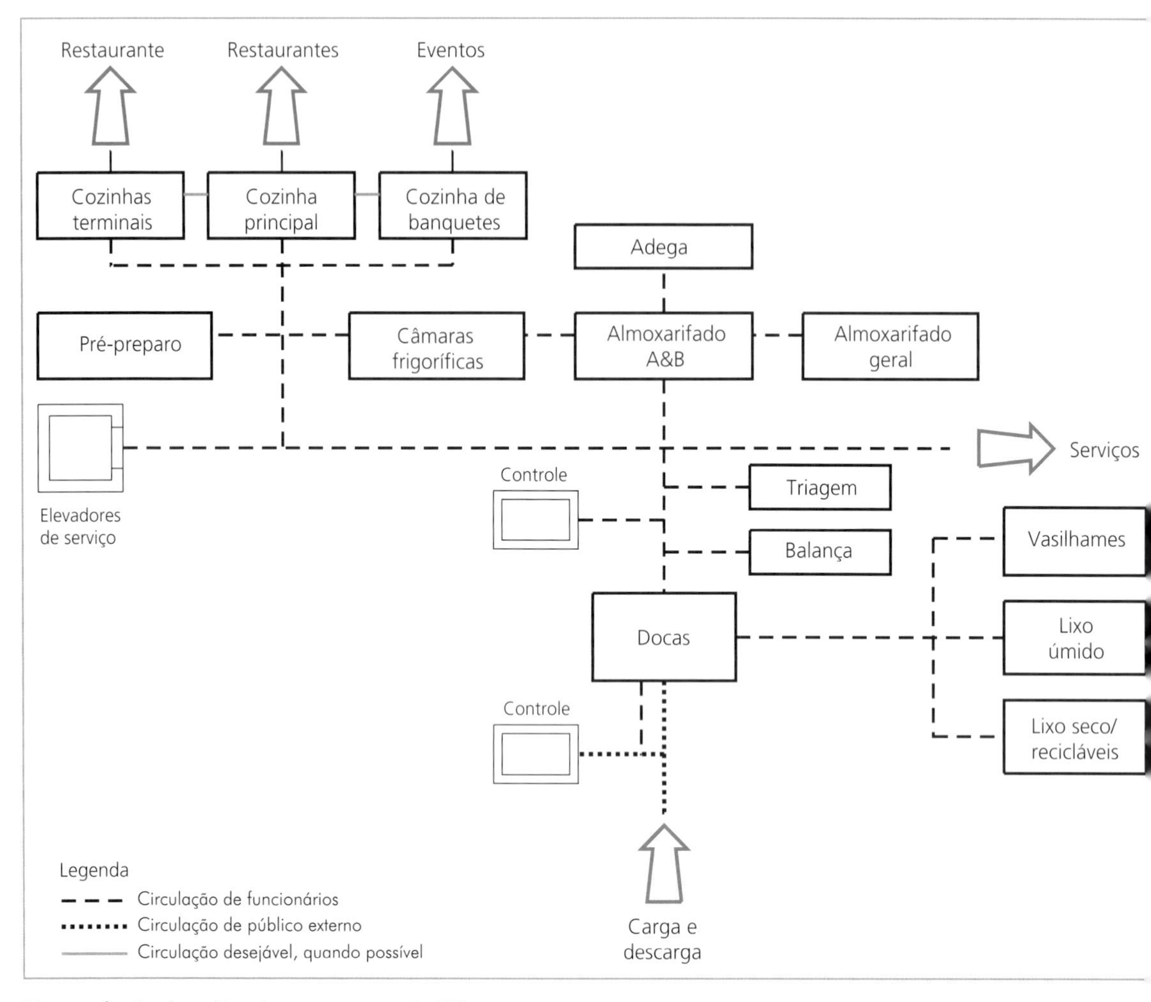

Diagrama funcional: recebimento e armazenagem de A&B.

Áreas de produção – cozinha industrial

A produção de alimentos em hotéis, particularmente nos de médio e grande portes, tem todas as características de um processo industrial de produção, em que a qualidade, a confiabilidade, a eficiência e a economia são fatores preponderantes. Cozinhas bem planejadas e dimensionadas, com equipamentos modernos, são o primeiro requisito para a implantação de um processo de produção adequado. Daí a necessidade de se confiar o planejamento do processo, o dimensionamento das instalações e a especificação dos equipamentos a profissionais especializados.

Determinados critérios de planejamento e projeto para os serviços de alimentação em hotéis contribuem para a racionalização e a eficiência dos serviços e da mão de obra utilizada.

A centralização é um deles. Em muitos hotéis modernos, parte significativa da armazenagem e do preparo de alimentos é feita de maneira centralizada, o que oferece muitas vantagens em termos de maiores escalas de operação e facilidade de controle, com utilização mais eficiente dos equipamentos e do pessoal. Com a produção centralizada é possível, por exemplo, estabelecer programas por meio dos quais o preparo de alimentos que podem ser conservados em condições especiais é antecipado em dias e até em semanas, liberando espaço, equipamentos e mão de obra para a produção daqueles itens que devem ser preparados imediatamente antes de serem servidos.

Os itens produzidos antecipadamente em cozinhas centralizadas podem abastecer outras cozinhas de finalização distribuídas pelo hotel. Para isso, é preciso haver facilidade de circulação horizontal e/ou vertical. Desde o início, fica evidente a conveniência da localização de restaurantes e bares no mesmo nível, com as respectivas cozinhas e áreas de apoio adjacentes à cozinha principal.

Preparo de alimentos

As cozinhas podem ser organizadas em setores ou em compartimentos separados para o preparo de diferentes tipos de alimentos (carnes, peixes, verduras, pães e doces, etc.). Essa separação é, além de recomendável, exigida pela legislação em cozinhas de maior porte. Entre outras vantagens, ela evita o fluxo cruzado que eleva o risco de contaminação dos alimentos, permite a higienização de cada ambiente individualmente e proporciona condições de temperatura e umidade adequadas a cada tipo de alimento.

O dimensionamento desses setores deve levar em consideração o potencial máximo de *atendimento diário e o acumulado pelo período de validade dos alimentos preparados*. Será necessária maior metragem quadrada, caso a operação não utilize os recursos de preparação antecipada.

Pelo fato de as cozinhas exigirem um complexo sistema de instalações (água quente e fria, vapor, gás, eletricidade, ventilação e exaustão forçadas, além de ar-condicionado em determinados setores), é conveniente que seu pé-direito (entre o piso e a base das vigas no teto) seja alto o suficiente para permitir a disposição de coifas de exaustão e de diferentes feixes de instalações. Por razões de higiene, é desejável a colocação de um forro que proporcione uma superfície tão lisa quanto possível. Como as cozinhas são grandes consumidoras de energia elétrica, água quente e fria, gás, vapor, etc., a correta avaliação do consumo de cada um desses itens influencia significativamente o dimensionamento dos respectivos sistemas, com seus equipamentos correspondentes.

Da mesma forma, as superfícies de pisos e paredes devem ser lisas, resistentes e de fácil manutenção e limpeza. É necessária atenção especial ao piso, que deve ser também à prova de produtos químicos e antiderrapante. Este último requisito é muito importante, em face da inevitável presença de resíduos de gordura. Outro cuidado a ser tomado está relacionado com a drenagem do piso e a quantidade de grelhas necessárias para se evitar ao máximo a presença de áreas molhadas (e de resíduos de gordura). Sua interferência na estrutura deve ser antecipada no projeto ou por meio de buracos nas lajes e nas vigas, ou com enchimentos para a elevação do piso, por meio da instalação de telas prefiltrantes de resíduos.

De modo geral, as cozinhas contam com os seguintes setores:

- *estocagem de alimentos preparados*: despensa e câmaras frigoríficas de uso diário; requer espaços frigorificados e necessariamente com duas temperaturas – uma de 0 °C e outra de 4 °C;
- *cocção básica*: compreende a preparação dos alimentos em grandes volumes, mais demorada ou antecipada (são problemas nesse setor de cocção básica o calor e a fumaça gerados pelos equipamentos, que devem ser removidos pelo sistema de exaustão);
- *preparo pós-cocção* (*garde manger*): saladas, sobremesas, antepastos, recheios, etc. são executados nesse setor, que, necessariamente, deve ser equipado com sistema de refrigeração de temperatura controlada;
- *áreas de higienização* (lavagem de panelas, pratos, copos e utensílios): os setores de higienização (limpeza com produtos químicos) devem ser absolutamente separados das demais áreas de preparo de alimentos;

- *room service*: o serviço de quarto pode ser feito pela cozinha principal ou por uma das demais cozinhas;
- *padaria e confeitaria*;
- *cozinhas de finalização*: os hotéis de médio e grande portes, com várias unidades de serviço, devem contar com cozinhas de finalização, que recebem os alimentos pré-preparados de uma cozinha central; as cozinhas de finalização devem estar próximas e, sempre que possível, adjacentes aos respectivos restaurantes e salas de eventos;
- *cozinha de finalização - banquetes*: nos grandes hotéis e centros de eventos, a cozinha de finalização é um elemento que define o padrão do local; para que o nível desse serviço seja elevado, é necessário um conjunto de espaços flexíveis para adequação das operações a cada evento na finalização, na montagem e na distribuição dos pratos (a localização é obrigatoriamente contígua ao salão, pois o tempo gasto pelos garçons para o atendimento determina igualmente o padrão do serviço);
- *bar e bares de serviço*: bar é, por definição, o espaço junto ao salão para atendimento direto aos clientes, enquanto bares de serviço são espaços internos de onde os garçons retiram as bebidas para serem levadas aos clientes no salão; a proximidade desses dois tipos de espaço permite melhor utilização dos equipamentos e da equipe operacional;
- *sala da administração* (chefe de cozinha).

Quando há uma única cozinha central, ela exerce todas as funções mencionadas. Quando há outras cozinhas - de finalização -, elas são responsáveis pelo preparo final, e uma delas pode, eventualmente, ser designada para o room service. A cozinha de finalização de banquetes pode ser terminal, mas costuma ser dimensionada e equipada apenas para a montagem dos pratos e para o serviço de distribuição dos alimentos preparados na cozinha principal.

Cada cozinha deve contar com seu próprio setor de higienização.

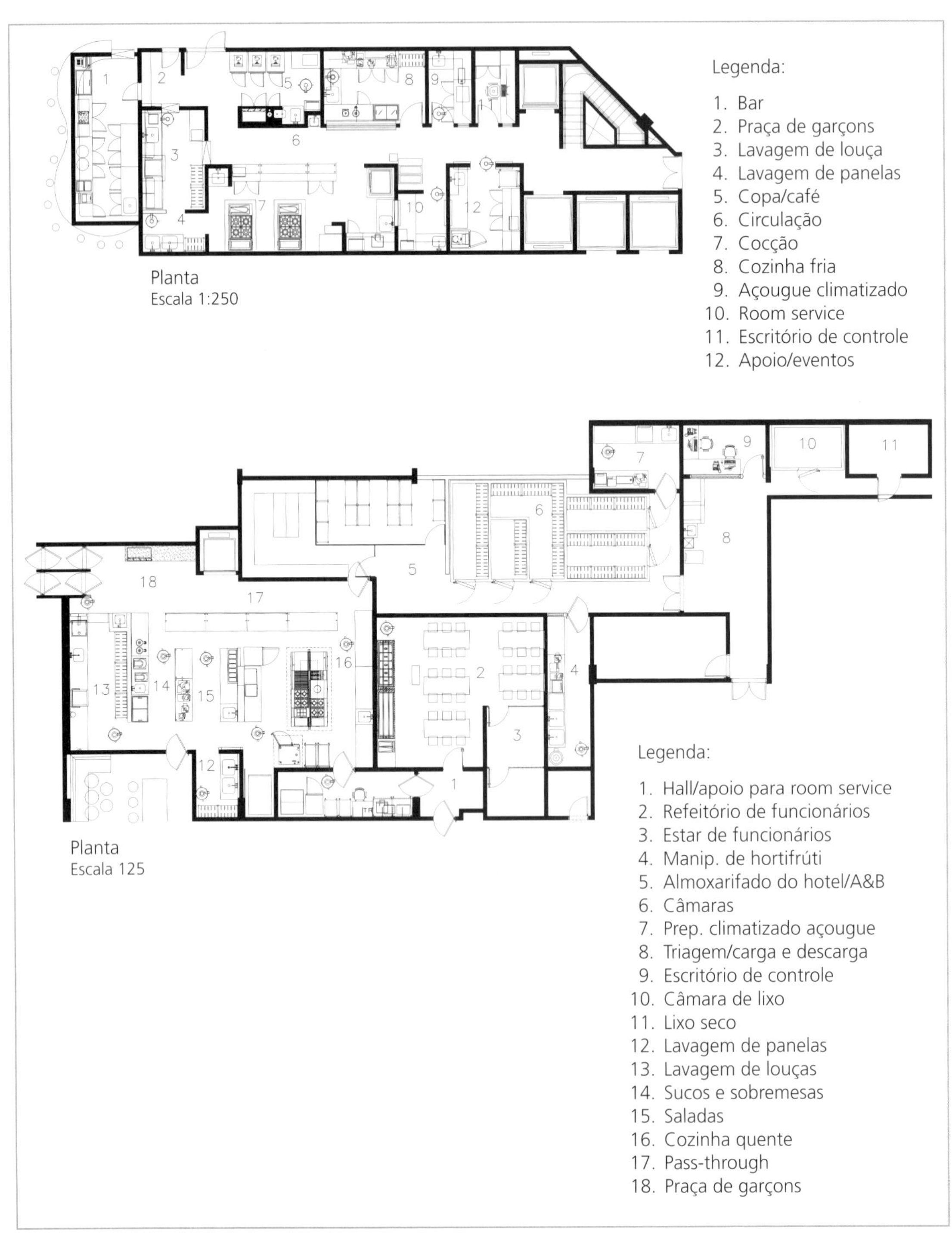

Cozinha.

Grand Hyatt São Paulo, São Paulo.

LAVANDERIA E GOVERNANÇA

Lavanderias são instalações que requerem áreas relativamente grandes e equipamentos especiais, bem como a preocupação cada vez maior quanto à contaminação e à segurança a ser transmitida aos hóspedes. Merecem, portanto, planejamento e projeto cuidadosos, equivalentes aos exigidos de uma lavanderia hospitalar.

Há sempre que se considerar a conveniência ou a possibilidade de terceirização dos serviços como alternativa à instalação de uma lavanderia própria. A terceirização é defendida por alguns operadores, por verem nessa opção a possibilidade de redução significativa dos investimentos e dos custos operacionais, melhorando a rentabilidade do empreendimento. No entanto, convém lembrar que o custo de processamento interno da roupa pode ser significativamente menor do que o custo do serviço correspondente terceirizado.

De porte variável, segundo o tamanho e a diversidade das instalações, as lavanderias de hotel têm sempre características de instalações industriais e requerem a intervenção de especialistas para subsidiar os projetos de arquitetura e de instalações no dimensionamento, no layout e nas especificações dos equipamentos.

Geralmente, as lavanderias de hotel apresentam setores operacionais com características distintas: um destinado às roupas do hotel (roupa de cama, banho e mesa), outro que cuida das roupas dos hóspedes, um terceiro destinado a trabalhos de costura e, finalmente, um quarto setor onde são montados os carros que abastecem os apartamentos.

As roupas de cama e de banho, as toalhas e os guardanapos devem chegar através do duto de roupa, cuja prumada (localizada junto à rouparia dos andares de hospedagem) deve condicionar a localização da lavanderia nos andares inferiores. No local correspondente à projeção do duto deve ser previsto um espaço para a acumulação das roupas que vão sendo lançadas. Elas precisam passar por uma triagem imediatamente antes do transporte para as máquinas de lavagem. A existência do duto de roupas em hotéis verticais é recomendável por poupar o uso dos elevadores de serviço, utilizados apenas para o transporte das roupas dos hóspedes, pouco volumosas. Em hotéis horizontais e naqueles onde não há duto de roupas, estas chegam à lavanderia em carros apropriados e devem também contar com espaço para acumulação antes do início do processo de lavagem.

As roupas dos hóspedes devem ser manuseadas com mais cuidado. Devem ser conduzidas à lavanderia acondicionadas em pequenos sacos ou envelopes plásticos, identificados individualmente.

Pela conveniência de instalar dutos de roupas, a lavanderia deve localizar-se sempre abaixo dos andares de hospedagem e, preferencialmente, abaixo também dos andares onde estão os restaurantes, o refeitório de empregados e os espaços de eventos. Na localização da lavanderia devem ser consideradas ainda facilidades para a ventilação, natural ou mecânica. Caso ela se situe no subsolo, os requisitos de ventilação e exaustão são ainda mais rigorosos, tendo em vista os equipamentos a gás, que necessitam de ventilação especial acoplada a um sistema de alarme em caso de vazamento.

Na lavanderia, o processamento das roupas é feito com a utilização de um conjunto de equipamentos: lavadoras extratoras, secadoras, lava-seco, tira-manchas, calandras e outros. As dimensões desses equipamentos, o calor gerado por eles e as condições especiais de ventilação e exaustão exigidas determinam pés-direitos altos o bastante para comportar as máquinas e as instalações e proporcionar também ambientes satisfatórios para o desenvolvimento dos trabalhos, com razoável conforto para os empregados. Diferentemente da cozinha, na lavanderia não é necessário forro.

Cuidados especiais devem ser tomados na escolha e na instalação dos equipamentos por causa da vibração das lavadoras e das extratoras; se não for bem controlada, essa vibração pode afetar a estrutura do edifício. As bombas de vácuo e os compressores, que integram o conjunto de equipamentos da lavanderia, produzem muito ruído e devem ser cuidadosamente instalados em local acusticamente isolado.

Outros cuidados dizem respeito à drenagem e ao sistema de esgoto, que devem ser estudados e dimensionados para dar vazão à água e ao sabão que as máquinas descarregam. Deve haver uma caixa de espuma, para inspeção.

O controle de entrada e de saída de roupas, assim como de todo o processo de lavagem, secagem e acabamento final das peças, é exercido por uma chefia que deve dispor, dentro da lavanderia, de uma pequena sala envidraçada com condições de conforto superiores às reinantes no ambiente geral.

A governança é responsável pela faxina e pela limpeza dos apartamentos e das áreas sociais do hotel, pela manutenção de vasos e jardim interno, pela lavanderia e pelo movimento das roupas de cama, mesa e banho (Duarte, 1995). Cabe à governança planejar, organizar e controlar o trabalho de camareiras, jardineiros e demais funcionários.

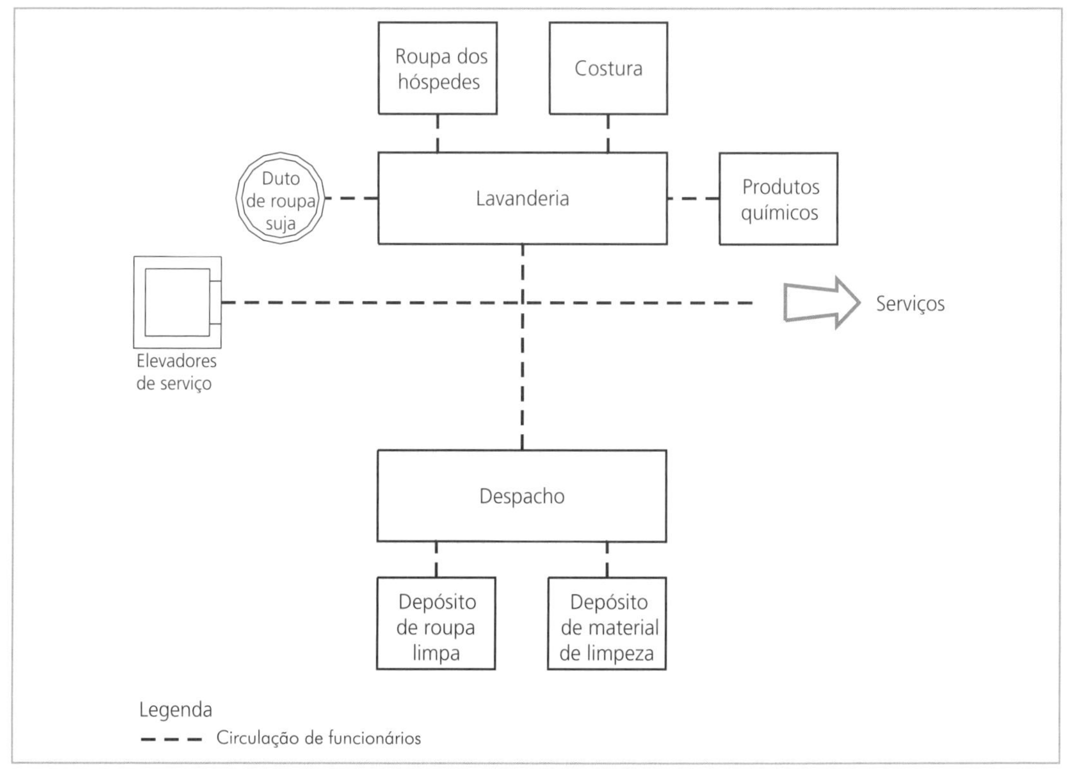

Diagrama funcional: lavanderia e governança.

O setor de governança, além da rouparia dos andares de hospedagem, deve contar com:

- sala para chefia;
- área administrativa, denominada sala de despacho, que pode estar anexa ou adjacente à sala da chefia (nela são centralizadas as informações sobre os apartamentos, sobre a entrada e a saída dos hóspedes e os correspondentes serviços de limpeza e arrumação);
- almoxarifado de materiais de limpeza, com espaço para montagem e estacionamento dos carros;
- almoxarifado de produtos de higiene pessoal e correlatos;
- depósito de camas, colchões, berços e outros itens relacionados com os apartamentos;
- depósito de roupa limpa;
- posto avançado de uniformes, localizado o mais próximo possível dos vestiários de funcionários.

ÁREAS DE EQUIPAMENTOS E SISTEMAS DE INSTALAÇÕES

Todos os sistemas e as instalações de um hotel devem funcionar ininterruptamente, 24 horas por dia, todos os dias, o ano todo, ou seja, "um hotel não pode parar para reforma".

Assim, os projetos dos sistemas e das instalações, desde a sua concepção, devem levar em consideração esse requisito para minimizar a manutenção:

- com a adequada concepção, o correto dimensionamento e a utilização de materiais e equipamentos de boa qualidade;
- utilizando, quando necessário, equipamentos de reserva;
- subsidiando e orientando *pari passu* os projetos de arquitetura e estrutura de modo a garantir os espaços e as condições necessárias para que as operações de manutenção inevitáveis possam ser feitas com o mínimo de interferência nos demais sistemas e na operação do hotel.

De modo geral, deve prevalecer no projeto de um hotel o conceito segundo o qual todos os componentes têm importância, à semelhança do que acontece nas indústrias, onde o "processo industrial de produção" é de grande importância para os projetos de arquitetura e engenharia.

Além de minimizar e facilitar as operações de manutenção, cada um dos sistemas do hotel deve ser projetado com vistas à qualidade dos serviços, à economia na implantação, aos custos operacionais reduzidos e, o que é muito importante e frequentemente negligenciado, aos baixos níveis de ruído e vibração.

A seguir apresentamos, em linhas gerais, uma descrição sucinta dos sistemas que, dependendo da localização, do tipo, do padrão e do porte do hotel, podem ser incorporados.

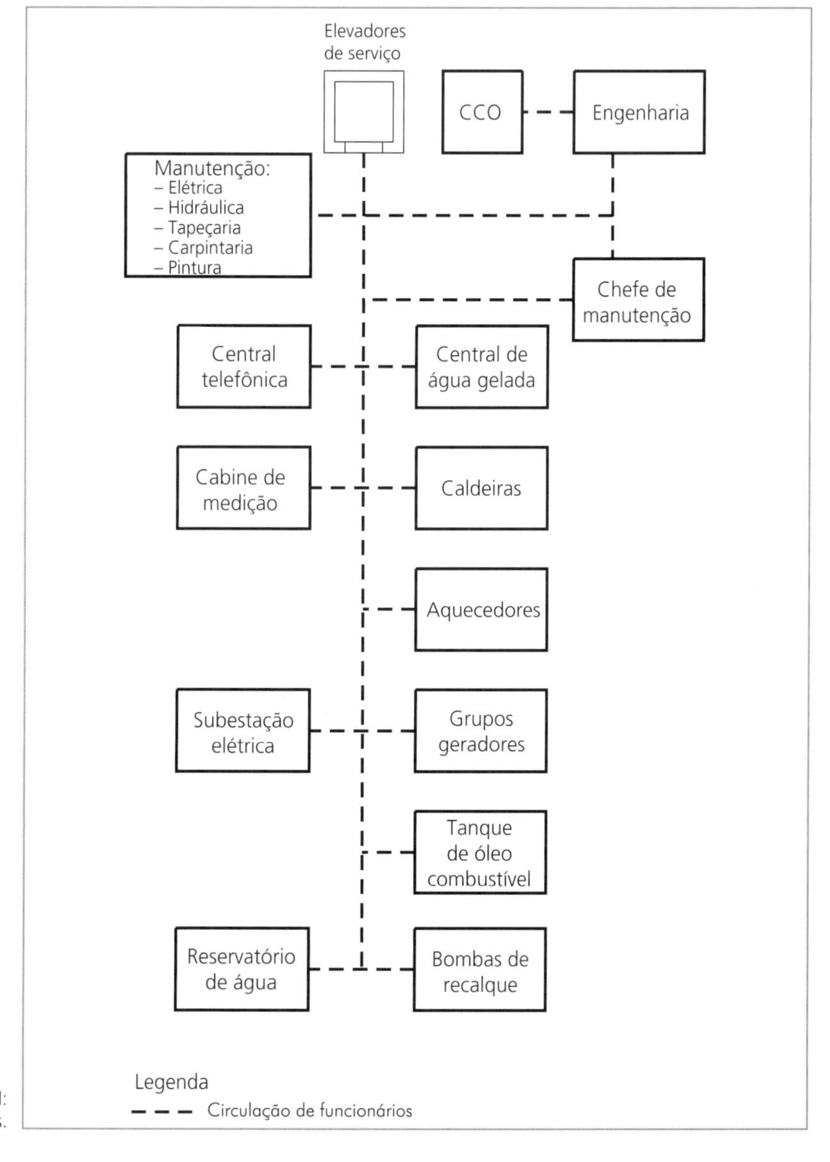

Diagrama funcional: manutenção e equipamentos.

SISTEMA DE SUPRIMENTO DE ENERGIA E INSTALAÇÕES ELÉTRICAS

Suprimento normal

O suprimento de energia costuma ser feito em tensão dupla, em média e em baixa tensão.

A transformação de alta tensão em média tensão é feita em uma ou mais subestações rebaixadoras, de preferência localizadas próximo aos principais centros de carga elétrica do hotel (cozinhas, lavanderia, central de água gelada, etc.).

Sistema de energia de emergência

Idealmente, o sistema grupo motor-gerador (GMG) deve atender a 100% da carga elétrica do hotel na falta de energia pela concessionária.

No mínimo, o GMG deve atender à iluminação de emergência, aos elevadores principais, ao sistema de controle, ao sistema de refrigeração, ao sistema contra incêndio, às bombas de água potável e a outras utilidades consideradas essenciais ao funcionamento do hotel na falta de energia.

Com relação aos elevadores, todos eles devem estar alimentados na barra de emergência e com sistema DAFFE - dispositivo para funcionamento com gerador a diesel - de emergência para sua condução ao pavimento térreo durante eventual falta de energia. Apenas um elevador social deve permanecer em operação durante todo o período de falta de energia.

Sistema *no-break*

No intervalo de tempo entre a falta de energia e a alimentação do gerador de emergência, algumas cargas (sinalização de rotas de fuga, escadas, automação predial, caixas, recepção, alarmes de incêndio, sinalização de emergência, automação hoteleira, etc.) deverão ser alimentadas por sistema *no-break*.

Sistema de distribuição de energia elétrica

Esse sistema, normalmente em baixa tensão, utiliza prumadas para distribuição vertical onde são instalados barramento para energia normal e barramento para emergência, quadros de distribuição dos andares, cabos de força/controle e quadros de iluminação.

Todos os quadros devem ser instalados em locais não acessíveis aos hóspedes.

Nas instalações de distribuição de energia de apartamentos, corredores, áreas sociais, cozinhas, lavanderia, área de serviços, áreas com *plenum* de ar-condicionado, etc. utilizam-se cabos instalados em eletrodutos; nas áreas de subestações elétricas, prumadas, central de água gelada, etc. utilizam-se eletrocalhas com tampo, obedecendo-se às normas brasileiras.

Nas áreas externas, os cabos devem correr em dutos embutidos no piso ou em envelope de concreto.

ILUMINAÇÃO

Níveis de iluminação

Nas diversas áreas do hotel, os níveis de iluminação recomendados são, basicamente, os seguintes:

- áreas de estacionamento: 100 a 150 lux;
- corredores e escadas: 150 a 200 lux;
- halls, lobby, salas de estar, restaurantes: 200 a 300 lux;
- sala de máquinas e almoxarifados: 200 a 300 lux;
- administração e escritórios: 400 a 500 lux;
- lavandeira e cozinhas: 400 a 600 lux;
- banheiros: 100 a 200 lux.

Recomenda-se a utilização dos seguintes tipos de aparelhos de iluminação:

- tipo industrial para as áreas de infraestrutura, estacionamento, cozinha e lavanderia;
- tipo comercial para escritórios, escadas de serviço, circulação, banheiros e vestiários;
- tipo especial para apartamentos e suítes, halls, lobby, áreas de estar, restaurantes, bares, área de eventos, jardins, etc.

Tipos de lâmpadas

A diversidade dos ambientes que compõem um hotel e os respectivos requisitos de iluminação – que devem se adequar às características funcionais dos ambientes e ao tratamento dado aos interiores – demandam um número variado de tipos de lâmpadas. Um mínimo de padronização, no entanto, é desejável, para reduzir o estoque necessário para reposição.

Em corredores, halls, banheiros, apartamentos, salões de convenções, no lobby, nas lojas, na recepção e nas áreas de estar devem-se, sempre que possível, utilizar lâmpadas fluorescentes compactas, que proporcionam uma economia sensível na operação e na manutenção, bem como nos circuitos de suprimento (cabos, barramentos, disjuntores).

Hoje, a tecnologia de iluminação por meio de lâmpadas "led", embora com custos iniciais maiores, proporciona novas condições de iluminação e de efeitos luminotécnicos com significativa redução do consumo de energia.

Iluminação de emergência

Deve atender aproximadamente entre 10% e 20% da necessidade de iluminação normal e é suprida pelo gerador de emergência do tipo bloco atômico de emergência.

Sinalização de emergência e iluminação de segurança

Devem ser utilizadas lâmpadas de baixo consumo, alimentadas em 220 volts, com bateria e pequeno retificador-inversor.

Interruptores e tomadas gerais de força

Nas áreas de serviços, de utilidades, de equipamentos, nas cozinhas, na lavanderia e nas áreas técnicas, os interruptores e as tomadas são aparentes, instalados em caixas blindadas. Nas demais áreas, as tomadas e os interruptores são embutidos.

Tomadas de 220 volts monofásicas

São utilizadas:

- nos apartamentos, para a iluminação do quarto e do banheiro e para ligar a TV e a geladeira;

- em todas as áreas gerais, para fins de manutenção e limpeza;
- nos salões de eventos e nos escritórios, para a alimentação de equipamentos portáteis.

Tomadas de 110 volts monofásicas

São utilizadas:

- nos apartamentos, junto à mesa de trabalho, e no banheiro, para ligar o barbeador;
- nos salões de eventos e nos escritórios, para atender a equipamentos que necessitem dessa tensão.

Tomadas de 380/220 volts trifásicas

São utilizadas nas áreas de manutenção, nas salas de equipamentos, nas cozinhas e na lavanderia.

SISTEMAS ELETRÔNICOS

Os sistemas eletrônicos visam três objetivos básicos:

- conforto e atendimento ao hóspede;
- controle e operação dos diversos serviços;
- segurança, tanto do hóspede como das instalações.

A tecnologia desses sistemas tem evoluído rapidamente nos últimos anos. As inovações tecnológicas normalmente se refletem na informatização dos sistemas, em especial na oferta de maior número de recursos e de facilidades, na confiabilidade, na flexibilidade e nas vantagens de operação e manutenção do hotel. A opção pelos sistemas de automação digital tem sido impulsionada pela redução dos custos de sua implantação - assim como dos custos de operação e manutenção do hotel.

Sistema telefônico

O sistema telefônico deve atender a todo o tráfego interno entre os hóspedes e a administração e possibilitar o fluxo de chamadas externas efetuadas através das redes urbanas, nacional e internacional.

A central telefônica deve ser do tipo Controle por Programa Armazenado (CPA), com capacidade para garantir um eficiente atendimento aos hóspedes e à administração do hotel, além de dispor de meios de tarifação.

Nos hotéis de cidade de padrões médio e superior, são previstos, normalmente, dois ramais nos apartamentos, com três aparelhos: um, na mesa de trabalho; outro, na cabeceira da cama; e um terceiro, no banheiro.

Nas áreas administrativas, os ramais devem ser classificados em restritos, semirrestritos e privilegiados, dependendo do nível hierárquico dos funcionários, para ligações com a rede urbana.

Pontos como os da recepção ou aqueles destinados a informações devem ter mais de um ramal respondendo ao mesmo número e operação automática de cobrança, inclusive em chamadas de longa distância.

A central telefônica deve ser projetada de modo a permitir que os equipamentos de comutação, os retificadores e o Distribuidor Geral (DG) fiquem em salas separadas da sala de baterias.

Sistema de radiobusca (BIP)

Esse sistema permite a localização imediata de pessoas ou grupos de pessoas com discrição e rapidez e é de grande utilidade em hotéis, particularmente nos de maior porte.

Consiste em uma central de onde se origina a chamada, integrada ao CCO, e um transmissor localizado de forma a possibilitar recepção adequada em todas as áreas internas e externas do hotel. A utilização desse sistema vem caindo sistematicamente, com a ampliação dos rádios (*walkie-talkie*; Nextel, etc.).

Sistema de radiocomunicação (*walkie-talkie*)

Utilizado pela equipe de segurança do hotel, permite a comunicação imediata com o CCO e vice-versa e entre os membros da segurança.

O sistema é constituído basicamente de console de operador, transmissor central e transceptores manuais portáteis, que podem operar em duas frequências: uma para comunicação com o CCO e outra para comunicação entre as equipes, em VHF (*Very High Frequency* ou Frequência Muito Alta).

Sistema de sonorização ambiente

Normalmente, esse sistema supre a sonorização dos seguintes recintos:

- *apartamentos*: tem sido usual a utilização de sonorização para a reprodução do som da televisão no banheiro;
- *áreas comuns* (corredores, elevadores, salas de estar, etc.);
- *área de convenções*: por meio de consoles localizados que permitem, além da música ambiente, a sonorização de projeções de filmes e de audiovisuais;
- *restaurantes*: com controle de volume de ajuste no local;
- *áreas de serviços e administrativas*: no caso de chamadas de emergência.

Circuito fechado de televisão (CFTV)

Esse sistema permite a supervisão da segurança e das operações nas áreas de acesso, nos caixas, na recepção, no recebimento de mercadorias, nas cozinhas, na entrada de funcionários, etc.

No painel de monitores do CCO, um operador permanente terá visão geral de todas as áreas de interesse, além de dispor de recursos de seleção, movimentação e aproximação de câmaras, acionamento do videocassete e comunicação direta com a equipe de segurança por meio de *walkie-talkies*.

A esse sistema estão associados sensores de alarme de pontos vitais do hotel (cofres, vitrines, obras de arte, etc.) que, em caso de acionamento de alarme contra roubo, farão comutação automática das câmaras para o local.

O gerenciamento e o armazenamento de imagens devem ser totalmente digitais. Esse sistema permite a otimização do armazenamento, gerando imagens somente na ocorrência de movimento e permitindo buscas a sinistros de forma mais ágil e simples. O sistema digital permite também a fácil geração de *backups* locais e/ou remotos, simultâneos e/ou agendados, gerando maior segurança na guarda de imagens.

A visualização das imagens é conseguida em qualquer computador-padrão, não sendo necessárias as cansativas reproduções em *time-lapse* ou videocassetes.

Sistema de relógios

Destina-se a informar as horas aos hóspedes e aos funcionários do hotel. É composto de uma central, em que o relógio primário faz a geração dos pulsos de excitação/correção, a partir de uma base de tempo interna autônoma, e de relógios secundários, instalados em áreas estratégicas do hotel.

Sistema de controle de acesso e registro de ponto

Esse sistema tem por objetivo a automação dos processos utilizados pelos departamentos de pessoal, custos, estatística e segurança para controlar os funcionários e o acesso às dependências do hotel.

O controle de acesso engloba a automação da coleta de dados dos cartões de ponto, isto é, a utilização de cartão de ponto eletrônico com crachás (cartões magnéticos) e o controle de refeições fornecidas no refeitório dos funcionários.

Recepção de TV

Dependendo da localização do hotel, a recepção de TV poderá ser feita por cabo ou via satélite. A recepção via satélite é feita por antena parabólica móvel, orientada para determinado satélite, com possibilidade de deslocamento de um satélite para outro por meio de um sistema servomecânico.Esse sistema deverá estar integrado com sistemas fechados (cabeados ou não).

Independentemente das TVs pagas, os canais locais são muito utilizados. No caso dos canais abertos, a utilização da TV digital permite reduzir as perdas do sistema e a potência do sinal e, efetivamente, melhorar a qualidade final em cada um dos pontos.

O cabeamento principal (espinha dorsal) da distribuição do sinal de TV deve prever a utilização de maior número de canais e de frequências mais elevadas: 600 MHz a 900 MHz.

Sistema de projeção e áudio

Compreende três subsistemas:

- sistema de projeção de filmes;
- sistema audiovisual;
- sistema de projeção de TV.

Sistema de tradução simultânea

Esse sistema deverá proporcionar condições de recepção que permitam aos participantes de conferências e de congressos realizados nos salões de convenções total compreensão do que está sendo dito.

O sistema deverá atender aos vários modos de utilização dos salões e ser do tipo sem fio, com transmissores fixos e receptores portáteis com seleção de canais. As antenas de *loop* do sistema são independentes em cada salão, com chaveamento para unificação.

Sistema de detecção e alarme de incêndio

Esse sistema, exigido pela maioria das cadeias hoteleiras, tem por objetivo permitir sinalização antecipada de qualquer anomalia a fim de se evitarem pânico e perdas materiais, além de garantir a continuidade operacional do hotel.

O sistema é constituído por uma rede de detectores distribuídos de acordo com as cargas de queima, com o tipo de material existente nas áreas consideradas e com as normas pertinentes (NFPA,[10] SUSEP/IRB,[11] corpo de bombeiros, ABNT). Seu objetivo é proporcionar um nível adequado de segurança e o máximo desconto do prêmio anual de seguro.

As áreas classificadas como *fire compartment* devem ser protegidas por um ou mais detectores e isoladas por paredes e portas corta-fogo. Nas áreas públicas (eventos, salas de reunião, restaurantes, etc.) devem ser instalados detectores em conjunto com *sprinklers*. Da mesma forma, nos apartamentos e nas suítes, os detectores devem ser instalados em conjunto com *sprinklers* do tipo *sidewall*.

O sistema de detecção e alarme é constituído basicamente de estações remotas – compostas de módulos de controle de supervisão, leitura de dados, atuação e comando – interligadas a uma estação central, localizada no CCO, formada por uma CPU e terminais de vídeo e impressora.

---

[10] NFPA: National Fire Protection Association.

[11] SUSEP/IRB: Superintendência de Seguros Privados/Instituto de Resseguros do Brasil.

Deverão ser utilizados sistemas de detecção analógicos endereçáveis ou que possuam resposta mais precisa e em menor tempo. Além disso, o alarme deve ser realizado com avisadores audiovisuais (som e luz integrados).

Também deve ser dada atenção ao nível de isolamento acústico do apartamento. Portas e janelas antirruído podem obrigar o hotel à instalação de avisos sonoros no interior de cada apartamento. A NBR 17.240, publicada em outubro de 2010, também prevê nova altura para acionadores manuais, atendendo às normas de acessibilidade.

Comandos diretos devem estar obrigatoriamente integrados no acionamento de pressurizadores de escadas antifumaça, no corte de alimentação de gás (GLP ou natural), etc.

Sistema de supervisão e controle (SSC)

O SSC permite reunir em um único local o CCO, o controle dos principais sistemas e os equipamentos instalados no hotel. Destina-se à supervisão e ao controle de sistemas dos quais se exigem alto grau de confiabilidade, precisão nas informações e velocidade na leitura e no registro de dados. Por meio do CCO, podem ser supervisionados e controlados os seguintes sistemas e equipamentos:

- *supervisão e controle predial*: alimentação elétrica, elevadores, distribuição de energia, iluminação, bombas, motores, ar-condicionado, ventilação, exaustão, central de água gelada, câmaras frigoríficas, etc.;
- *segurança*: controle de acessos, central de CFTV, áreas restritas (casa de bombas, salas de baterias, subestações elétricas), etc.;
- *central de detecção e alarme de incêndio*;
- *central de som*;
- *gerenciamento da demanda de energia elétrica e consumo de água quente e de água fria*.

O SSC é composto de uma CPU, um terminal de vídeo, uma impressora, modem de transmissão, estações remotas, sensores, etc. Em razão do tipo e das características do hotel, são desenvolvidos um software básico para o SSC e um programa de controle para cada sistema.

Sistema de supervisão e controle dos apartamentos (SSCA)

Esse sistema tem a finalidade de controlar e supervisionar, por meio de sensores, atuadores e fechadura eletrônica, a presença de pessoas no apartamento, a segurança e o conforto ambiental. Por meio de um controle remoto ou do aparelho telefônico, é possível acionar todos os sistemas do apartamento (iluminação, condicionador de ar, TV, som, abertura das cortinas, etc.).

Em razão do maior ou menor grau de sofisticação, esse sistema permite também o controle de *do not disturb*, com bloqueio da entrada e da campainha do apartamento, sinalização de defeitos em suas instalações e nas lâmpadas e outras facilidades.

Os sistemas atuais permitem o armazenamento das condições de utilização do hóspede costumeiro. No momento de um novo check-in, o sistema carrega as últimas preferências desse hóspede; assim, quando ele chegar ao quarto, a televisão estará no canal de sua preferência, o ar-condicionado será regulado na última temperatura utilizada, etc.

Sistema informativo de TV

Esse sistema permite ao hóspede obter, por meio do aparelho de TV do apartamento, informações para sua orientação durante sua permanência, tais como horário de voos, programações culturais, espetáculos, passeios turísticos. Ele também possibilita ao hóspede obter no vídeo da TV fac-símile de sua conta até o momento da consulta. Para tanto, o sistema deve estar integrado ao sistema de gerenciamento do hotel.

Sistema de fechaduras eletrônicas

Dependendo do fabricante e/ou dos modelos, esse tipo de sistema permite as seguintes facilidades:

- vários níveis de mostragem por porta, identificados pelo nome do usuário;
- registro das últimas 1.000 aberturas ou das aberturas ocorridas durante a ocupação pelo mesmo hóspede;
- cartões programáveis com hora, data de validade e turnos de horário;
- possibilidade de preparar check-in antecipado para grupos.

Sistema de gerenciamento hoteleiro (*hotel management system*)

Esse sistema destina-se ao controle administrativo e operacional, informatizado, das seguintes áreas: reservas, *guest history file*, hospedagem, controladoria, marketing, suprimentos, contabilidade, folha de pagamentos, etc.

INSTALAÇÕES HIDRÁULICO-SANITÁRIAS

Sistema de água fria

Dependendo do tipo e da complexidade das instalações do hotel, costuma-se adotar, para o cálculo do consumo variável de água fria, entre 350 e 1.000 litros/apartamento/dia. Em qualquer caso, adota-se a reserva total para dois dias de consumo, considerando-se a máxima ocupação.

A água fria é utilizada para alimentar banheiros, cozinhas, copas, torneiras de lavagem, equipamentos da lavanderia, torres de resfriamento, caldeiras e piscinas e para repor as perdas por evaporação. Na maioria dos casos, a alimentação é feita diretamente pela rede pública da concessionária local e, muitas vezes, são utilizados poços artesianos.

Na distribuição das colunas de água, localizadas nas prumadas (*shafts*), haverá uma prumada para cada dois sanitários de apartamentos, sendo as colunas de serviço, que alimentam as cozinhas e a lavanderia, independentes.

Normalmente, os reservatórios possuem as seguintes capacidades:

- reservatórios superiores: ⅓ do consumo diário;
- reservatórios inferiores: ⅔ do consumo diário – mais capacidade para completar a reserva para dois dias.

Atualmente, a reservação de água potável pode ser feita ou com caixas-d'água superior e inferior ou com uma única caixa inferior. Nos dois sistemas, porém, são utilizados sistemas de pressurização de rede por equipamentos.

Sistema de água quente

A água quente é utilizada nos seguintes locais:

- apartamentos (chuveiros, lavatórios e bidês): água a 50 °C;

- vestiários (chuveiros): água a 50 °C;
- cozinhas (pias): água a 50 °C;
- cozinhas (alguns equipamentos): água a 70 °C;
- lavanderia (equipamentos): água a 70 °C.

Normalmente, o sistema de água quente é derivado do sistema de água fria, devidamente pressurizado, de onde descem duas linhas de água fria até os equipamentos de geração de água quente.

Uma das linhas destina-se à geração de água quente a 50 °C, e a outra, de água quente a 70 °C, que será utilizada especificamente nas cozinhas e na lavanderia.

Para maior conforto do hóspede, deve-se prever um sistema de circulação de água quente a 50 °C em todas as colunas, para seu retorno aos geradores de calor por meio de grupo de bombas dimensionadas de modo a atender às perdas de calor ao longo do sistema, garantindo o fornecimento a todos os pontos de consumo com água à temperatura ideal, em período inferior a 15 segundos.

Os equipamentos de geração de água quente (*boilers*, caldeiras, termoacumuladores, etc.) e o tipo de combustível (gás natural, GLP, eletricidade, óleo diesel, BPF, etc.) devem ser definidos caso a caso por um especialista, conforme a localização, as características, o tamanho do hotel e as restrições com relação ao meio ambiente.

Sistema de esgoto sanitário

O sistema deverá ser projetado visando:

- permitir o rápido escoamento dos esgotos sanitários e sua fácil desobstrução;
- vedar a passagem de gases e animais para o interior das edificações através da tubulação;
- evitar vazamentos, escapamento de gases e formação de depósito no interior da tubulação;
- impedir a poluição da água potável e do meio ambiente.

O sistema de coleta de esgotos, na maioria dos casos, trabalha inteiramente por gravidade. Os esgotos dos apartamentos são coletados por ramais de esgoto e ramais de descarga conectados aos tubos de queda, instalados nos *shafts*.

Os tubos de queda dos apartamentos reúnem-se no pavimento técnico de transição das tubulações (imediatamente abaixo do primeiro andar de hospedagem) em dutos de descida (*shafts*) principais. Os dejetos são despejados em caixas de inspeção.

Da mesma forma, os efluentes das instalações localizadas nos níveis inferiores - térreo e subsolo - são coletados e lançados em caixas de inspeção.

O esgoto das cozinhas e o da lavanderia devem ser coletados em linhas independentes; os efluentes das cozinhas serão direcionados a uma caixa de remoção de gordura, enquanto os da lavanderia seguirão para a retenção de espuma - antes do lançamento de ambos nas caixas de inspeção.

Finalmente, uma linha coleta e direciona todos os esgotos, preferencialmente por gravidade, à rede pública - ou, na falta desta, a uma Estação de Tratamento de Esgotos (ETE).

AR-CONDICIONADO E VENTILAÇÃO

O sistema de ar-condicionado e ventilação tem por objetivo o estabelecimento de condições de conforto nos apartamentos e nas dependências sociais do hotel. Esse sistema deve garantir também condições adequadas de temperatura e umidade relativa e/ou a renovação do ar nas dependências destinadas ao armazenamento de produtos, às áreas de serviços e às áreas de apoio ao pessoal de manutenção e operação do hotel.

Nos apartamentos, o hóspede poderá estabelecer a temperatura e a velocidade do ar desejadas por meio dos controles dos condicionadores de ar, que devem ser independentes.

Geralmente, as demais dependências do hotel atendidas pelo sistema de ar-condicionado têm a temperatura interna ajustada somente pelo pessoal de operação e manutenção.

No projeto dos sistemas de ar-condicionado e de ventilação, é fundamental levar em consideração os problemas relacionados com o ruído, a vibração e as operações de manutenção, além do consumo de energia e da confiabilidade dos sistemas.

O princípio de funcionamento de qualquer sistema de ar-condicionado é transferir calor de um local para outro por meio dos equipamentos projetados para esse fim. No verão, transfere-se calor dos recintos para o exterior. No inverno, ou faz-se o oposto ou gera-se calor (por meio de aquecimento elétrico ou de algum tipo de combustível) para aquecer os recintos.

Existem quatro tipos básicos de condicionadores de ar que podem ser utilizados em projetos de hotéis:

- condicionadores autônomos (*self contained*);
- condicionadores de ar *fan coil* com *chillers*;
- sistemas divididos do tipo *split*;
- sistema com multievaporadoras.

Condicionadores autônomos (*self contained*)

Esse tipo de condicionador promove o resfriamento do ar no verão e seu aquecimento no inverno, utilizando unidades individuais de pequeno porte para atender a locais com áreas de até 50 m^2. São os condicionadores "de janela", de baixo custo, porém com alto nível de ruído e consumo elétrico elevado. O ruído incômodo é gerado pelo compressor e pelo condensador, que estão incorporados em um mesmo gabinete.

Ainda dentro dessa categoria, enquadram-se os condicionadores *self contained* de grandes capacidades, de concepção análoga aos aparelhos de janela.

Esses condicionadores conseguem atender a uma área de até 500 m^2 e, normalmente, ficam abrigados em casas de máquinas, diminuindo o problema de nível de ruído.

A distribuição do ar-condicionado, nesse caso, é feita por meio de redes de dutos e bocas difusoras.

Condicionadores de ar *fan coil* com *chillers*

O uso desse tipo de solução é mais adequado para hotéis de médio e grande portes, com mais de 50 apartamentos ou 2.000 m^2 de área total.

Essa configuração utiliza resfriadores de água (*chillers*) adicionados por compressores do tipo centrífugo ou parafuso (menos ruidosos) ou do tipo alternativo. Os *chillers* resfriam a água que alimenta os condicionadores de ar *fan coil* instalados nos locais beneficiados.

A rejeição de calor para o exterior pode ser feita pelos próprios *chillers* (nesse caso, denominados "com condensação de ar") ou por meio de torres de resfriamento de água de condensação. Esse segundo tipo é utilizado por instalações maiores, em hotéis com áreas superiores a 4.000 m² condicionados.

A circulação de água gelada (e também a de água de condensação, para o segundo tipo de *chiller*) é feita por bombas hidráulicas instaladas junto aos *chillers*.

Os equipamentos centrais (ruidosos) devem ser instalados em áreas afastadas dos locais que recebem hóspedes, principalmente de apartamentos, salões de convenções, restaurantes, salas de reunião, etc.

As torres de resfriamento, sempre que possível, devem estar localizadas em área externa, afastada do hotel ou na sua cobertura.

Os condicionadores de ar que atendem às áreas sociais, aos ventiladores, aos exaustores da cozinha, da lavanderia e dos banheiros dos apartamentos deverão estar localizados, se possível, em áreas chamadas técnicas (andar de transição, torres de circulação vertical, subsolo, etc.) e agrupados, para facilitar a manutenção e o controle de ruído e de vibração.

Todos os equipamentos e a tubulação devem ser apoiados em suportes antivibratórios para que não haja transmissão das vibrações à estrutura, o que implicaria o desconforto de hóspedes, visitantes e funcionários de áreas administrativas.

Sistemas divididos do tipo *split*

Análogos aos condicionadores autônomos acima descritos, podem ser utilizados condicionadores de ar divididos, em que os equipamentos que geram um ruído maior são instalados longe das áreas beneficiadas.

Nesse caso, uma parte do condicionador de ar é instalada ou no interior do espaço beneficiado - quartos ou salas - ou em casas de máquinas anexas a esse local. Essa parte do condicionador é chamada de unidade interna ou evaporador.

A outra parte do condicionador, mais ruidosa - formada pelo compressor e o condensador -, é instalada longe do local atendido. Essa parte do condicionador é denominada unidade externa ou condensador.

Interligando as duas unidades, são instaladas tubulações de gás frigorígeno.

A distância máxima entre as unidades interna e externa é de cerca de 20 m a 30 m, dependendo do porte da instalação.

Sistema com multievaporadoras

Com o avanço tecnológico e o desenvolvimento de dispositivos que conseguem fazer variar a rotação de motores – e, portanto, dos compressores de refrigeração –, foi desenvolvido um tipo de sistema de refrigeração com fluxo de refrigerante variável.

Esse sistema, conhecido como de Vazão de Refrigerante Variável (VRV), opera de modo semelhante ao tipo *split*, porém com as seguintes vantagens:

- possibilita a conexão de muitas evaporadoras a uma mesma unidade condensadora com uma única linha frigorífica, o que permite a instalação de evaporadoras no interior dos quartos do hotel, cada qual com operação e possibilidade de regulagem de temperatura de forma autônoma;
- permite distâncias muito maiores entre a unidade condensadora e as evaporadoras (cerca de 100 m);
- possibilita consumo energético proporcional à demanda de evaporadores em operação, gerando uma importante economia em eletricidade.

Atualmente, já são desenvolvidos sistemas VRV com altas capacidades e unidades evaporadoras de grande porte que podem atender a ambientes maiores (recepções, restaurantes, administração, salões de convenções, etc.) utilizando distribuição de ar através de dutos.

Um aspecto importante que, pela atual norma brasileira, deve ser obedecido é a taxa de renovação de ar dos recintos em geral e, em particular, dos apartamentos.

Esse ar externo pode ser admitido individualmente pelos condicionadores ou ser alimentado por um sistema central de tratamento de ar externo. Essa central de ar externo pode somente filtrar o ar externo – preservando, assim, os filtros de ar dos condicionadores individuais – ou filtrar e pré-resfriar o ar externo, cuja carga térmica corresponde a 30% da carga total do apartamento. Assim, os condicionadores de ar dos apartamentos têm a capacidade desse percentual reduzida, o que facilita sua instalação e manutenção.

PROTEÇÃO CONTRA INCÊNDIOS

Para complementar o sistema de detecção e alarme de incêndio já mencionado, o projeto dos sistemas de hidrantes e *sprinklers* deve atender às normas do corpo de bombeiros local e da NFPA e às exigências do Instituto de Resseguros do Brasil (IRB) para garantir a máxima redução do prêmio de seguro.

Hidrantes, *sprinklers* e extintores

Normalmente, a rede de hidrantes e *sprinklers* é pressurizada por um conjunto de bombas e uma bomba auxiliar (bomba *jockey*), todas com geração própria de energia para manter a pressão do sistema.

Os bicos dos *sprinklers* devem ser instalados nos apartamentos e nas demais áreas do hotel, com exceção dos sanitários e dos compartimentos que abriguem alta tensão e líquidos inflamáveis.

Os hidrantes devem ser instalados em pontos estratégicos, em todos os andares e com sinalização adequada, de modo a permitirem a cobertura total das áreas do hotel.

A quantidade e a localização dos extintores (água e CO_2) deverão obedecer às exigências do corpo de bombeiros local.

As coifas das cozinhas deverão ser protegidas com sistemas modulares de extinção por CO_2.

Pressurização das escadas de emergência

O sistema de pressurização das escadas de emergência, que pode substituir a solução convencional de antecâmara e duto de fumaça, consiste basicamente em ventilador alimentado por dois motores (um motor operante e outro de reserva) ligados ao sistema de energia de emergência, redes de dutos e grelhas de insuflação, filtros para ar externo e *dampers*.

Na condição normal de operação, o ventilador funciona 24 horas por dia e, em situação de emergência, por meio do CCO, sua rotação é aumentada para atender à vazão do ar.

O ventilador poderá ser instalado em uma casa de máquinas localizada em pavimento inferior e deverá insuflar o ar na caixa de escada por meio de *shaft* em alvenaria e grelhas. A captação do ar é feita pela tomada de ar externo, constituída de venezianas e filtros.

O escape de ar do ambiente é feito por frestas, aberturas (portas corta-fogo) e *damper* de alívio, localizado no topo da caixa de escada.

Brigada de combate a incêndios

A eficiência do sistema de prevenção e combate a incêndios do hotel dependerá da criação de uma brigada de incêndio devidamente treinada e equipada para atender a qualquer anormalidade e orientar os hóspedes em caso de emergência.

SISTEMA DE REFRIGERAÇÃO

Esse sistema atende tanto às câmaras frigoríficas como aos balcões refrigerados localizados nas diversas áreas de alimentos e bebidas do hotel.

Com o objetivo de facilitar a operação e a manutenção do sistema, bem como a centralização dos equipamentos que produzem ruídos e vibrações, os compressores e os condensadores devem ser instalados em uma casa de máquinas própria.

A interligação entre a central e as câmaras e os balcões é feita por meio de tubulação de barras rígidas (de cobre) e de tubulação de gás e líquido (isolada aos pares com poliuretano protegido por alumínio liso).

As temperaturas utilizadas nas câmaras frigoríficas são as seguintes:

- carne: 0 °C;
- peixes: 0 °C;
- frutas e verduras: 6 °C;
- saladas preparadas: 4 °C;
- uso diário preparado: 4 °C;
- congelados: -18 °C;
- lixo úmido: 0 °C;
- bebidas: 4 °C;
- balcões frigoríficos: 4 °C.

ELABORAÇÃO DO PROGRAMA

O programa de um hotel abrange uma quantidade variável, mas sempre numerosa, de itens, e sua versão completa e definitiva quase nunca pode ser elaborada num único lance.

A montagem do programa se inicia com decisão inicial do segmento de mercado que se quer atingir e, consequentemente, do tipo e da categoria pretendidos. O número de apartamentos vem logo a seguir, dependendo do mercado hoteleiro local e das conclusões do estudo de viabilidade, da área do terreno (quando este já existe) e também dos recursos financeiros que se pretende investir.

As decisões seguintes ocorrem por abordagens sucessivas, a partir de um programa básico, que deve conter uma série de definições de natureza operacional e uma relação – a mais completa possível – das dependências e dos serviços que a experiência indica como necessários para o hotel pretendido em determinada localização e para determinada condição de mercado.

A esse programa básico acrescentam-se – ou dele são suprimidos – itens em razão de fatores diversos, entre os quais a análise cuidadosa dos investimentos e das expectativas de receita correspondentes a cada item. Assim, como exemplo, o aprofundamento do perfil do hóspede-alvo é importante para se incluírem no programa determinadas instalações e serviços. Por sua vez, o conhecimento detalhado do local de implantação e das suas imediações pode ser decisivo para a determinação do número e do tipo de restaurantes e bares, tendo-se em vista os estabelecimentos similares existentes e com os quais os restaurantes e bares do hotel concorrerão. O próprio partido arquitetônico sugere ou viabiliza instalações e serviços que não constavam da relação inicial. Assim, o programa básico passa por ajustes com base em fatores que vão se apresentando ao longo do período no qual o hotel vai sendo projetado e construído até sua definição final, que só acontece com a aproximação da conclusão das obras. Decisões quanto aos temas a serem adotados para os restaurantes e suas respectivas decorações, por exemplo, ou quanto ao arranjo final dos escritórios da administração, são quase sempre tomadas quando as obras se encontram em estado bastante avançado.

Para orientar a montagem de programas para hotéis em geral, apresentamos, no "Anexo 2 – Relação de áreas e funções", uma listagem que abrange todos os setores que compõem hotéis de diferentes tipos e naturezas. Essa relação, por ser bastante completa, é útil particularmente na montagem do programa básico de um hotel determinado, de modo a torná-lo o mais completo e o mais próximo possível do programa definitivo.

Antes da seleção de áreas e funções, determinadas decisões de caráter operacional devem ser tomadas pelo dono do empreendimento. Essas decisões devem ser orientadas, sempre que possível, por quem irá operar o futuro hotel, a quem caberá a responsabilidade final sobre o sucesso ou insucesso do empreendimento.

Essas decisões de caráter operacional relacionam-se com:

- *estacionamento de veículos*: coberto ou descoberto, operado por manobristas ou pelo próprio hóspede;
- *transporte de bagagem*: com ou sem carregadores, por elevadores sociais ou de serviço;
- *room service*: sim; não; 24 horas; tempo parcial;
- *apartamentos*: tipo e dimensão das camas, com ou sem frigobar, com banheira e box, apenas com box ou apenas com banheira, com ou sem bidê, com ou sem terraço, critério de distribuição das portas de intercomunicação;
- *fechaduras*: mecânica ou cartão magnético;
- *acesso aos apartamentos*: com ou sem controle, com ou sem detector de presença, tipo de controle remoto das instalações nos apartamentos (iluminação, som, TV, condicionador de ar, acionamento de cortinas);
- *andares de hospedagem*: andares especiais do tipo VIP, bloqueio das paradas dos elevadores nesses e em outros andares, critérios de distribuição de diferentes categorias de apartamentos nos andares, serviços de mordomo em andares selecionados;
- *roupas de cama e de banho*: trocas diárias ou periódicas;
- *roupas de hóspedes*: oferta ou não desse tipo de serviço.

É importante ressaltar a relevância de um programa cuidadosamente elaborado, tendo-se em vista a natureza altamente competitiva do ramo da hotelaria, em que o risco é elevado e no qual o dinheiro investido em cada item do programa deve corresponder a uma receita dentro dos parâmetros estabelecidos pelo estudo de viabilidade. Esse cuidado, a ser tomado desde a fase inicial de elaboração do programa básico, deve se estender às etapas seguintes, durante todo o processo de complementação e na definição final do programa.

Normalmente, as redes hoteleiras dispõem de relação própria de áreas, de acordo com os tipos, os padrões e os tamanhos dos hotéis.

Na listagem apresentada no "Anexo 2 – Relação de áreas e funções", cada item pode ser classificado como imprescindível, desejável ou dispensável, dependendo do caso. Com essa classificação, podem ser estabelecidas prioridades para a seleção dos itens aplicáveis e a eliminação dos demais.

Com o intuito de ilustrar a diversidade de programas, os quadros 8 e 9 apresentam listas de hotéis no Brasil e no exterior com o número de apartamentos, bares, restaurantes, áreas de eventos e de recreação.

Quadro 8
Número de apartamentos e outras instalações em hotéis norte-americanos e europeus

	HOTEL	Apartamentos e suítes	Bares e restaurantes	Instalações para eventos	Recreação
Até 200	HOTEL DE CRILLON Paris, França	163		8 salas para 450 pessoas	fitness center
	JOLLY HOTEL ATLANTA Bruxelas, Bélgica	198	1 restaurante		quadra de tênis
	PLAZA ATHENÉE Nova York, Estados Unidos	142	1 restaurante	sala de reuniões para 100 pessoas	fitness center spa
	PLAZA ATHENÉE Paris, França	146 quartos (45 suítes)	2 restaurantes	2 salas de reuniões	
	THE CARLYLE Nova York, Estados Unidos	188 (50 suítes)	1 salão de chá 1 bar 1 café bistrô	4 salas de reuniões	fitness center spa salão
De 201 a 500	ALLERTON Chicago, Estados Unidos	450	1 restaurante 1 lounge	11 salas de reuniões	
	ANA GRAND HOTEL Viena, Áustria	205	9 restaurantes 1 bar	6 salas para 500 pessoas	
	FOUR SEASONS HOTEL GEORGE V Paris, França	244	2 restaurantes 1 bar 1 lounge	salas de reuniões para 600 pessoas	fitness spa
	GRAND HOTEL EUROPE São Petersburgo, Rússia	301	5 restaurantes 2 bares	11 salões	

(continua)

(continuação)

	HOTEL	Apartamentos e suítes	Bares e restaurantes	Instalações para eventos	Recreação
De 201 a 500	LE MERIDIEN Boston, Estados Unidos	326	1 piano-bar	9 salas	
	PRINCIPE DI SAVOIA Milão, Itália	401	3 restaurantes 1 bar	14 salas para até 1.000 pessoas	fitness center spa
	SHERATON Montreal, Canadá	470	3 restaurantes	20 salas	piscina health club spa
	SWISSOTEL Boston, Estados Unidos	482	1 restaurante 1 lounge 1 bar	salas de reuniões para 1.400 pessoas	fitness center spa
	THE MAYFAIR Nova York, Estados Unidos	201 (101 suítes)		2 salas de reuniões	
	THE PENINSULA Nova York, Estados Unidos	242	3 restaurantes 1 bar	300 m^2	fitness spa
De 501 a 1.000	INTERCONTINENTAL Nova York, Estados Unidos	607	3 restaurantes	11 salas de reuniões	health club
	NEW YORK PALACE HOTEL Nova York, Estados Unidos	897		11 salas	health club piscina quadra de tênis
	THE DRAKE Chicago, Estados Unidos	535	3 restaurantes 2 cocktail lounges	19 salas de reuniões	health club
	THE HELMSLEY PARK LANE Nova York, Estados Unidos	593	1 restaurante	325 m^2	health club
Mais de 1.000	SHERATON HOTEL & TOWERS Chicago, Estados Unidos	1209	5 restaurantes	34 salas para 4.600 pessoas	health club spa piscina
	THE WALDORF ASTORIA Nova York, Estados Unidos	1416	4 restaurantes 1 bar	36 salas de reuniões para 1.500 pessoas	health club piscina quadra de tênis

Fonte: Hotel and Travel Index; Premier Hotels & Resorts; *sites* dos hotéis.

Quadro 9
Número de apartamentos e outras instalações em hotéis brasileiros e latino-americanos

	HOTEL	Apartamentos e suítes	Bares e restaurantes	Instalações para eventos	Recreação
Até 200	ALVEAR PALACE HOTEL Buenos Aires, Argentina	195	3 restaurantes 1 piano-bar	13 salas para 1.500 pessoas	piscina spa health club
	CAESAR PARK São Paulo, Brasil	74	2 restaurantes 1 bar 1 pub	10 salas de reuniões para 700 pessoas	health club spa piscina
	EMILIANO São Paulo, Brasil	57	1 restaurante 1 bar	333 m²	spa sauna academia
	FAENA HOTEL & UNIVERSE Buenos Aires, Argentina	90	2 restaurantes 1 bar		piscina
	FASANO Rio de Janeiro, Brasil	91	2 restaurantes 1 bar	1 sala de reuniões 1 sala de eventos	spa academia piscinas praia
	FASANO São Paulo, Brasil	60	2 restaurantes 2 bares	4 salas de reuniões 1 auditório	piscina sauna academia
	INTERCONTINENTAL São Paulo, Brasil	194 (38 suítes)	1 restaurante 1 bar	9 salas de reuniões	piscina sauna ginástica
	L'HOTEL PORTO BAY São Paulo, Brasil	76	1 restaurante 1 piano-bar	business center	piscina spa
	UNIQUE São Paulo, Brasil	85 (10 suítes)	2 restaurantes	1 sala de eventos	sauna piscinas academia
De 201 a 500	CAESAR PARK Rio de Janeiro, Brasil	222	1 restaurante 1 bar	4 salas	piscina health club
	COPACABANA PALACE Rio de Janeiro, Brasil	243	2 restaurantes 1 bar	13 salas para 2.000 pessoas	piscina spa quadra de tênis

(continua)

(continuação)

	HOTEL	Apartamentos e suítes	Bares e restaurantes	Instalações para eventos	Recreação
De 201 a 500	GRAND HYATT Santiago, Chile	310	3 restaurantes 1 bar	espaço para eventos para 800 pessoas	piscina fitness center quadra de tênis
	GRAND HYATT São Paulo, Brasil	466	3 restaurantes 5 bares 1 lounge	3.000 m^2	piscinas academia sauna
	HILTON Buenos Aires, Argentina	417	2 restaurantes 1 bar	10 salas de eventos	health club spa piscina
	HILTON SÃO PAULO MORUMBI São Paulo, Brasil	487	1 restaurante 1 bar 1 cafeteria	salas para convenções e banquetes	piscina sauna fisioterapia
	HOTEL FORMULE 1 JARDINS São Paulo, Brasil	399	1 restaurante	1 business center	
	HOTEL FORMULE 1 MORUMBI São Paulo, Brasil	399	1 restaurante	1 business center	
	HOTEL INTERCONTINENTAL RIO Rio de Janeiro, Brasil	431	5 restaurantes	15 salas para 2.000 pessoas	7 piscinas 8 quadras de tênis campo de golfe academia
	HOTEL SOFITEL RIO PALACE Rio de Janeiro, Brasil	388	2 restaurantes 2 bares	10 salas para 2.000 pessoas	2 piscinas fitness center
	HOTEL TRANSAMÉRICA São Paulo, Brasil	396	2 restaurantes 1 bar	23 salas de reuniões para 3.000 pessoas	piscina quadra de tênis campo de golfe (3 buracos) academia
	IBIS SÃO PAULO EXPO BARRA FUNDA São Paulo, Brasil	286	1 restaurante 1 bar	7 salas de reuniões	

(continua)

(continuação)

	HOTEL	Apartamentos e suítes	Bares e restaurantes	Instalações para eventos	Recreação
De 201 a 500	MAKSOUD PLAZA São Paulo, Brasil	416	4 restaurantes 1 coffee shop 2 bares	centro de eventos 2.932 m² teatro com 500 lugares	piscina fitness center sauna
	MANDARIN ORIENTAL Cidade do México, México	320	2 restaurantes 3 bares		
	NOVOTEL JARAGUÁ CONVENTION São Paulo, Brasil	415	2 restaurantes 1 bar	25 salas de eventos	academia
	RENAISSANCE São Paulo, Brasil	388	2 restaurantes piano-bar lobby bar	centro de convenções 2.700 m²	piscina sauna academia
	SHERATON Santiago, Chile	379	3 restaurantes 1 bar	15 salas de eventos	piscinas quadra de tênis
	SHERATON WTC São Paulo, Brasil	296	1 restaurante	10.000 m² de área para eventos arena de 3.150 m²	spa nightclub
	TIVOLI MOFARREJ São Paulo, Brasil	220	2 restaurantes	1.900 m²	piscinas spa sauna
De 501 a 1.000	HOLIDAY INN ANHEMBI São Paulo, Brasil	780	1 restaurante 2 bares	19 salas de eventos	academia
	SHERATON Buenos Aires, Argentina	742	2 restaurantes 1 coffee shop 2 bares	15 salas	piscina quadra de tênis health club
	SHERATON MARIA ISABEL Cidade do México, México	755	2 restaurantes 3 bares 1 coffee shop	29 salas	piscina quadra de tênis spa

Fonte: Hotel and Travel Index; Premier Hotels & Resorts; *sites* dos hotéis.

Quadro 10
Número de quartos e outras instalações em resorts

	RESORT	Quartos e suítes	Bares e restaurantes	Instalações para eventos	Recreação
Até 200	GRANDE HOTEL SÃO PEDRO – HOTEL- -ESCOLA SENAC Águas de São Pedro, Brasil	112	2 restaurantes 3 bares 1 piano-bar	centro de convenções 975 m^2	ginásio esportivo piscinas campo de futebol 4 quadras de tênis
	SAUÍPE PREMIUM RESORT Costa do Sauípe, Mata de São João, Brasil	198	2 restaurantes 2 bares	1 sala de reuniões	piscina academia sauna golfe
	TRANSAMÉRICA COMANDATUBA Ilhéus, Brasil	160 111 bangalôs (320/222)	4 restaurantes	centro de convenções para 600 pessoas	quadras piscina campo de golfe
	TROPICAL DAS CATARATAS Foz do Iguaçu, Brasil	200	2 restaurantes 1 bar		quadra de tênis salão de jogos
De 201 a 500	CAESAR PARK Cabo de Santo Agostinho, Brasil	300	1 restaurante 3 bares	centro de convenções 7 salas de reuniões ballroom para 600 pessoas	piscina quadra de tênis marina campo de futebol academia
	CAESAR PARK BEACH RESORT Cancún, México	426	5 restaurantes 1 coffee shop 2 lounges	ballroom para 1.800 pessoas 4 salas de reuniões	campo de golfe (18 buracos) piscinas praia
	CLUB MEDITERRANÉE Itaparica, Brasil	334	1 restaurante 2 bares		quadras esportivas piscina
	DORADO PACIFICO Ixtapa, México	285	4 restaurantes 3 bares	8 salas de reuniões para 1.500 pessoas	2 quadras de tênis piscina praia

(continua)

(continuação)

	RESORT	Quartos e suítes	Bares e restaurantes	Instalações para eventos	Recreação
De 201 a 500	HYATT REGENCY Fort Lauderdale, Estados Unidos	388	6 restaurantes	5 salas 2.000 m^2 ballroom 750 m^2 ballroom 550 m^2	marina quadras de tênis
	HYATT REGENCY SCOTTSDALE Scottsdale, Estados Unidos	493	3 restaurantes	33 salas de reuniões 10.000 m^2 ballroom teatro	piscinas campo de golfe (27 buracos) praia
	MAUNA LANI BAY HOTEL Kohala Coast (Havaí), Estados Unidos	350	3 restaurantes	5 salas ballroom para 350 pessoas	23 quadras de tênis 2 campos de golfe canoagem mergulho
	SAUÍPE PARK RESORT Costa do Sauípe, Mata de São João, Brasil	404	2 restaurantes 2 bares	15 salas de reuniões	tênis campo de golfe sauna piscinas academia
	SONESTA Bermudas	247	4 restaurantes night club		health beauty praia piscina 6 quadras de tênis
	SONESTA Key Biscayne, Estados Unidos	292	3 restaurantes 4 bares	14 salas 2.000 m^2	piscina 7 quadras de tênis
De 501 a 1000	ARIZONA BILTMORE, Phoenix, Estados Unidos	738	2 restaurantes 2 bares	17 salas de reuniões	campo de golfe (27 buracos) piscinas 8 quadras de tênis spa
	BOCA RATON RESORT/CLUB Boca Raton, Estados Unidos	926		43 salas 7.000 m^2	34 quadras de tênis 2 campos de golfe (18 buracos) praia piscina

(continua)

(continuação)

	RESORT	Quartos e suítes	Bares e restaurantes	Instalações para eventos	Recreação
De 501 a 1000	BOURBON ATIBAIA CONVENTION & SPA RESORT Atibaia, Brasil	572	2 restaurantes 2 bares	47 salas de reuniões	academia sauna spa
	LA QUINTA RESORT & CLUB La Quinta, Estados Unidos	640		6.600 m^2	24 quadras de tênis 25 piscinas com aquecimento 4 campos de golfe
	STOUFFER RENAISSANCE ESMERALDA Indian Wells, Estados Unidos	538 (22 suítes)	2 restaurantes 2 bares	55 salas de reuniões	3 piscinas quadra de tênis campo de golfe (36 buracos)
	THE BROADMOOR Colorado Springs, Estados Unidos	700	9 restaurantes	4.600 m^2	12 quadras de tênis piscina montaria pesca 3 campos de golfe
	THE WESTIN MAUI Kaanapali (Havaí), Estados Unidos	761	8 restaurantes	salas de reuniões 3.000 m^2 ballroom 850 m^2	parque aquático campo de golfe (36 buracos) quadras de tênis
	TROPICAL MANAUS Resort & CONVENTION CENTER Manaus, Brasil	594	2 restaurantes 1 coffee shop	15 salas de reuniões para 1.200 pessoas	piscina 5 quadras de tênis sauna
Mais de 1.000	ATLANTIS PARADISE Paradise Island, Bahamas	1.150	12 restaurantes 3 bares	10.000 m^2 para 2.000 pessoas	praia piscina 9 quadras de tênis

Fonte: Hotel and Travel Index; Premier Hotels & Resorts; *sites* dos hotéis.

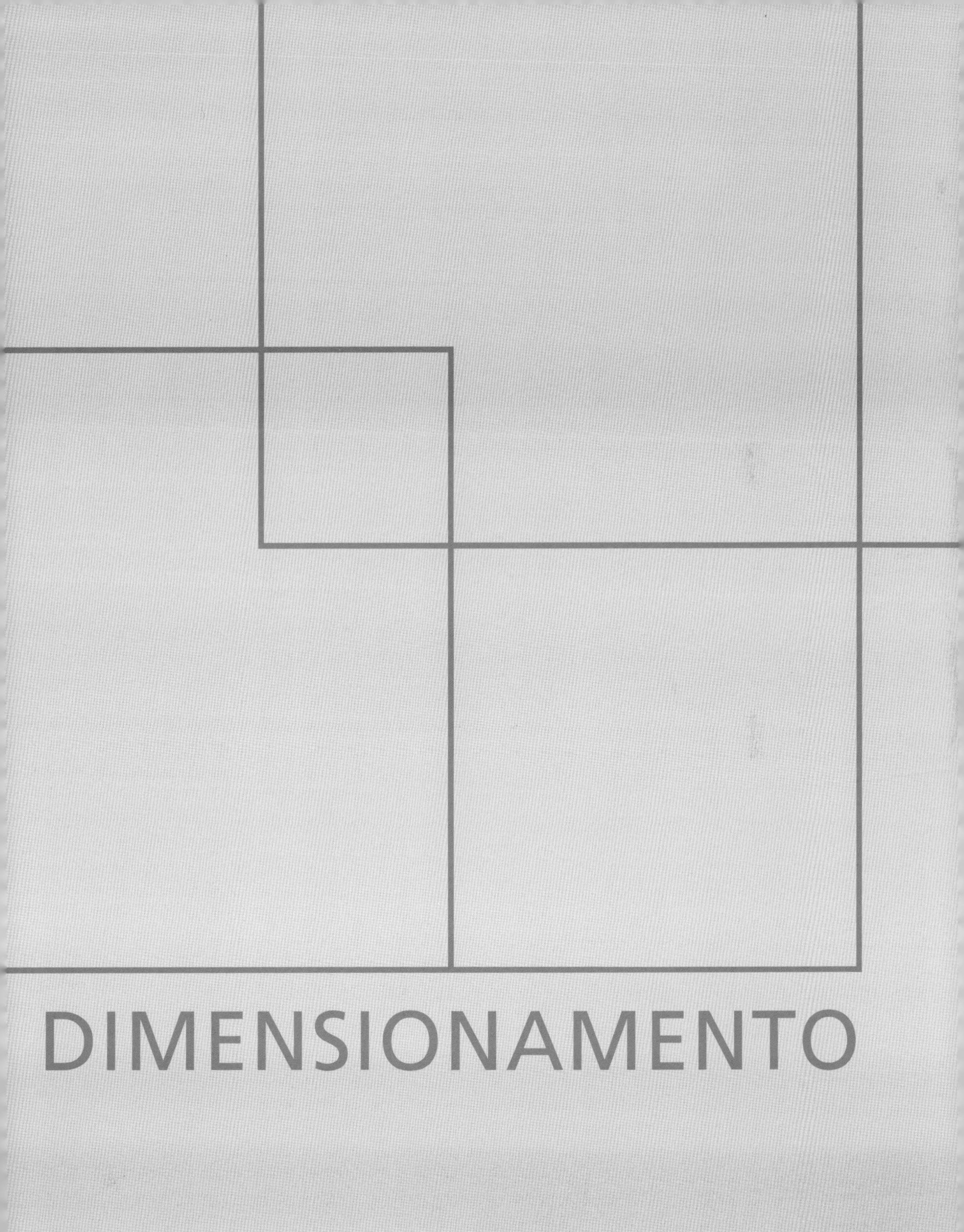

DIMENSIONAMENTO

O item de dimensionamento mais importante de qualquer estabelecimento hoteleiro, que é o número de apartamentos (UHs), deve ser estabelecido com base em estudo de mercado. O número de apartamentos é sempre o principal fator a ser inicialmente definido nesse estudo, e dele derivam, de forma direta ou indireta, quase todos os requisitos programáticos e dimensionais das áreas e das instalações que compõem o empreendimento hoteleiro.

No entanto, em face das grandes variações que ocorrem nas características e nas áreas de hotéis de tipos diferentes (e até mesmo no caso de hotéis de um mesmo tipo), é difícil estabelecer parâmetros universais que permitam, a partir de um único dado básico – por exemplo, o número de apartamentos –, dimensionar, precisa e convenientemente, todas as dependências do hotel.

Os parâmetros disponíveis em outras publicações e os aqui apresentados derivam de observações e levantamentos efetuados em hotéis de diferentes categorias e representam valores médios observados. Por essa razão, esses parâmetros devem ser utilizados apenas *como referências iniciais* nas etapas de planejamento, no dimensionamento geral do empreendimento e no dimensionamento preliminar das diversas dependências do hotel. Nas etapas subsequentes do projeto são necessárias análises particulares para a adequação desses parâmetros às características especiais de cada empreendimento. Essas análises devem levar em consideração o tipo, o porte, a localização, a categoria, o segmento do mercado a que se destina, as exigências da operadora, a legislação local e quaisquer outros aspectos que, em cada caso, apresentem relevância.

DIMENSIONAMENTO GERAL

Conforme mencionado, a partir do número de apartamentos é possível estimar alguns conjuntos de áreas, assim como a provável área total construída de hotéis de diferentes categorias.

O quadro 11 apresenta, para hotéis de padrões econômico, médio e superior, variações de valores em metros quadrados e em porcentagens sobre a área total construída, para áreas de apartamentos e para os setores de hospedagem, social e de serviços.

Quadro 11
Estimativa preliminar de áreas*

Áreas/ setores	Padrão de hotel			
	Supereconômico	Econômico	Médio	Superior
Apartamentos	10 m^2 a 16 m^2	16 m^2 a 22 m^2	22 m^2 a 28 m^2	28 m^2 a 35 m^2
Andar-tipo de hospedagem/ apartamento	18 m^2 a 24 m^2	24 m^2 a 30 m^2	30 m^2 a 40 m^2	40 m^2 a 50 m^2
Área total construída/ apartamento*	20 m^2 a 30 m^2	30 m^2 a 45 m^2	45 m^2 a 65 m^2	65 m^2 a 85 m^2
Área de hospedagem/ área total construída	85% a 90%	80% a 85%	70% a 80 %	60% a 75%
Áreas públicas e sociais/ área total construída	3% a 5%	5% a 10%	10% a 15%	10% a 15%
Áreas de serviço/ área total construída	3% a 5%	5% a 10%	10% a 15%	10% a 15%

* Excluídas as áreas de garagem.

Fonte: Rutes & Penner (1985); Tuch (1994); pesquisa dos autores.

Observação:

Área do apartamento ou da unidade habitacional (UH): compreende as áreas do quarto propriamente dito, do vestíbulo de entrada, do armário e do banheiro, inclusive as áreas das paredes correspondentes.

Área bruta do apartamento: inclui a área do apartamento, mais as áreas de corredores, escadas, halls de elevadores sociais e de serviço, rouparia e áreas de paredes. Corresponde à área total do andar-tipo de hospedagem dividida pelo número de apartamentos contidos no andar.

Área de hospedagem: corresponde à soma das áreas brutas dos apartamentos de todos os andares de hospedagem do hotel.

Áreas sociais: abrangem as áreas frequentadas por hóspedes e visitantes do hotel: lobby, bares e restaurantes, áreas de reuniões e eventos, fisioterapia, etc.

Áreas de serviço: correspondem ao conjunto das áreas necessárias ao funcionamento do hotel – administração, cozinhas, lavanderia, áreas de manutenção e equipamentos e áreas para funcionários.

Conforme já comentado, os números apresentados podem ser tomados como referência para o dimensionamento preliminar dos três conjuntos de áreas do hotel, assim como para estimar a área total a ser construída a partir do número de unidades habitacionais.

Valores muito discrepantes dos apresentados podem ser encontrados em hotéis similares em razão de características peculiares. Por exemplo, um hotel com ênfase em eventos pode apresentar uma participação percentual maior de áreas sociais, independentemente de seu padrão. Da mesma forma, em um hotel superluxuoso, com predominância de suítes, a participação das áreas de hospedagem pode apresentar valores percentuais próximos aos característicos dos hotéis de padrão médio ou econômico.

No quadro 12 são apresentados valores médios para diferentes áreas do hotel, em termos de metros quadrados por apartamento, para os mesmos padrões econômico, médio e superior.

Quadro 12
Áreas médias de diferentes setores do hotel

Áreas/setores	Padrão de hotel			
	Supereconômico m^2	Econômico m^2	Médio m^2	Superior m^2
Área de hospedagem	18 a 24	25 a 35	35 a 45	45 a 55
Lobby	0,5	0,5 a 0,6	0,6 a 1	1 a 1,5
Bares e restaurantes	0,5 a 1	0,5 a 1,5	1 a 2,5	2 a 3,5
Eventos	0 a 1	0 a 3	3 a 4	4 a 6
Administração	0,5	0,5 a 1	0,5 a 1,5	1,5 a 2
Preparo de alimentos	0,5	0,6 a 1	1 a 1,5	1,5 a 2,5
Recebimento e armazenamento	0,5	0,5 a 0,7	0,7 a 1	1 a 2
Áreas para funcionários	0,5	0,5 a 0,7	0,7 a 1	1 a 1,5
Lavanderia e governança	0,5 a 1	1	1 a 1,5	1,5 a 2
Engenharia/manutenção	0,5	0,6 a 1	1 a 2	2
Outras áreas sociais			0 a 4	4 a 7
Total do hotel	**20 a 30**	**30 a 45**	**45 a 65**	**65 a 85**

Fonte: Rutes & Penner (1985); Tuch (1994); pesquisa dos autores.

DIMENSIONAMENTO DO ANDAR-TIPO DE HOSPEDAGEM

A área de hospedagem representa de 60% a 90% da área total de um hotel, excluídas as áreas de garagem. Consequentemente, sua importância é estratégica para um projeto adequado: qualquer economia obtida na solução da área de hospedagem tem efeito direto sobre a economia geral do empreendimento. Seu planejamento envolve um numeroso conjunto de fatores, como o tipo do hotel, a localização, as dimensões e a forma do terreno, as vistas e os panoramas desfrutáveis, a relação entre a dimensão do andar e a altura do edifício, as distâncias a serem percorridas pelos hóspedes e pelas camareiras, o número e a posição de escadas para atender à legislação de segurança contra incêndios, as possibilidades de futuras expansões, os efeitos do vento sobre a estrutura, a insolação, os efeitos do posicionamento das prumadas de elevadores de hóspedes e os de serviço sobre os pavimentos.

A dimensão total do andar-tipo de hospedagem é, portanto, determinada pelos seguintes fatores:

- número de unidades habitacionais por andar;
- configuração do andar;
- dimensões dos apartamentos;
- dimensões dos corredores;
- dimensão dos postos de serviço;
- número de escadas;
- número de elevadores sociais;
- número de elevadores de serviço.

NÚMERO DE APARTAMENTOS POR ANDAR

Por razões operacionais, o número médio de apartamentos-tipo por andar costuma ser em múltiplos de 12 em hotéis de padrão mais elevado; de 14 a 16, em hotéis de padrão médio; e de 18, ou até mais, em hotéis de padrão inferior – de modo a garantir serviço de limpeza e atendimento eficiente de uma única camareira para cada 12, 16, 18 ou mais unidades. Desvios em relação a esses números implicam super ou subutilização das camareiras, com prejuízo da qualidade e da eficiência dos serviços e/ou custos operacionais maiores.

CONFIGURAÇÃO DO ANDAR

Diferentes configurações de andar-tipo determinam relações de áreas e de custos de construção distintas.

As configurações básicas apresentadas nos diagramas de relações (apresentados nas páginas seguintes) correspondem a alguns dos tipos mais comuns. Dependendo da configuração, há variação nas relações entre a área ocupada pelos apartamentos e a área total do andar. A configuração que proporciona mais eficiência para essa relação, da ordem de 0,75, é aquela em que os apartamentos são dispostos dos dois lados de um corredor central. No caso em que os apartamentos se distribuem apenas de um lado do corredor, encontram-se valores menores para essa mesma relação, que variam entre 0,60 e 0,65.

Outras variações que também podem ser verificadas nos vários tipos de construção de andar-tipo de hospedagem são as que relacionam o perímetro do andar com a largura do apartamento-tipo ou médio. Nesse caso, há nítida vantagem das configurações circulares, nas quais o produto da divisão do perímetro do andar, pela soma da largura dos apartamentos, é próximo de 1. Em todas as outras configurações, o valor correspondente é superior a 1,50, chegando, no pior caso - os apartamentos de apenas um lado do corredor -, a alcançar o valor de 2,50.[12]

Conclui-se que, a menos que haja fortes razões para tanto, devem ser evitadas, quando se busca economia, configurações de andar-tipo com quartos dispostos apenas de um lado do corredor. Soluções mais compactas, de menor perímetro, que conciliem maior participação percentual da área de apartamentos sobre a área do andar, são mais recomendáveis.

Soluções com átrio contribuem para valorizar e diferenciar o hotel pela grandiosidade que proporciona aos espaços internos, mas implicam gastos adicionais com o acréscimo de áreas de circulação e de tratamentos especiais do espaço (gradis, floreiras, iluminação, ar-condicionado, etc.).

Independentemente da configuração, é importante observar que não é econômico proporcionar mais escadas e postos de serviço do que o necessário, nem acrescentar mais quartos ao andar se isso significar necessidade de mais escadas.

---

[12] Por estarem sujeitos às intempéries e arcarem com a responsabilidade de proteção contra a umidade, o calor e os ruídos produzidos externamente, os planos verticais externos, que correspondem às fachadas, são os mais caros.

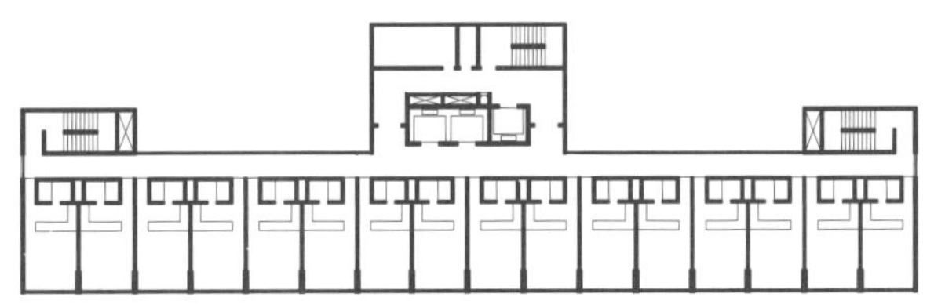
Planta com apartamento em um dos lados do corredor
A = 0,66
P = 3,02

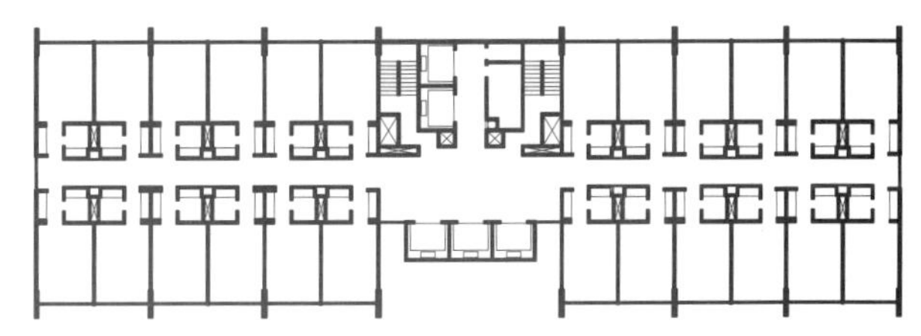
Planta com apartamento dos dois lados do corredor
A = 0,76
P = 2,22

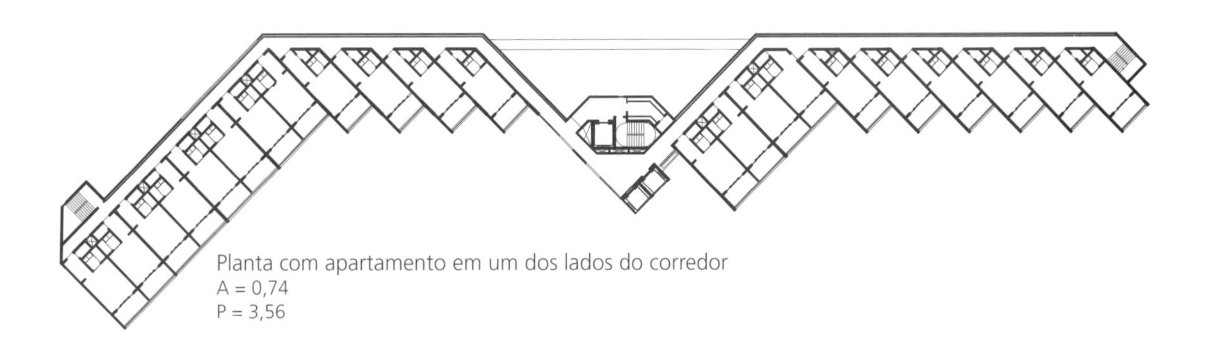
Planta com apartamento em um dos lados do corredor
A = 0,74
P = 3,56

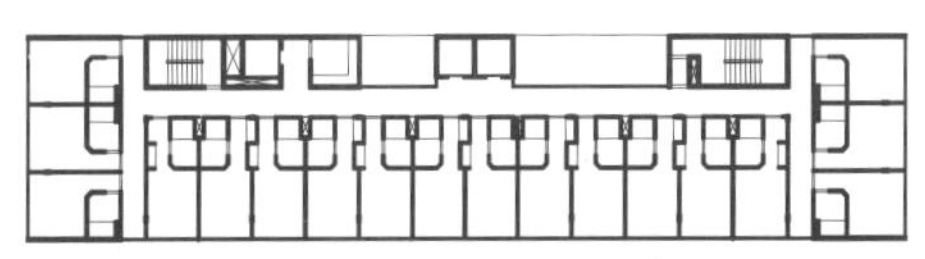
Planta com apartamento em um dos lados do corredor
A = 0,65
P = 2,18

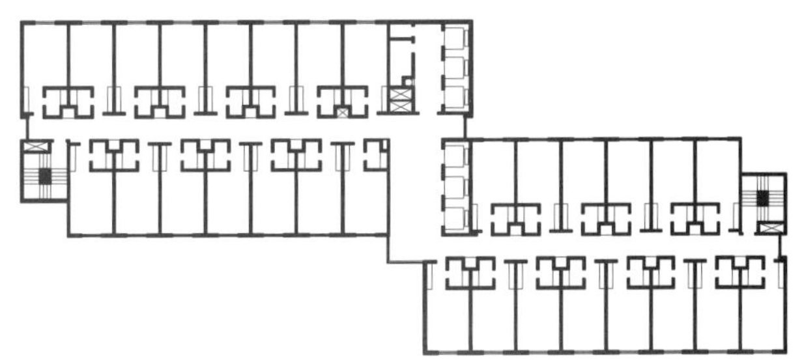
Planta com apartamento dos dois lados do corredor
A = 0,78
P = 1,75

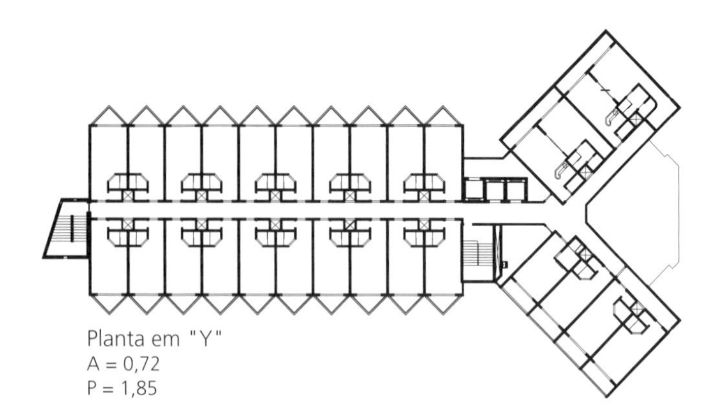

Planta em "Y"
A = 0,72
P = 1,85

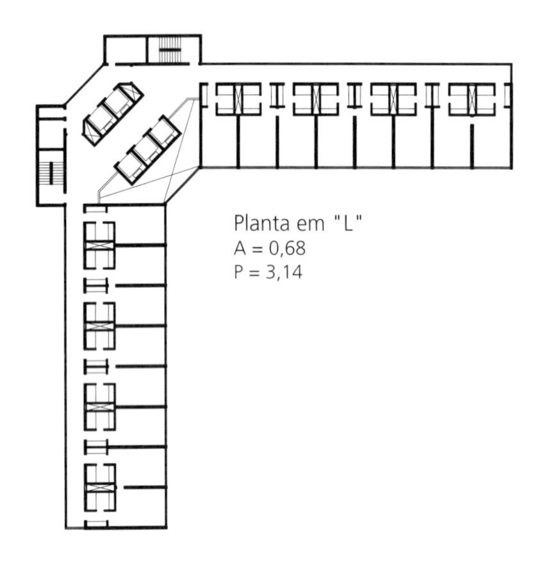

Planta em "L"
A = 0,68
P = 3,14

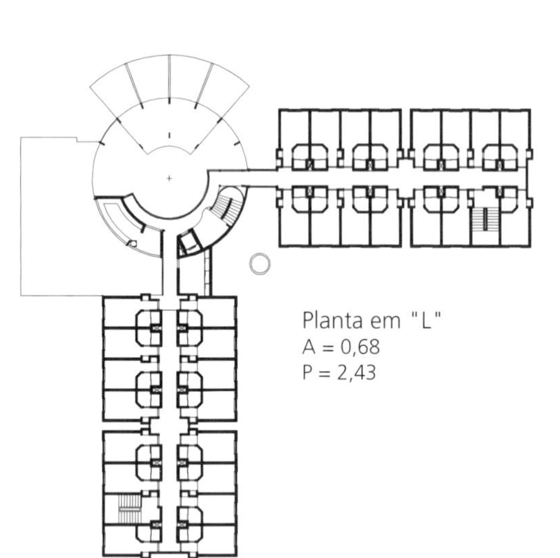

Planta em "L"
A = 0,68
P = 2,43

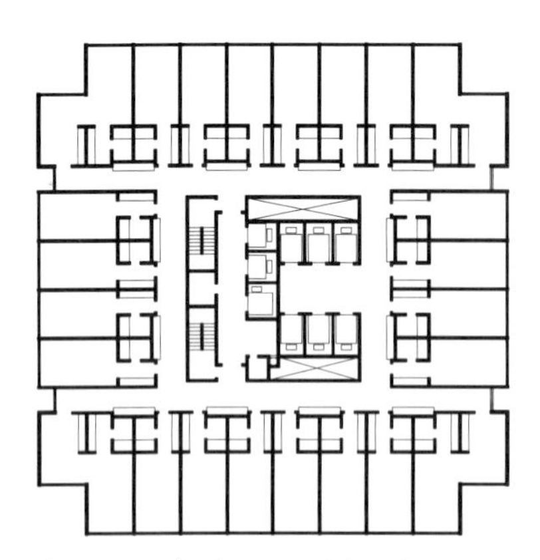

Planta quadrada com núcleo de escadas e elevador no centro
A = 0,75
P = 1,74

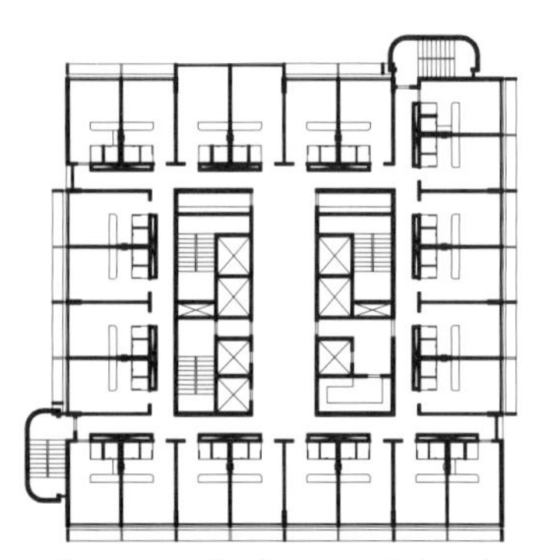

Planta quadrada com núcleo de escadas e elevador no centro
A = 0,55
P = 1,48

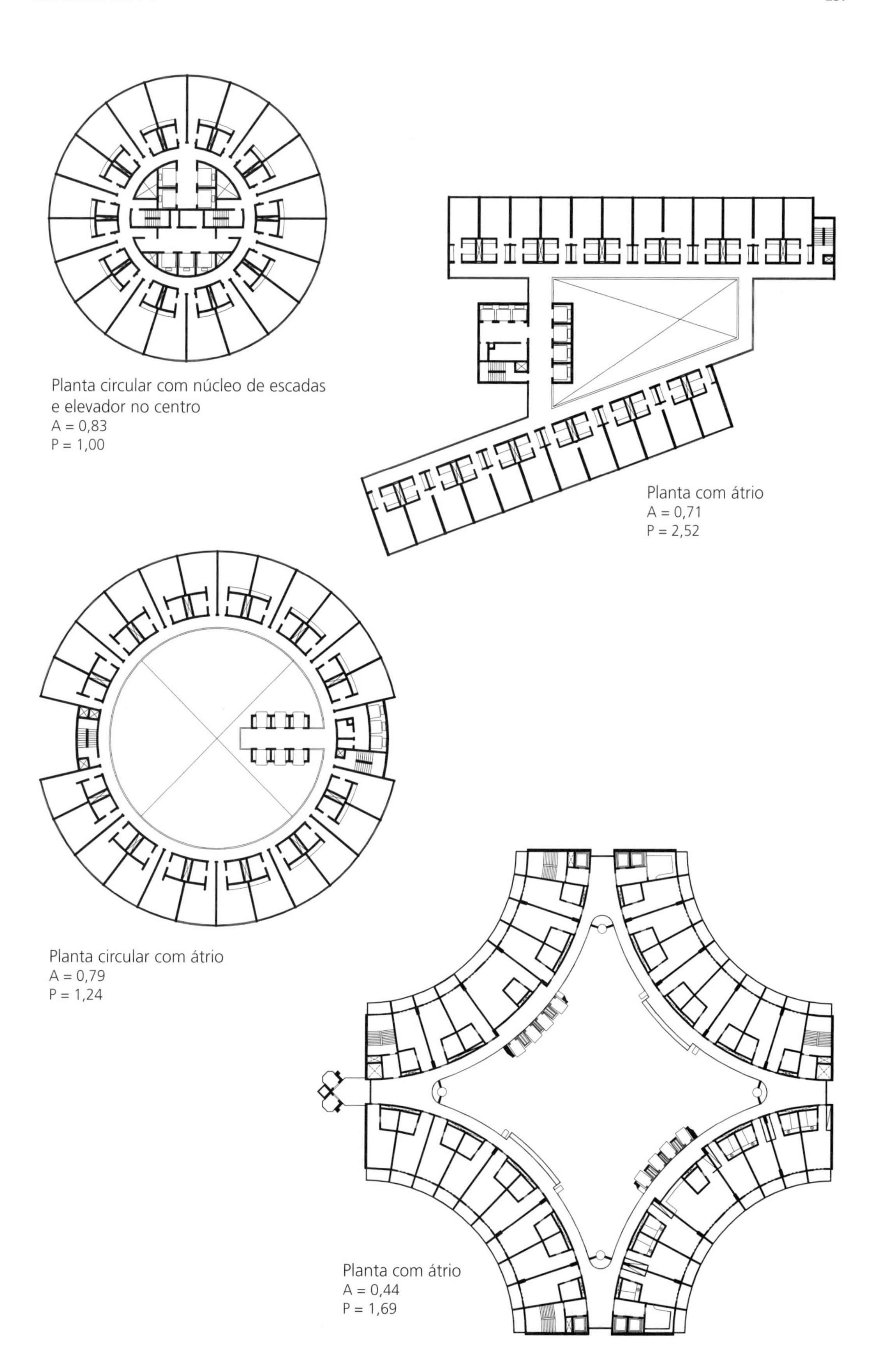

Planta circular com núcleo de escadas e elevador no centro
A = 0,83
P = 1,00

Planta com átrio
A = 0,71
P = 2,52

Planta circular com átrio
A = 0,79
P = 1,24

Planta com átrio
A = 0,44
P = 1,69

DIMENSÕES DOS APARTAMENTOS

Conforme indicado no quadro 11 (página 231), as áreas líquidas dos apartamentos variam, em média, entre o limite inferior de 10 m^2, nos hotéis de categoria econômica, até 35 m^2 nos hotéis de padrão superior. Esse último número não contempla suítes ou casos excepcionais, que constituem desvios dos padrões mais comuns.

Apartamentos ou unidades habitacionais são constituídos por quarto, banheiro e um vestíbulo de entrada. Em alguns casos, como nos hotéis de lazer ou em locais de clima e de vista privilegiados, também há terraços.

As dimensões dos quartos variam, dependendo do tipo e do padrão do hotel e ainda conforme o tamanho, a posição e a quantidade de camas. As dimensões dos banheiros também variam em razão do padrão, mas, principalmente, pela existência de banheira e de box, apenas de banheira ou apenas de box. A presença de bidês, ainda comum em muitos hotéis brasileiros - particularmente nos de alto padrão -, não é usual em muitos países, independentemente do nível do hotel. Quanto aos terraços, nos casos em que seja conveniente sua adoção, as dimensões devem ser tais que permitam acomodar cadeiras e/ou espreguiçadeiras, além de uma mesa pequena.

É necessário prever, em cada hotel, um determinado número de apartamentos destinados para pessoas com deficiência. O Conselho Nacional de Turismo recomendava que 2% dos apartamentos apresentassem características adequadas ao atendimento desse público. Em documento mais recente, de 2009, o Ministério do Turismo adota a recomendação constante da NBR 9.050 da ABNT, exigindo pelo menos 10% dos quartos com dormitórios acessíveis. As características especiais e as dimensões desses apartamentos são tratadas no item "Área de hospedagem".

Os quartos podem ter uma única cama, duas ou mais, em casos especiais. Em hotéis urbanos, são mais comuns quartos com uma ou duas camas. Quando com uma única cama, mais estreita, o quarto pode ser destinado a uma pessoa. É o caso dos apartamentos conhecidos como simples, de solteiro, single ou studio. O quarto que possui camas mais largas pode ser ocupado por um casal, e seu nome varia de acordo com o hotel, sendo geralmente associado ao tipo de cama. Os quartos com duas camas, conhecidos como duplos, assumem também nomes diferenciados em razão das camas ou por razões de marketing.

Suítes são unidades mais complexas que dispõem de mais espaço e contêm, no mínimo, mais um ambiente. Podem apresentar ainda outros ambientes, para reuniões ou trabalho. Suítes maiores podem associar dois ou mais apartamentos servidos por áreas comuns: de estar, de reunião e de trabalho.

A proporção entre os diferentes tipos de apartamentos deve ser determinada por estudos de mercado e/ou com base na experiência da empresa que irá operar o hotel. Em hotéis centrais predominam os homens de negócios como hóspedes. Com base nisso, pode-se direcionar o planejamento do hotel para apartamentos do tipo simples ou de solteiro. No entanto, devem ser consideradas mudanças de uso nos fins de semana ou ocasionadas por flutuações sazonais, quando pode haver alteração radical no perfil dos hóspedes – para o que se recomenda cautela na previsão de um número elevado de apartamentos para uso individual. Por essa razão, e também pelas oportunidades de negócios representadas por pacotes turísticos que incluam hospedagem e pelos grupos de viagens, há preferência por apartamentos que proporcionem flexibilidade. Essa flexibilidade vem sendo traduzida pela adoção generalizada de apartamentos standard, os quais combinam quartos com camas de casal e quartos com duas camas, que podem ser ocupados indistintamente por duas pessoas solteiras ou por casais. Embora algumas cadeias e alguns hotéis adotem comprimentos ligeiramente diferentes para quartos com uma ou duas camas, a tendência predominante é adotar quartos com dimensões iguais, porém mais flexíveis.

As dimensões apresentadas e comentadas a seguir referem-se ao tipo predominante de configuração do apartamento e de posicionamento dos mobiliários fixos e móveis em seu interior adotados por praticamente todas as cadeias internacionais de padrões médio e superior.

Nessa configuração, o vestíbulo de entrada tem, de um lado, o armário, e, do outro, a porta de acesso ao banheiro.

Em alguns casos, quando, por razões diversas, os quartos são estreitos e o armário não cabe no vestíbulo, ele é colocado no próprio quarto, junto à parede do banheiro. A desvantagem dessa solução é que, além de menos funcional, ela requer quartos mais compridos.

No quarto, as camas são dispostas perpendicularmente à parede divisória com o quarto vizinho. Na parede oposta a essa, localiza-se uma cômoda, associada a uma mesa de trabalho, com espaço para circulação.

De maneira geral, recomenda-se a adoção, em quartos de hotéis de padrões médio a superior, da largura mínima de 3,30 m entre as paredes, o que corresponde ao comprimento da cama mais o espaço de circulação - da ordem de 80 cm - entre a cama e a cômoda (ou mesa de trabalho), cuja profundidade é de 50 cm. Qualquer acréscimo largura representa um ganho considerável em conforto. A largura recomendável, que concilia conforto com economia (vãos de lajes, extensão de fachada) e é adotada por praticamente todas as cadeias internacionais, é de aproximadamente 3,80 m. Quando se desejam quartos maiores, é preferível aumentar o comprimento, o que proporciona maior espaço para estar, para trabalho ou para um sofá-cama que, entre outras vantagens, permite acomodar mais uma pessoa. Larguras maiores do que 3,80 m pouco contribuem para a melhoria da qualidade e do conforto do quarto. Nos apartamentos de hotéis de tipos econômico e supereconômico não há uma largura mínima que possa ser recomendada, tendo-se em vista que a redução da área dos apartamentos é geralmente obtida graças a configurações distintas das apresentadas para os apartamentos de hotéis de padrões médio e superior.

Nas ilustrações que seguem são apresentadas plantas de apartamentos de hotéis de padrões superior, médio, econômico e supereconômico, com indicação das respectivas dimensões.

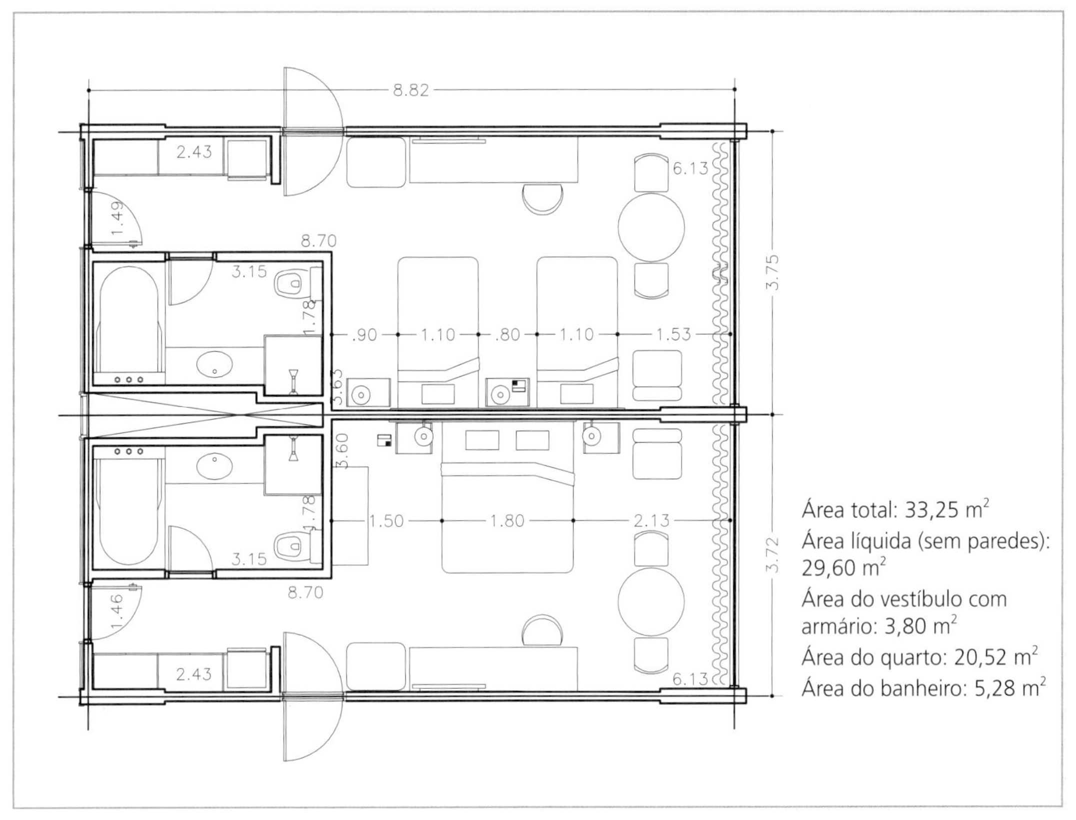

Apartamento padrão superior.

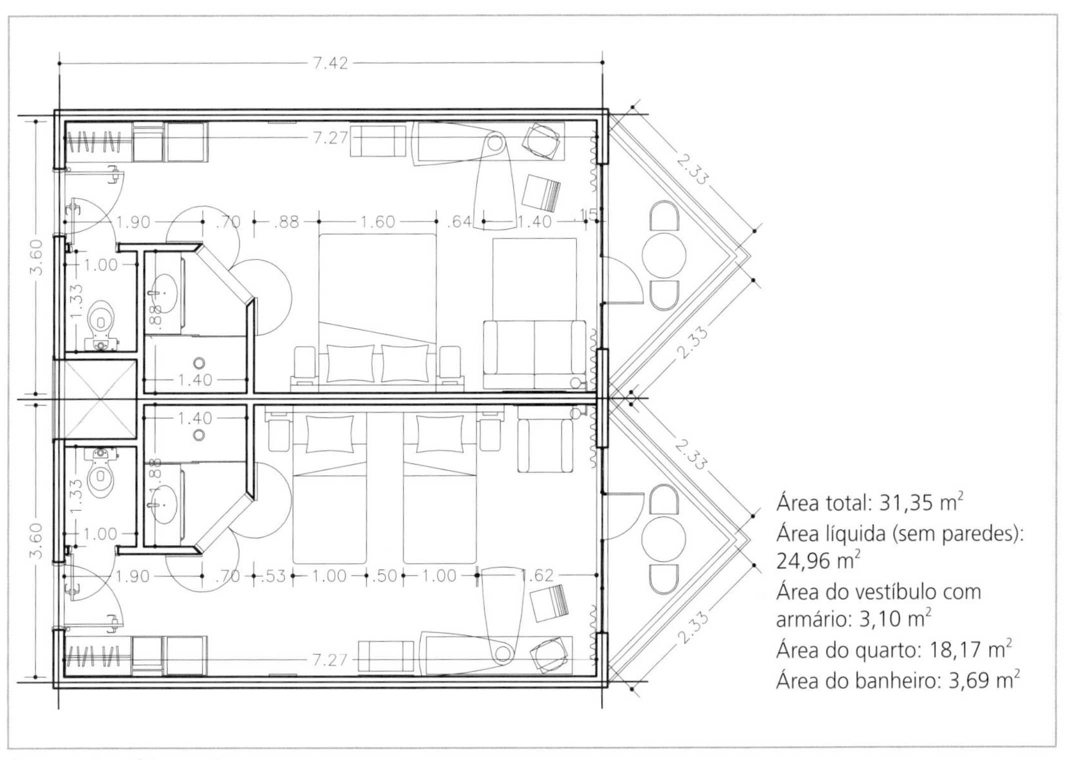

Apartamento padrão superior.

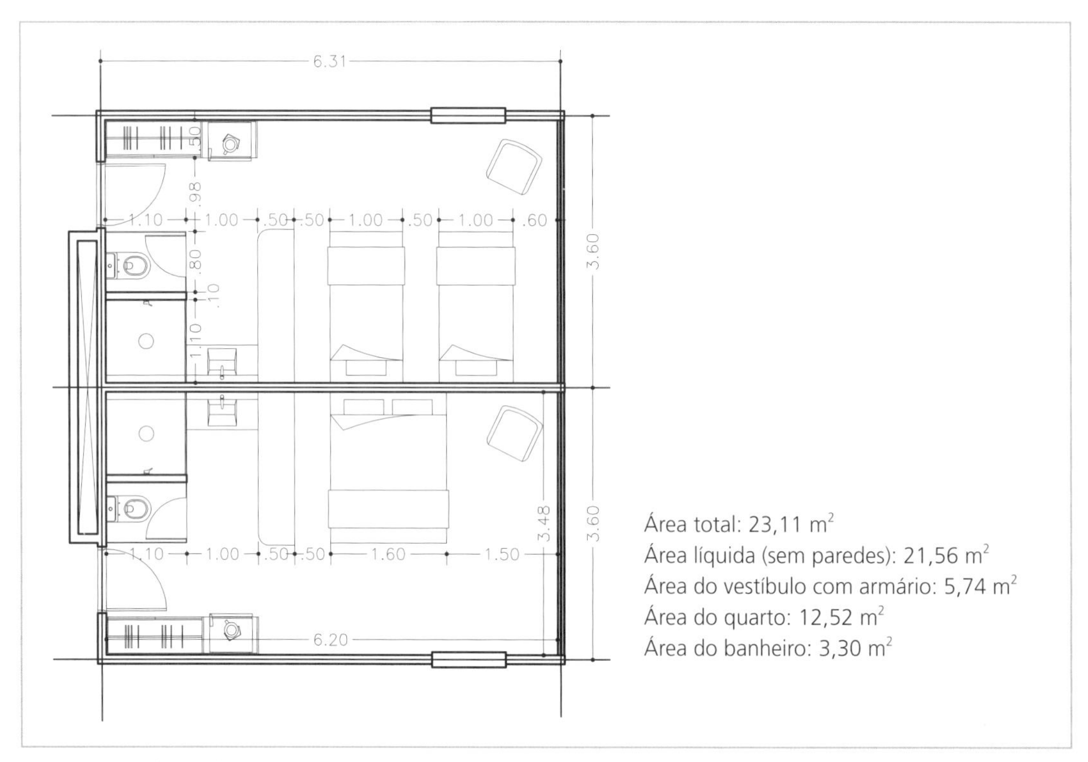

Apartamento padrão médio.

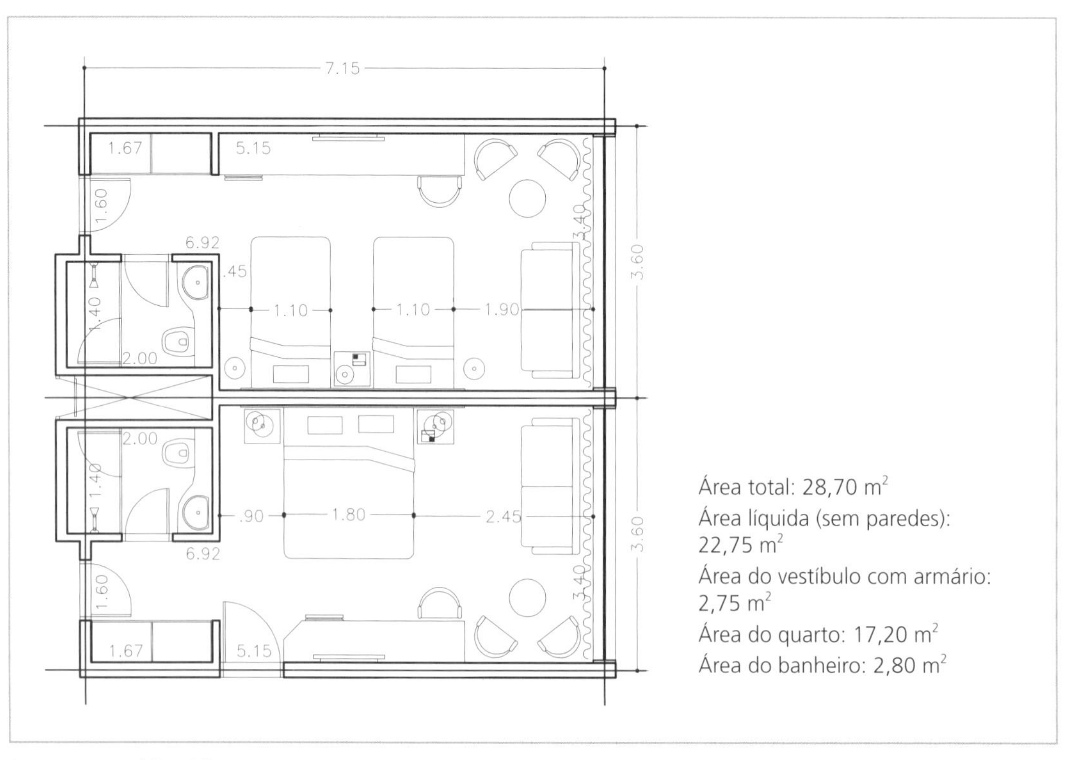

Apartamento padrão médio.

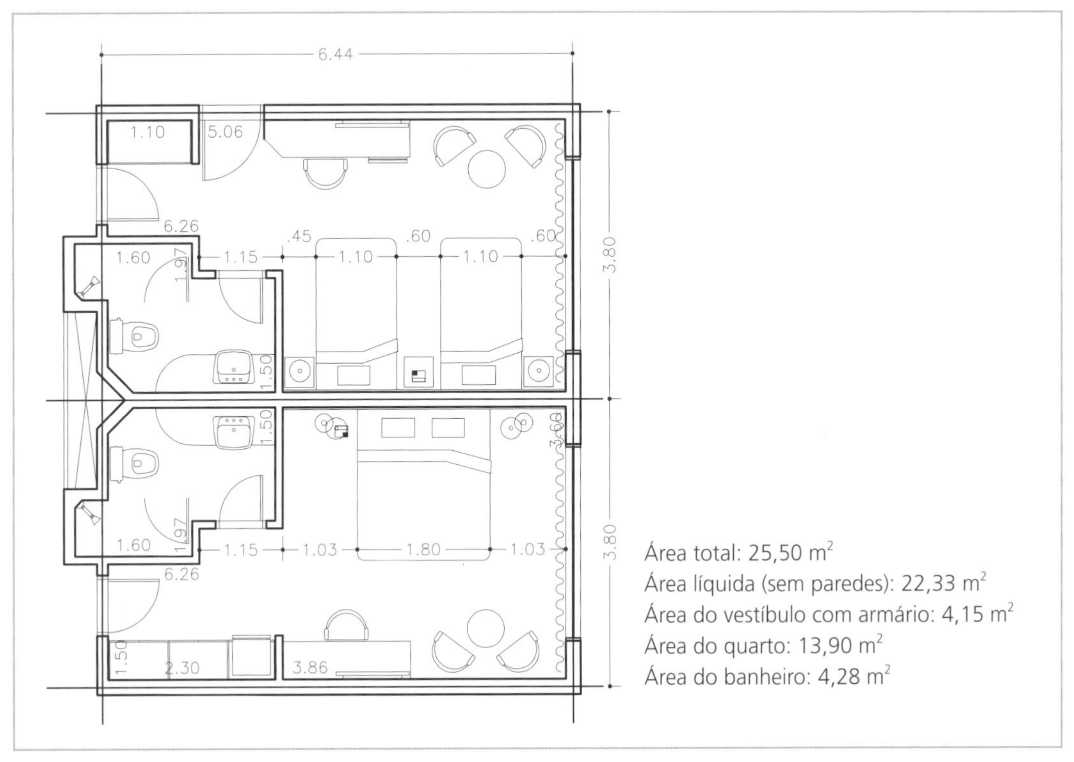

Apartamento padrão médio.

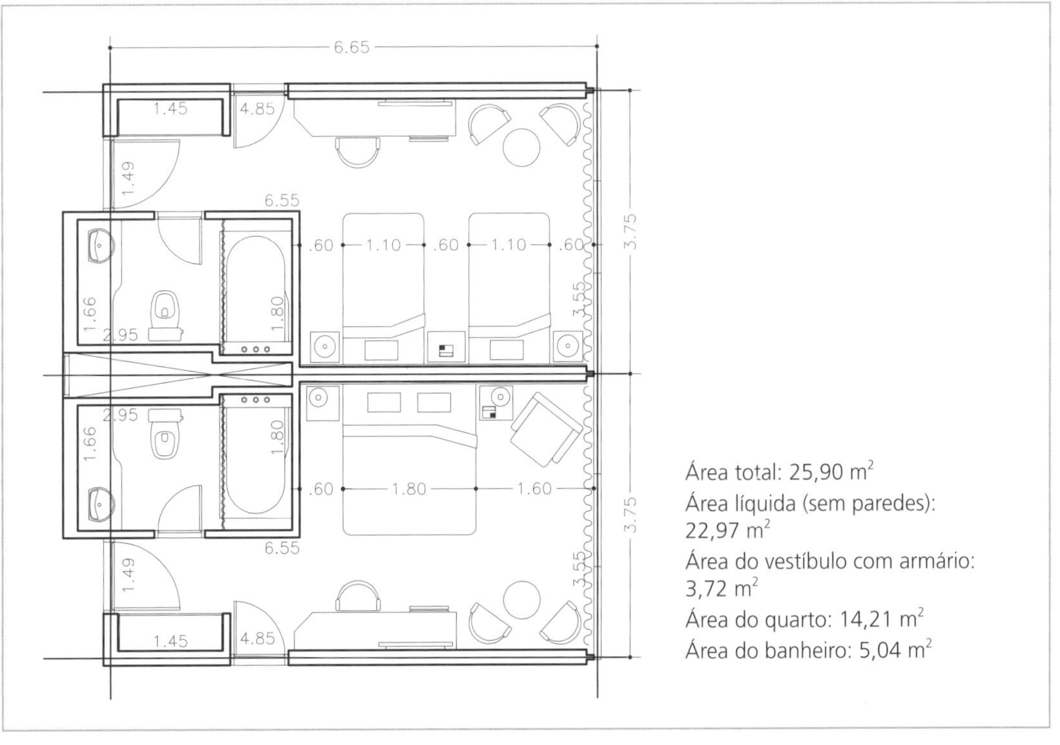

Apartamento padrão médio.

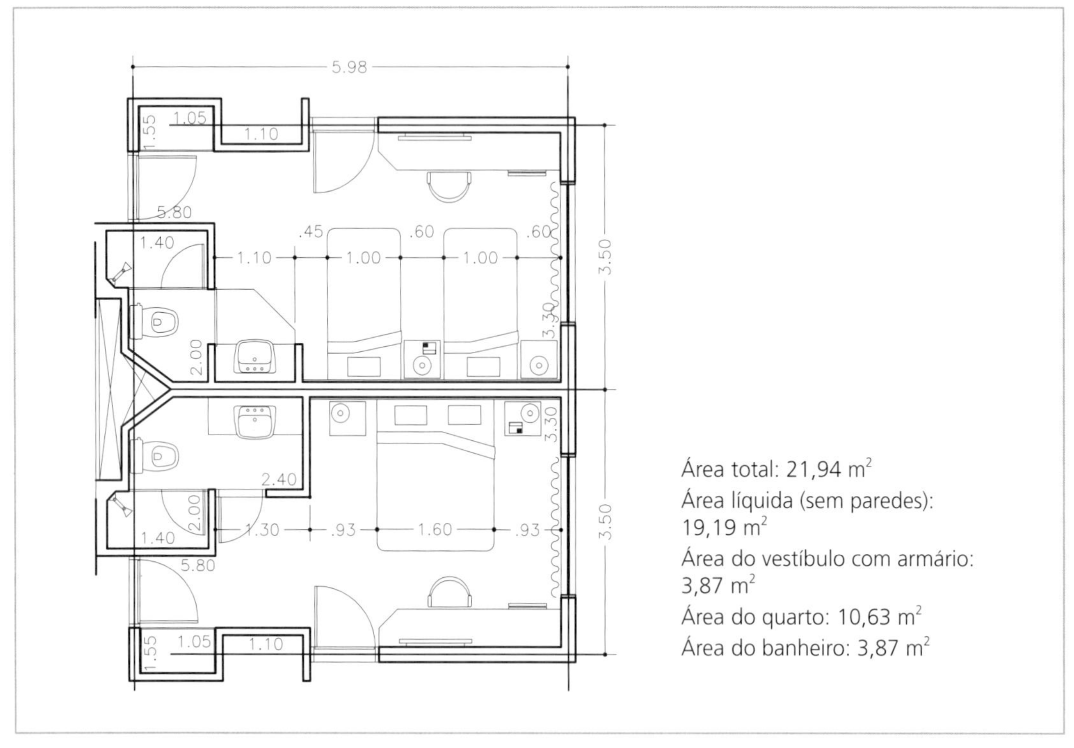

Apartamento padrão econômico.

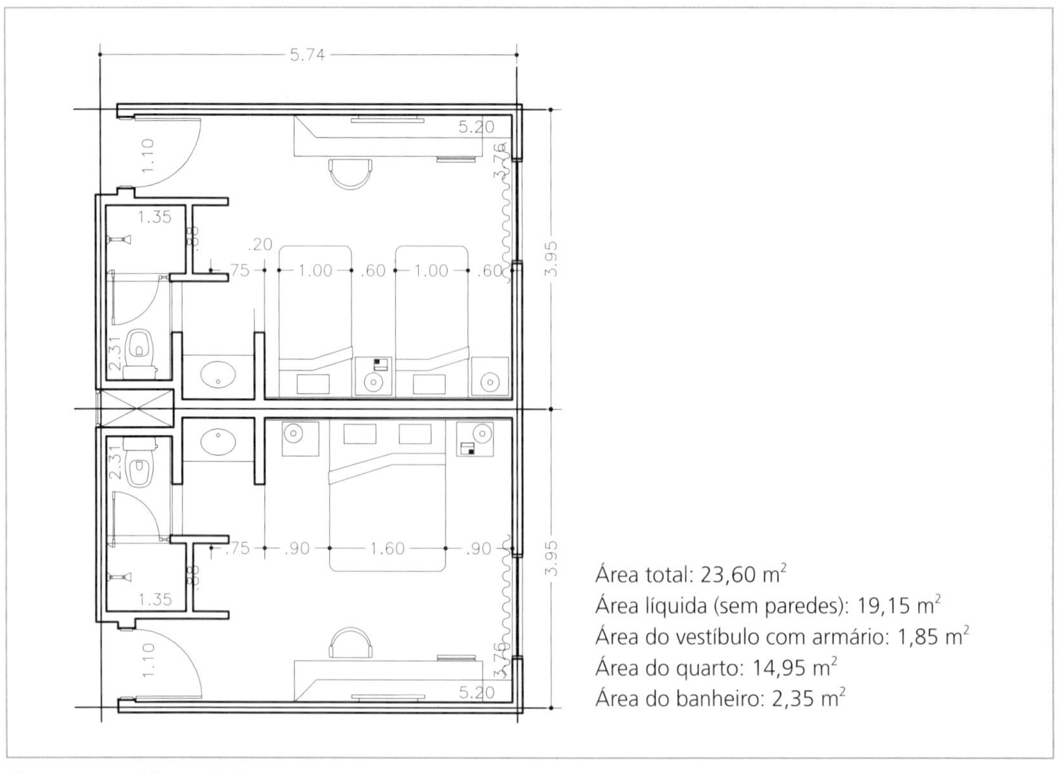

Apartamento padrão econômico.

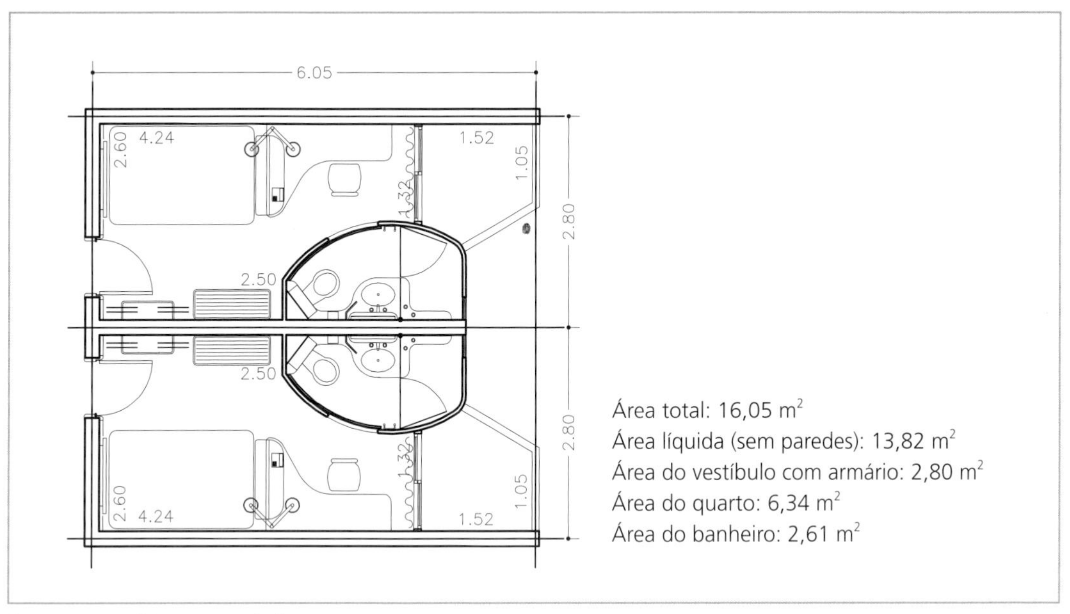

Apartamento padrão supereconômico.

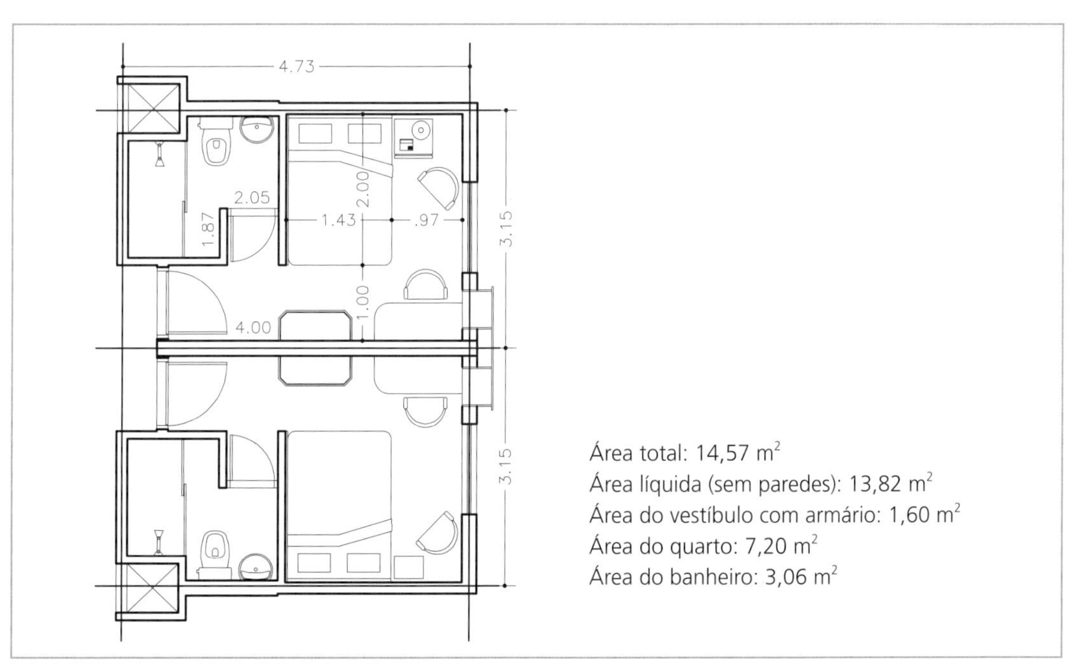

Apartamento padrão supereconômico.

O quadro 13 apresenta as dimensões das camas mais comuns nos hotéis.

Quadro 13
Tipos e dimensões de camas

Tipos de cama	Dimensões
Twin	1 m × 2 m
Twin especial	1,10 m × 2 m ou 1,15 m × 2 m
Double	1,30 m × 2 m ou 1,40 m × 2 m
Queen	1,50 m × 2 m ou 1,60 m × 2 m
King	1,80 m × 2 m ou 2 m × 2 m

DIMENSÕES DOS CORREDORES

No dimensionamento dos corredores, deve-se observar a legislação de segurança,[13] combinando-se larguras capazes de garantir o eficiente escoamento dos hóspedes em caso de pânico, com escadas adequadamente posicionadas.

Além de segurança, é igualmente importante proporcionar condições de conforto aos hóspedes, evitando-se percursos muito longos entre os apartamentos e os elevadores.

De maneira geral, em hotéis de padrão inferior – desde que atendam à legislação de segurança –, são aceitáveis corredores com largura entre 1,20 m e 1,40 m. Em hotéis de padrão mais elevado adotam-se, geralmente, larguras de 1,80 m a 2 m, quando se tem paredes e portas alinhadas, ou de 1,50 m a 1,80 m, quando as portas são recuadas. Essas medidas representam médias comumente adotadas, mas devem ser analisadas caso a caso. É preciso também pensar nos corredores que, além de segurança, devem ter uma largura confortável, compatível com seu comprimento.

[13] O Código de Obras e Edificações do município de São Paulo determina, para qualquer espaço de circulação coletiva, em qualquer edificação com mais de 250 m² de área construída, a largura mínima de 1,20 m. Esses espaços de circulação coletiva devem ser constituídos por módulos de 0,30 m, e sua largura final, determinada em função da população a ser retirada.

NÚMERO E LARGURA DAS ESCADAS

Como regra geral, as escadas devem proporcionar aos hóspedes todas as condições de segurança. Devem ter dimensões suficientes, características adequadas e estar posicionadas de modo a atender rigorosamente aos códigos de segurança locais. Na falta ou insuficiência destes, devem atender às normas internacionais.

É recomendável prever pelo menos duas escadas por andar – preferencialmente, por razões de segurança, nas extremidades dos corredores. Quando não for o caso de uma terceira escada, recomenda-se que uma das duas seja posicionada próxima à área de serviços do andar, adotando-se cuidados que garantam a segurança indispensável aos hóspedes. A quantidade total de escadas deve ser determinada conforme cálculos de população e a capacidade de escoamento das escadas, ou seja, a soma das suas respectivas larguras. Essa quantidade é determinada ainda conforme as dimensões do andar, as distâncias a serem percorridas e a altura da edificação.

A NBR 9.077, de maio de 1993/Emenda nº 1 de 2011, estabelece, para o cálculo da largura das escadas, a fórmula N = P/C, em que:

- N é o número de unidades de passagem;
- P é a população, calculada à base de uma pessoa para cada 15 m^2 de área do próprio pavimento (no caso específico de hotéis);
- C é a capacidade de escoamento da soma das unidades de passagem, que, no caso de escadas, é de 45 pessoas por unidade;
- a largura das escadas é dimensionada conforme a população de cada pavimento, que determina a largura mínima das escadas, abaixo ou acima, dependendo do sentido de saída;
- a largura mínima das escadas, em qualquer caso, deve ser de 1,10 m, livre de qualquer obstáculo, excetuando-se locais onde é prevista a passagem de macas.

Quadro 14
Número de escadas em hotéis em relação às distâncias máximas a serem percorridas

Tipo e edificação	Especificação	Sem chuveiros automáticos		Com chuveiros automáticos	
		Escada única	Mais de uma escada	Escada única	Mais de uma escada
Edificação em que a propagação do fogo é fácil	Edificação com estrutura e entre pisos combustíveis	10 m	20 m	25 m	35 m
Edificação com mediana resistência ao fogo	Edificação com estrutura resistente ao fogo, mas com pavimentos que permitem fácil propagação	20 m	30 m	35 m	45 m
Edificação em que a propagação do fogo é difícil	Edificação com estrutura resistente ao fogo e isolamento entre os pavimentos	40 m	50 m	55 m	60 m

Fonte: ABNT (2011).

Quadro 15
Número de escadas em hotéis em relação à altura das edificações

Dimensão	Área de pavimento menor ou igual a 750 m²									Área de pavimento maior ou igual a 750 m²								
Altura	K	L		M		N		O		K	L		M		N		O	
Ocupação	Nº	Nº	Tipo	Nº	Tipo	Nº	Tipo	Nº	Tipo	Nº	Nº	Tipo	Nº	Tipo	Nº	Tipo	Nº	Tipo
Hotéis	1	1	NE	1	EP	2	PF	2	PF	2	2	NE	2	EP	2	PF	2	PF
Hotéis residenciais*	1	1	EP	1	EP	2	PF	2	PF	2	2	EP	2	EP	2	EP	2	PF

Alturas:
K – edificações térreas;
L – edificações baixas; H menor ou igual a 6 m;
M – edificações de média altura; H entre 6 m e 12 m;
N – edificações medianamente altas; H entre 12 m e 30 m;
O – edificações altas; H maior do que 30 m.

Tipos de escadas:
NE – Escadas não enclausuradas;
EP – Escadas enclausuradas e protegidas (ver item 4.7.10 da NBR 9.077);
PF – Escadas enclausuradas e protegidas de fumaça (ver item 4.7.12 da NBR 9.077).

* Entendem-se por hotéis residenciais os hotéis e assemelhados com cozinha própria (isso inclui apart-hotéis/flats).
Fonte: NBR 9.077 – Saída de emergência em edifícios – Procedimentos.

ELEVADORES DE HÓSPEDES E DE SERVIÇO

Número de elevadores

É conveniente instalar elevadores sempre que o hóspede tiver que subir mais de um pavimento desde o lobby ou da área de estacionamento até o apartamento.

A determinação do número de elevadores de hóspedes é função de um conjunto de fatores, como o padrão de serviços, a capacidade e a velocidade dos carros, o número de apartamentos por andar e o número de andares, o pico de hóspedes e não hóspedes, a presença de áreas de eventos e de outras áreas públicas que demandem serviço de elevadores, etc. Em cada caso, é necessário estudar e dimensionar cuidadosamente o sistema completo de transporte vertical de hóspedes e demais frequentadores das dependências públicas do hotel, no qual se inserem os elevadores.

Para efeito de estimativa preliminar do número de elevadores, com base nos elevadores instalados em hotéis no Brasil e no exterior, as quantidades indicadas no quadro 16 podem servir como sugestão inicial. É recomendável, no entanto, que, desde a fase inicial de elaboração do projeto, sejam consultados fabricantes de elevadores, ou, em casos mais complexos, até mesmo consultores especializados.

Quadro 16
Número aproximado de elevadores necessários

Tamanho do hotel (número de apartamentos)	Número de elevadores sociais	Número de elevadores de serviço*
200 apartamentos (5 andares)	2	1
400 apartamentos (10 a 20 andares)	4 a 5	2 a 3
600 apartamentos (15 a 25 andares)	5 a 6	3 a 4
800 apartamentos (20 a 30 andares)	7 a 8	5 a 6

* É necessário atentar para o fato de que, no caso de o hotel possuir um único elevador de serviço e ser necessário pará-lo para manutenção, o estabelecimento terá que recorrer aos elevadores sociais, o que comprometerá o padrão do atendimento. Por essa razão, sempre que possível, deve haver mais de um elevador de serviço.

Fonte: Lawson (1995).

O quadro 17 apresenta o número de apartamentos e de elevadores sociais e de serviço em alguns hotéis.

Quadro 17
Número de apartamentos e de elevadores de hóspedes/sociais e de serviço em alguns hotéis

HOTEL	Número total de apartamentos (inclusive suítes)	Pavimentos de hospedagem	Número de elevadores sociais	Número de elevadores de serviço
HIROSHIMA PRINCE HOTEL Hiroshima, Japão	551	15	6	5
HYATT REGENCY Osaka, Japão	480	23	6	3
RENAISSANCE São Paulo, Brasil	388	25	5	3
INTERCONTINENTAL RIO Rio de Janeiro, Brasil	431	15	4	2
MAKSOUD PLAZA São Paulo, Brasil	416	22	4	4
HILTON SÃO PAULO MORUMBI São Paulo, Brasil	487	28	4	3
GRAND HOTEL MERCURE São Paulo, Brasil	353	12	3	2
TIVOLI MOFARREJ São Paulo, Brasil	220	23	3	2
CAESAR PARK Rio de Janeiro, Brasil	222	23	3	2
BEST WESTERN PORTO DO SOL Vitória, Brasil	192	12	3	1
CAESAR PARK FARIA LIMA São Paulo, Brasil	130	18	2	2
CAESAR PARK Buenos Aires, Argentina	175	18	3	1
FIESTA INN Ciudad Juarez, México	166	9	2	1

(*continua*)

(continuação)

HOTEL	Número total de apartamentos (inclusive suítes)	Pavimentos de hospedagem	Número de elevadores sociais	Número de elevadores de serviço
GRANDE HOTEL SÃO PEDRO – HOTEL-ESCOLA SENAC Águas de São Pedro, Brasil	112	4	1	1
GRANDE HOTEL CAMPOS DO JORDÃO – HOTEL--ESCOLA SENAC Campos do Jordão, Brasil	95	3	2	1
L'HOTEL PORTO BAY São Paulo, Brasil	76	16	2	1
GRAND HYATT SÃO PAULO São Paulo, Brasil	466	22	6	6
UNIQUE São Paulo, Brasil	95	8	6	2
FASANO São Paulo, Brasil	91	25	2	2
CAESAR PARK SÃO PAULO INTERNATIONAL AIRPORT Guarulhos, Brasil	148	10	5	4
SHERATON WTC São Paulo, Brasil	296	16	4	3
HOLIDAY INN ANHEMBI São Paulo, Brasil	780	13	5	3
RADISSON HOTEL São Paulo, Brasil	196	18	3	1
BURJ AL ARAB Dubai, Emirados Árabes Unidos	202	28	12	6
IBIS CONGONHAS São Paulo, Brasil	391	13	3	2
FORMULE 1 PARAÍSO São Paulo, Brasil	300	15	2	1
FORMULE 1 CONSOLAÇÃO São Paulo, Brasil	399	19	3	1

(continua)

(continuação)

HOTEL	Número total de apartamentos (inclusive suítes)	Pavimentos de hospedagem	Número de elevadores sociais	Número de elevadores de serviço
FORMULE 1 JARDINS São Paulo, Brasil	399	19	3	1
HOTEL SHERATON BARRA Rio de Janeiro, Brasil	292	14	12	6
MERCURE FUNCHAL São Paulo, Brasil	121	18	2	1
SOFITEL São Paulo, Brasil	215	19	3	2
IBIS SÃO PAULO EXPO BARRA FUNDA São Paulo, Brasil	286	13	3	1

Fonte: Hotel and Travel Index; Premier Hotels & Resorts; *sites* dos hotéis.

Dependendo da magnitude e da disposição das áreas públicas e de serviço que demandam elevadores, podem ser previstos elevadores ou monta-cargas para atender exclusivamente aos andares inferiores.

Hall de elevadores de hóspedes

As dimensões do hall de elevadores de hóspedes nos andares de hospedagem podem sofrer grandes variações, dependendo da configuração do andar, do número e do arranjo do grupo de elevadores e/ou do destaque pretendido para esse setor especial do andar, ponto obrigatório de passagem dos hóspedes. As larguras mínimas recomendadas são:

- para elevadores posicionados em linha, o hall deve ser aproximadamente um terço mais largo do que os corredores adjacentes;
- para grupos de elevadores posicionados frente a frente, ele deve ter 3,50 m ou mais.

DIMENSIONAMENTO DOS POSTOS DE SERVIÇO DO ANDAR DE HOSPEDAGEM

A área de serviços do andar de hospedagem compreende o hall de elevadores de serviço, a rouparia e um pequeno banheiro para as camareiras e para o pessoal que realiza serviços no andar.

Hall de elevadores de serviço

É recomendável que o hall de elevadores seja pelo menos um terço mais largo do que os corredores que lhe dão acesso. É necessário considerar no projeto a movimentação, através do hall e do acesso aos elevadores, de peças de dimensões relativamente grandes, como camas e colchões. É necessário prever ainda, no próprio hall ou em área contígua, espaço para estacionamento de alguns carros vinculados ao room service sem prejudicar a livre circulação de pessoas e de outros carros de serviço. Esse espaço adicional evita o estacionamento temporário de carros ou bandejas nos corredores enquanto aguardam a remoção definitiva dos andares de hospedagem. Quando circulam, esses carros (que se transformam em mesas circulares quando montados) têm 0,60 m de largura por 1,10 m de comprimento e a altura normal das mesas. É recomendável prever o estacionamento de um desses carros para cada 12 apartamentos, no hall de serviço ou próximo dele.

Rouparia

A rouparia deve ser um compartimento fechado, anexo ao hall de elevadores de serviço. Seu espaço deve ser dimensionado para comportar, para cada conjunto de 12, 14, 16 ou 18 apartamentos, conforme o caso:

- espaço para camareira, com mesa de 0,60 m × 1,20 m, com aproximadamente 2 m^2;
- prateleiras para estoque de produtos de higiene pessoal e de beleza (sabonetes, xampus, papel higiênico, toucas para banho, etc.);
- espaço para carros de roupa (0,60 m × 0,80 m × 1,80 m cada) e carros de arrumação (0,50 m × 1,30 m × 1,20 m cada);

- espaço para circulação (de 20% a 25% da área total da rouparia);
- espaço para duto de roupa, com diâmetro mínimo de 0,62 m.[14]

Banheiro

O banheiro de serviço do andar de hospedagem (apenas um por andar) pode ter dimensões mínimas, para acomodar lavatório e bacia sanitária.

DIMENSIONAMENTO DAS ÁREAS PÚBLICAS E SOCIAIS

LOBBY

Conforme já mencionado, o lobby é, ao lado dos apartamentos, a área mais importante do hotel, na medida em que contribui decisivamente para fixar no hóspede a imagem pretendida do hotel. Grandiosidade, aconchego, luxo, conforto, agitação, tranquilidade são impressões que o hóspede registra nas suas passagens pelo lobby. E muito dessa impressão é associada às suas dimensões.

Um lobby grande, por exemplo, pode dar ao hóspede e ao visitante a sensação de estar em um hotel maior do que ele realmente é. Por outro lado, um lobby pequeno, independentemente do número de apartamentos que o hotel possa ter, pode passar a impressão de aconchego e conforto.

De alguma forma, as dimensões dos lobbies devem estar relacionadas com o tamanho do hotel, principalmente com o número de apartamentos. Assim, para efeito de planejamento e projeto, podem ser adotados os seguintes parâmetros de dimensionamento de lobbies:

- lobbies pequenos: até 0,5 m^2 por apartamento;
- lobbies moderados: entre 0,5 m^2 e 1 m^2 por apartamento;
- lobbies grandes: mais de 1 m^2 por apartamento.

[14] O duto de roupa pode, alternativamente, estar localizado no hall de elevadores de serviço.

Os parâmetros citados se referem exclusivamente a áreas de lobby, ficando excluídas as áreas destinadas a recepção, lojas, bares, restaurantes e outros.

Nos hotéis de padrão econômico, predominam os menores índices de metro quadrado de lobby por apartamento. Índices mais altos são mais frequentes nos hotéis de padrão superior.

A localização de algumas áreas públicas do hotel, como as destinadas a lojas, bares, restaurantes e coffee shop, próximas ou até mesmo associadas ao lobby, pode ampliar significativamente a sensação de espaço disponível.

Independentemente do tipo e do tamanho do hotel, o lobby pode ser considerado um espaço público ao qual as pessoas têm livre acesso. É o ponto de referência do hotel e o centro de articulação entre as diversas áreas funcionais (como recepção e administração) com a área de hospedagem e as áreas públicas e sociais (salas de estar, áreas de eventos, business center, lojas, bares, restaurantes, etc.).

BALCÃO DE RECEPÇÃO

O dimensionamento da área destinada à recepção depende da forma adotada de acolhimento dos hóspedes.

Para formas de recepção diferentes, que dispensam o uso do balcão tradicional, cada caso deverá ser estudado conforme o fluxo de hóspedes que demandam a recepção, nas condições de operação particulares adotadas.

O dimensionamento do balcão de recepção de tipo tradicional, quando houver, deve levar em consideração:

- o número de apartamentos do hotel;
- o padrão do hotel, em termos da qualidade de serviços pretendida;
- a distribuição das chegadas e partidas de hóspedes - particularmente os períodos de pico;
- a presença de grupos;
- o tempo médio de permanência dos hóspedes;
- os equipamentos a serem utilizados.

O balcão de recepção tradicional tem aproximadamente 1,10 m de altura. Observando que cada caso requer consideração das particularidades do hotel, Rutes e Penner (1985) recomendam, para esse tipo de balcão, módulos de 1,80 m para registro e caixa – dois módulos para os primeiros 150 apartamentos e outro para cada 100 apartamentos adicionais, além de um posto de informações e correspondência para cada 600 quartos ou fração.

Para Lawson (1995), também se considerando o atendimento tradicional em balcões, hotéis que possuem entre 100 e 200 apartamentos necessitam de uma ou duas posições de atendimento para o registro de hóspedes (check-in) e outras tantas para a liberação na saída (check-out). Em hotéis maiores, o número de posições pode mais do que dobrar. Os comprimentos típicos de balcão em relação ao número de apartamentos, ainda segundo Lawson, seriam aproximadamente os indicados a seguir:

Quadro 18
Comprimento de balcões de recepção em relação ao número de apartamentos*

Número de apartamentos	50	De 100 a 150	De 200 a 250	De 300 a 400
Comprimento dos balcões	3 m	4,5 m	7,5 m	10,5 m
Posições de atendimento	1-2	2-3	3-4	4-5

* Pelo menos uma posição de atendimento deve ser acessível a pessoas com deficiência.

Fonte: Lawson (1995).

Em qualquer caso, deve ser considerada a possibilidade de atendimento a pessoas com deficiência.

BARES E RESTAURANTES

Os hotéis costumam ser definidos como estabelecimentos públicos que oferecem dois serviços básicos: acomodação e alimentação. Ainda que serviços completos de alimentação possam não existir, algum tipo de alimento e bebida é, a rigor, sempre oferecido aos hóspedes.

Hotéis econômicos podem limitar os serviços de alimentos e bebidas a itens como café da manhã, lanches ou até mesmo a uma simples máquina de venda de sanduíches e bebidas.

O mais comum, no entanto, é haver pelo menos um restaurante à disposição dos hóspedes e do público externo. Muitos hotéis com elevado número de apartamentos, de padrões médio e superior, dispõem de mais de um restaurante como forma de reter os hóspedes e frequentadores de eventos nas dependências do hotel por mais tempo. Além do mais, esse negócio, se bem administrado, pode ser rentável. De qualquer forma, pode ser mais interessante para o hotel ter um número maior de restaurantes pequenos do que um único restaurante com muitos lugares. Com mais restaurantes, é possível oferecer variedade de cardápios em ambientes com interiores diversificados, proporcionando-se alternativas aos hóspedes e aos demais usuários potenciais.

Para o serviço de café da manhã[15] em ambiente específico, no coffee shop ou no único restaurante do hotel, o número de assentos deve ser dimensionado com base no número de apartamentos e no número médio de ocupantes por apartamento. Adotando-se a taxa média de ocupação do hotel de 70%, o número de assentos para o café da manhã deve ser determinado considerando-se que um terço do total de hóspedes apurado deve poder ser atendido simultaneamente.

Para hotéis de cidade, com predominância de executivos, o número médio de ocupantes por apartamento é da ordem de 1,2 pessoa. Em hotéis de lazer, em que é comum a frequência de grupos familiares, esse número pode chegar a 2 ou até mais.

A área necessária para acomodar determinado número de assentos varia, entre outras razões, de acordo com a forma do ambiente, com o tipo de mobiliário a ser usado e com o padrão de conforto pretendido (espaços para circulação). Para efeito de estimativa preliminar de área, pode-se considerar uma variação entre 1,2 m^2 e 1,8 m^2 de área de sala por pessoa (de coffee shop a restaurante de luxo), com média em torno de 1,5 m^2.

---

[15] Em muitos países, como os Estados Unidos, a diária não inclui o café da manhã. Nesse caso, o cálculo do número de assentos para esse tipo de serviço obedece a outros parâmetros, dependendo de alternativas disponíveis aos hóspedes fora das dependências do hotel.

ÁREAS DE EVENTOS

Áreas de eventos são cada vez mais importantes como instrumento de captação de hóspedes. A disponibilidade de áreas apropriadas para reuniões, exposições, festas e outros tipos de eventos proporciona ao hotel condições vantajosas no mercado hoteleiro, atraindo, além dos eventos propriamente ditos, também os hóspedes relacionados com esses eventos.

O quadro 19 apresenta as áreas de eventos disponíveis e outros parâmetros em vários hotéis brasileiros.

Quadro 19
Áreas de eventos em hotéis brasileiros

HOTÉIS	Número total de apartamentos (m²)	Área de eventos (m²)	Área de eventos/ número de apartamentos (m²)	Área de foyer/área de eventos (%)	Índices de ocupação por pessoas/assentos (m²)			
					Recepção	Auditório	Banquetes	Sala de aula
GRANDE HOTEL CAMPOS DO JORDÃO – HOTEL-ESCOLA SENAC Campos do Jordão, Brasil	95	846	8,80	–	95	846	8,90	–
PARK HOTEL ATIBAIA Atibaia, Brasil	108	843	7,80	28	–	1,09	–	–
GRANDE HOTEL SÃO PEDRO – HOTEL-ESCOLA SENAC Águas de São Pedro, Brasil	112	975	8,80	18	–	0,95	–	–
PARQUE BALNEÁRIO Santos, Brasil	119	1137	9,55	–	–	1,06	–	–
DEVILLE Curitiba, Brasil	126	279	3,48	50	–	0,96	–	1,47
HOTEL DO FRADE GOLF & RESORT Angra dos Reis, Brasil	131	665	4,71	41	–	0,91	–	–
GRAND HOTEL RAYON Curitiba, Brasil	136	1070	7,87	–	–	1,04	1,77	1,92
HOTEL ESTÂNCIA BARRA BONITA Barra Bonita, Brasil	152	1173	7,71	–	0,98	1,03	1,40	–

(continua)

(continuação)

HOTÉIS	Número total de apartamentos (m²)	Área de eventos (m²)	Área de eventos/ número de apartamentos (m²)	Área de foyer/área de eventos (%)	Índices de ocupação por pessoas/assentos (m²)			
					Recepção	Auditório	Banquetes	Sala de aula
DEVILLE Maringá, Brasil	158	392	2,48	14	1,05	0,86	1,67	–
MAR HOTEL Recife, Brasil	207	1009	4,88	–	–	0,80	–	–
CAESAR PARK Rio de Janeiro, Brasil	222	549	2,47	–	0,86	0,82	1,22	1,39
RAFAIN PALACE HOTEL Foz do Iguaçu, Brasil	224	6079	31	–	1,04	1,04	–	1,73
MONTE REAL Lindoia, Brasil	245	5973	24,37	5,4	0,85	0,71	1,40	–
BRASTON SÃO PAULO São Paulo, Brasil	250	1090	4,36	21	–	0,98	–	–
TROPICAL BAHIA Salvador, Brasil	275	1232	4,48	13	0,87	1,10	1,26	2,20
CAESAR PARK Cabo de Santo Agostinho, Brasil	300	1244	4,62	16	0,66	11,01	1,38	1,50
MANHATTAN PLAZA Brasília, Brasil	314	932	2,96	–	–	0,76	1,26	1,29
DEVILLE HOTEL Guarulhos, Brasil	320	1258	3,93	36	0,73	1,07	1,47	–
CLUB MED ITAPARICA Itaparica, Brasil	334	1340	4,01	30	0,70	0,70	1,0	1,5
HILTON SÃO PAULO MORUMBI São Paulo, Brasil	487	1433	2,94	15	–	1,03	1,34	1,60
KUBITSCHEK PLAZA Brasília, Brasil	389	1332	3,42	25	0,88	0,93	1,33	1,87
TRANSAMÉRICA São Paulo, Brasil	396	3461	8,73	17	0,68	1,37	1,13	–
MAKSOUD PLAZA São Paulo, Brasil	416	1802	3,99	20	1,01	0,98	1,71	1,93
CARIMÃ Foz do Iguaçu, Brasil	418	4497	10,75	–	–	–	–	–
RENAISSANCE São Paulo, Brasil	388	2417	6,23	17	0,72	0,82	1,25	–

(continua)

(continuação)

HOTÉIS	Número total de apartamentos (m^2)	Área de eventos (m^2)	Área de eventos/ número de apartamentos (m^2)	Área de foyer/área de eventos (%)	Índices de ocupação por pessoas/assentos (m^2)			
					Recepção	Auditório	Banquetes	Sala de aula
WINDSOR ATLÂNTICA (ANTIGO LE MÉRIDIEN) Rio de Janeiro, Brasil	496	888	1,79	–	1,96	1,28	1,88	3,09
SHERATON BARRA Rio de Janeiro, Brasil	292	891	3,05	–	–	–	–	–
UNIQUE São Paulo, Brasil	95	2174	22,88	34	1,39	1,26	1,48	2,18
BOURBON ATIBAIA CONVENTION & SPA RESORT Atibaia, Brasil	572				–	–	–	–
GRAND HYATT SÃO PAULO São Paulo, Brasil	466	3029	6,50	27				

Fonte: Hotel and Travel Index; Premier Hotels & Resorts; *sites* dos hotéis.

É importante observar que não há relação constante entre o número de apartamentos e as áreas de eventos – estas variam de 1,79 m^2 por apartamento no Le Méridien de Copacabana (que possui 496 apartamentos) a 10,75 m^2 por apartamento no Hotel Carimã, de Foz do Iguaçu (com 418 apartamentos).

Apenas em hotéis muito afastados, onde não há alternativas de hospedagem, o número de apartamentos deve ser suficiente para acomodar um número de pessoas correspondente à capacidade das áreas de eventos.

As áreas de eventos devem ser planejadas a partir da previsão de alternativas de utilização. As salas e os salões devem ser dispostos de modo que seja possível agrupá-los para criar um único espaço amplo e livre de obstáculos, quando necessário, para acomodar um evento maior. Isso se faz com divisórias móveis.

Com relação ao foyer e aos índices de ocupação de salas e de salões, as variações que se verificam entre os hotéis apresentados são menos discrepantes.

As áreas do foyer variam entre 13% e 50% das respectivas áreas de eventos. A recomendação é que as áreas de foyer correspondam a algo entre 20% e 40% da área de salas e de salões.

Quanto à capacidade das salas e dos salões, os índices de metro quadrado por pessoa são bastante próximos em todos os hotéis, em cada um dos tipos de ocupação possíveis. Os índices médios de ocupação recomendados são apresentados a seguir, mas eles podem sofrer pequenas variações, dependendo da configuração dos espaços em planta para:

- foyer/recepção: 0,7 m^2 a 0,8 m^2 por pessoa;
- auditório: 0,7 m^2 a 0,9 m^2 por assento;
- banquetes: 1 m^2 a 1,3 m^2 por assento;
- sala de aula: 1,3 m^2 por assento.

O mobiliário básico das salas e dos salões de eventos, que deverão utilizar o depósito de móveis, compõe-se de:

- mesas dobráveis, com rodas e empilháveis, nas dimensões aproximadas de 46 cm × 244 cm, para diferentes tipos de eventos (reuniões de grupos, seminários, aulas, conferências, etc.);
- mesas dobráveis, com rodas e empilháveis, redondas, com diâmetro de 1,52 m, para dez lugares, para banquetes;
- cadeiras empilháveis com estrutura de aço.

INSTALAÇÕES SANITÁRIAS

O número de bacias, mictórios e lavatórios nas áreas públicas do hotel deve ser determinado com base na legislação de cada local e na quantidade prevista de pessoas em cada uma dessas áreas.

O Código de Obras e Edificações do município de São Paulo, por exemplo, estabelece:

- para locais de reunião, uma bacia e um lavatório para cada 50 pessoas, com instalações sanitárias separadas para homens e mulheres sempre que o número de pessoas for maior do que 20;
- nas instalações sanitárias masculinas, 50% das bacias podem ser substituídas por mictórios;
- em outros locais públicos, uma bacia e um lavatório para cada 20 pessoas.

O código refere-se ao total de aparelhos sanitários colocados à disposição dos frequentadores dos diversos setores do hotel. No projeto, é necessário distribuir convenientemente essas peças pelos diferentes sanitários, que devem estar estrategicamente localizados. Nas áreas de eventos, por exemplo, é importante considerar o grande número de pessoas que se dirigem simultaneamente aos sanitários nos curtos espaços de tempo dos intervalos entre seções.

É importante prever, em todas as áreas sociais do hotel, públicas ou não, instalações sanitárias adequadas para pessoas com deficiência, conforme a NBR 9.050.[16]

ADMINISTRAÇÃO

Em geral, a administração do hotel requer áreas para os seguintes grupos operacionais:

- *recepção*, que compreende, além do balcão de recepção, escritórios de apoio para o gerente de recepção, reservas, contabilidade, cofre e depósito de bagagens;
- *gerência*, que compreende recepção e espera de hóspedes e visitantes, secretaria da administração, salas para as gerências geral, de alimentos e bebidas, de marketing e outras, dependendo do porte e da estrutura administrativa do hotel;
- *contabilidade geral*, próxima ou não da recepção;
- *compras*;
- *central de segurança*, som, TV;

[16] NBR 9.050: "Acessibilidade de pessoas portadoras de deficiências a edificações, espaço, mobiliário e equipamentos urbanos", 2005.

- *administração de pessoal*, ambulatório, salas de treinamento de funcionários;
- *engenharia e manutenção*.

As áreas administrativas podem estar reunidas em um único local - o que acontece com muita frequência em hotéis de pequeno porte - ou podem ser divididas em grupos operacionais em diferentes partes do edifício do hotel, atendendo, em cada caso, a requisitos funcionais e às características do projeto.

O tamanho das áreas administrativas varia de hotel para hotel, conforme a quantidade de apartamentos, o padrão do empreendimento e a estrutura administrativa adotada. Ele corresponde a algo entre 0,5 m^2 e 2 m^2 por apartamento (ver quadro 12).

DIMENSIONAMENTO DAS ÁREAS DE SERVIÇOS

As áreas de serviços variam muito conforme o tipo, o tamanho e a localização do hotel. Em hotéis afastados, como os resorts, são necessárias áreas maiores para estocagem. Deve haver também serviços de manutenção e de lavanderia próprios. As áreas de serviço incluem:

- instalações para funcionários;
- área de recebimento;
- armazenagem de alimentos e bebidas;
- preparo de alimentos;
- almoxarifados;
- lavanderia e governança;
- engenharia e manutenção.

INSTALAÇÕES DE FUNCIONÁRIOS

As instalações para funcionários ocupam uma parte significativa da área de serviços dos hotéis. Embora em estabelecimentos pequenos e/ou de padrão inferior elas possam ser bastante limitadas, em hotéis maiores e de padrão elevado são muito importantes para a obtenção do desempenho operacional necessário. Em hotéis afastados, pode ser necessário prover habitações para todos os funcionários ou para parte deles.

Em geral, essas instalações compreendem:

- sala para controle e revista;
- sanitários e vestiários de funcionários do sexo masculino;
- sanitários e vestiários de funcionárias;
- refeitório;
- sala de descanso e lazer;
- sala de treinamento.

Sala para controle e revista

Trata-se de espaço coberto e fechado, passagem obrigatória na entrada e na saída de funcionários, com área suficiente para acomodar uma ou mais posições de trabalho (mesa, cadeira, telefone, terminal de computador, etc.), dependendo do tamanho do hotel. Nela fica o pessoal encarregado da segurança e do controle.

Sanitários e vestiários

O número de funcionários varia significativamente de acordo com o tamanho e o padrão do hotel. Em hotéis de padrão econômico, com serviços limitados, esse número pode chegar ao mínimo de 0,35 funcionário por apartamento. Em hotéis de padrão muito elevado, o número de funcionários por apartamento chega a 2 ou a até mais, em casos especiais em que os serviços são muito diversificados (como o dos resorts). Os números que se verificam com mais frequência em hotéis de padrão médio a alto situam-se, respectivamente, entre 0,8 e 1,2 funcionário por apartamento. Em hotéis com instalações mais completas para lazer, esportes e recreação, esse número pode chegar a 2 ou mais funcionários por apartamento.

O número de aparelhos (chuveiros, bacias, lavatórios e mictórios) deve observar, em cada caso, a legislação local. Cabe lembrar que todos os chuveiros exigidos devem, necessariamente, localizar-se nos vestiários. As demais peças devem ser distribuídas entre os vestiários e os sanitários localizados nos diferentes setores de serviço do hotel.

Os vestiários devem conter:

- armários para aproximadamente 90% dos funcionários, uma vez que, com exceção das gerências e de outras poucas funções, todos os funcionários usam uniforme;
- chuveiros, de acordo com a legislação, para aproximadamente 54% dos funcionários (60% do pessoal uniformizado no maior turno de serviço);
- bacias em quantidade mínima equivalente à metade do número de chuveiros;
- lavatórios em quantidade equivalente ao número de chuveiros no vestiário masculino e a uma vez e meia o número de chuveiros no vestiário feminino.

Com base nesses parâmetros, a área de vestiários, com armários para 90% dos funcionários, varia aproximadamente entre 0,35 m^2 e 0,50 m^2 por apartamento, cabendo ao vestiário feminino cerca de 55% do total.

Refeitório

Praticamente todos os funcionários utilizam o refeitório. Excetuam-se apenas os gerentes e as demais pessoas da alta administração, que normalmente frequentam os restaurantes do hotel.

O refeitório deve ser dimensionado para aproximadamente 60% do total de funcionários (turno de maior concentração), que se revezam em seis grupos no refeitório. Sua área, incluídas as instalações de serviço correspondentes à distribuição de refeições (que são preparadas na cozinha central ou principal) e à higienização de louças, talheres e panelas, é de aproximadamente 0,25 m^2 por apartamento.

Sala de descanso e lazer

As áreas internas de descanso e lazer consistem em um espaço equipado para acolher com conforto os funcionários nos seus momentos de folga. Além de cadeiras e poltronas, esse espaço deve comportar aparelhos de som, vídeo e mesas para jogos de salão.

O número de funcionários que ocupam simultaneamente esse espaço pode ser estimado em cerca de 15% a 20% no turno de maior concentração, ou seja, da ordem de 10% a 12% do número total de funcionários do hotel.

Adotando-se como razoável o índice médio de 2,5 m^2 de área por ocupante, a área da sala destinada aos funcionários deve ser de 0,25 m^2 a 0,35 m^2 por apartamento.

ÁREA DE RECEBIMENTO E TRIAGEM

A área de recebimento compreende:

- área de estacionamento e manobra de caminhões ou vans;
- plataforma de descarga de gêneros alimentícios e outros produtos de uso no hotel;
- escritório de controle;
- compartimento de lixo seco;
- câmaras frigoríficas de lixo úmido;
- área exclusiva de triagem e controle de recebimento de gêneros alimentícios;
- depósito de vasilhames.

É necessária a separação da área de recebimento propriamente dita da área de lixo.

No dimensionamento preliminar da área de recebimento podem ser adotados os valores apresentados no quadro 20. Esses valores equivalem à necessidade média de área para o adequado desempenho das atividades nesse setor do hotel, admitindo-se uma área de 27 m^2 (3 m × 9 m)[17] para os veículos de serviço de carga e descarga e a correspondente área da plataforma de 9 m^2, ou seja, frente de 3 m com profundidade aproximada de 3 m.

A área de triagem, onde se realiza a higienização dos alimentos que chegam ao hotel, deve ser adicionada à área da plataforma de recebimento, correspondendo a aproximadamente 50%, 60% dessa área.

[17] Os maiores veículos de serviço considerados são os de tamanho médio, mais comumente utilizados para entregas nas cidades, com comprimento de aproximadamente 8 m. As áreas de estacionamento dos veículos de serviço devem ser parcial ou totalmente cobertas.

Quadro 20
Hotéis: áreas e número de vagas para veículos de serviço na área de recebimento

Número de apartamentos	60 a 100	100 a 200	200 a 500
Padrão supereconômico			
Área de recebimento	36 m^2	36 m^2	72 m^2
Nº de vagas	1	1	2
Padrão econômico			
Área de recebimento	36 m^2	36 m^2	72 m^2
Nº de vagas	1	1	2
Padrão médio			
Área de recebimento	36 m^2	72 m^2	108 m^2
Nº de vagas	1	2	3
Padrão superior			
Área de recebimento	36 m^2	72 m^2	108 m^2
Nº de vagas	1	2	3

Quadro 21
Hotéis: área de triagem

Número de apartamentos	60 a 100	100 a 200	200 a 500
Padrão supereconômico			
Área de triagem	4,5 m^2 a 5,5 m^2	5,5 m^2 a 9 m^2	9 m^2 a 11 m^2
Padrão econômico			
Área de triagem	4,5 m^2 a 5,5 m^2	5,5 m^2 a 9 m^2	9 m^2 a 11 m^2
Padrão médio			
Área de triagem	4,5 m^2 a 5,5 m^2	9 m^2 a 11 m^2	13,5 m^2 a 16,5 m^2
Padrão superior			
Área de triagem	9 m^2 a 11 m^2	13,5 m^2 a 16,5 m^2	18 m^2 a 22 m^2

ARMAZENAGEM DE ALIMENTOS E BEBIDAS

Assim como as áreas de preparo, as áreas de armazenagem de alimentos e bebidas variam de acordo com o tipo e o padrão do hotel e, principalmente, com os serviços oferecidos e com sua localização, além de atender a critérios operacionais específicos.

Rutes e Penner (1985) e Tuch (1994) indicam alguns parâmetros para as etapas de planejamento e projeto. Conforme Rutes e Penner, as áreas de armazenagem de alimentos e bebidas ocupam de 30% a 50% da área da cozinha central. O parâmetro de 50% é sugerido em publicação do Senac/Ceatel.

O quadro 22 apresenta a distribuição percentual das diversas partes de que se compõe a área de armazenagem de alimentos e bebidas, conforme consta nas duas publicações mencionadas.

Quadro 22
Hotéis: distribuição das áreas de armazenagem de alimentos e bebidas*

Tipos de armazenagem	Distribuição percentual	
	Hotel planning and design	Dimensionamento das áreas de um hotel
Secos	30%	35%
Alimentos refrigerados (câmaras frias)	25%	25%
Alimentos congelados	10%	10%
Bebidas	15%	15%
Bebidas refrigeradas	5%	5%
Utensílios	15%	15%
TOTAL	100%	100%

* As áreas de serviço devem ser parcial ou totalmente cobertas.

Fonte: Rutes & Penner (1985); Tuch (1994).

PREPARO DE ALIMENTOS

A área de preparo de alimentos deve ser planejada com cuidado, de modo que ofereça o máximo de eficiência quanto aos objetivos pretendidos com o mínimo de investimentos em áreas e equipamentos e o mínimo de consumo de energia e mão de obra.

Essa área deve ser tão compacta quanto possível. O ideal é que fique posicionado em um único andar tudo o que se relaciona com a produção e a distribuição de alimentos: as áreas de recebimento e armazenagem, a cozinha, os restaurantes e a área de eventos.

O dimensionamento da área necessária às cozinhas e à armazenagem de alimentos e bebidas depende basicamente:

- do número de refeições a serem servidas;
- da diversidade e da complexidade do cardápio;
- do esquema e da frequência de abastecimento;
- do sistema operacional adotado (com preparação imediatamente antes de servir ou com preparação antecipada).

Apesar dessas variáveis, algumas publicações sugerem números básicos para as etapas preliminares de planejamento e projeto.

Rutes e Penner (1985) sugerem, para a cozinha central, a soma das seguintes áreas:

- 0,6 m^2 por número de assentos nos restaurantes;[18]
- 0,2 m^2 por número de assentos nas áreas de eventos na configuração para banquetes;[19]
- 0,1 m^2 por número de assentos em áreas de estar com serviço de alimentos e bebidas;
- 0,1 m^2 por número de apartamentos e suítes.

Quando há, além da cozinha central, outras cozinhas terminais, estas deverão ter áreas estimadas de 0,20 m^2 a 0,30 m^2 por assento nos respectivos restaurantes e de 0,15 m^2 a 0,20 m^2 por assento em salas de banquetes.

Tuch (1994) sugere outros parâmetros para o dimensionamento dos diferentes tipos de cozinha:

---

[18] Em hotéis afastados, é mais adequado 0,8 m^2.

[19] Em áreas de eventos maiores, com pelo menos 1.000 assentos na configuração de banquetes, recomenda-se reduzir esse número para 0,15 m^2.

Quadro 23
Hotéis: parâmetros para o dimensionamento de diferentes tipos de cozinha

Tipos de cozinha	Distribuição percentual
Principal + cozinhas terminais dos restaurantes	30% da área dos restaurantes (de luxo e de especialidades)
Para banquetes	20% da área das salas de reuniões e do salão principal
Para coffee shop	25% da área de coffee shop
Para restaurante de cobertura	20% da área do restaurante
Para boate	20% da área da boate
Central (única)	Soma das cozinhas anteriores

Fonte: Tuch (1994).

ALMOXARIFADO

As áreas destinadas para o almoxarifado dependem fundamentalmente dos critérios adotados pelo operador. São baseadas no número de itens e no período de estocagem determinado. Consideramos, para dimensionamentos preliminares, uma área aproximada de 0,30 m² a 0,35 m² por apartamento.

LAVANDERIA

São atividades exercidas na lavanderia o recebimento e a triagem de roupas sujas, a lavagem, a secagem, a calandragem e o acabamento.

Essas atividades são essenciais para o hotel. Podem ser realizadas em áreas incorporadas ou não ao corpo principal do hotel ou ser terceirizadas. Quando a lavanderia pertence ao hotel, seu tamanho pode ser preliminarmente estimado com base nos parâmetros indicados no quadro 24, conforme o padrão e o porte do hotel.

Esses números baseiam-se na quantidade média de roupa lavada diariamente nos hotéis: 5 kg nos hotéis de padrão econômico e supereconômico, em que a troca da roupa do quarto se dá a cada três dias; 8 kg nos hotéis de padrão médio, que têm troca da roupa de quarto a cada dois dias; e de 10 kg a 15 kg nos hotéis de padrão superior, onde a roupa é trocada diariamente.

É importante observar também que esses números são genéricos e sofrem variações conforme outras características do hotel, como o número de restaurantes ou a dimensão da área de eventos. Outro fator que influi no dimensionamento da área de lavanderia é o número de horas de funcionamento por dia. Em geral, os números apresentados se baseiam num período de funcionamento de 12 horas por dia, que é a situação que melhor atende a fatores como "modularidade" dos equipamentos, utilização de mão de obra e ocupação do hotel.

Quadro 24
Hotéis: áreas de lavanderia*

Número de apartamentos	60 a 100	100 a 200	200 a 500
Padrão supereconômico			
Área de lavanderia	15 m² a 20 m²	20 m² a 25 m²	30 m² a 60 m²
Padrão econômico			
Área de lavanderia	40 m² a 60 m²	70 m² a 120 m²	120 m² a 150 m²
Padrão médio			
Área de lavanderia	50 m² a 70 m²	100 m² a 200 m²	250 m² a 400 m²
Padrão superior			
Área de lavanderia	70 m² a 100 m²	150 m² a 250 m²	300 m² a 500 m²

* As áreas se referem a compartimento para despacho e recebimento de roupas de lavanderia terceirizada.

GOVERNANÇA

A área de governança inclui:

- sala da chefia;
- despacho, que centraliza e controla as informações sobre os apartamentos;
- almoxarifado de materiais de limpeza, com espaço para o estacionamento dos respectivos carros;
- almoxarifado de produtos de higiene pessoal e correlatos;

- rouparia, ou seja, depósito de roupa limpa proveniente da lavanderia;
- posto avançado de uniformes, localizado próximo aos vestiários.

As áreas destinadas à governança podem ser preliminarmente estimadas com base nos parâmetros adotados a seguir.

Quadro 25
Hotéis: áreas para a governança

Número de apartamentos	60 a 100	100 a 200	200 a 500
Padrão supereconômico			
Área de governança	20 m^2	40 m^2	70 m^2
Padrão econômico			
Área de governança	30 m^2	60 m^2	100 m^2
Padrão médio			
Área de governança	35 m^2	100 m^2	200 m^2
Padrão superior			
Área de governança	50 m^2	125 m^2	250 m^2

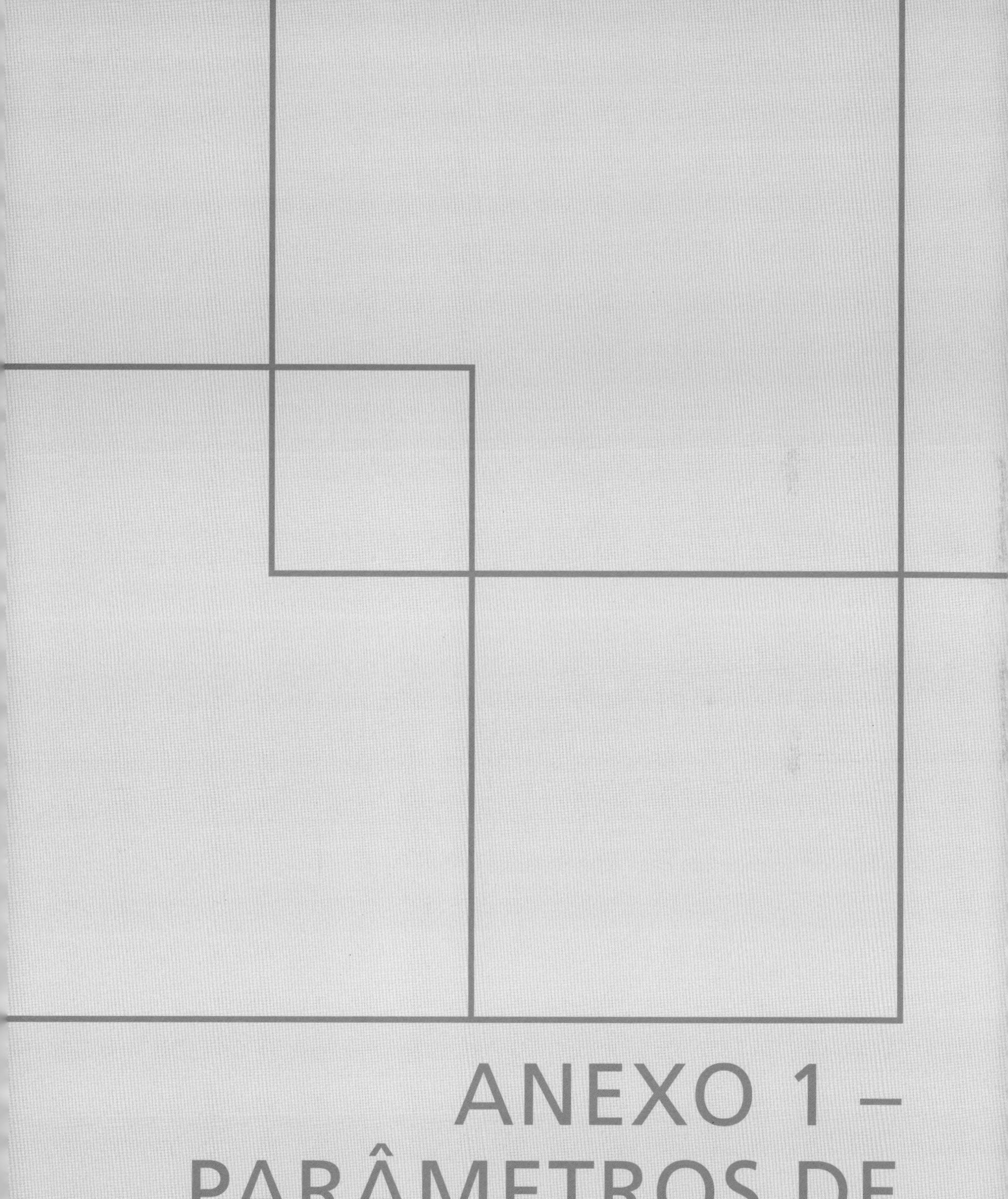

ANEXO 1 – PARÂMETROS DE CUSTOS

O desenvolvimento do projeto de um hotel deve sempre passar por uma avaliação de custos. Isso significa que, em cada fase do projeto (estudos preliminares, anteprojetos e projetos executivos), deverá ser feita uma estimativa de custo e, em uma fase mais avançada, um orçamento detalhado das obras civis, das instalações, dos equipamentos hoteleiros, da decoração e do enxoval do hotel.

Essa é a forma mais segura de o investidor acompanhar o desenvolvimento do empreendimento em todas as suas fases e permitir tomadas de decisão durante a execução das obras e a montagem do hotel.

O quadro B traz os custos aproximados de hotéis de diferentes padrões. Esses custos, que apenas não incluem o custo do terreno, abrangem projetos de arquitetura e de engenharia, remuneração da construtora, obras de infraestrutura, obras civis, instalações e equipamentos, equipamentos hoteleiros (cozinha, lavanderia, telefonia, informática, etc.), mobiliário, utensílios e enxoval. Os padrões dos hotéis foram definidos a partir das áreas por módulo (quadro A).

Quadro A
Padrões de hotéis como base referencial de custos

Apartamentos	Áreas por módulo
Padrão supereconômico	20 m^2 a 30 m^2/ módulo
Padrão econômico	30 m^2 a 45 m^2/ módulo
Padrão médio	45 m^2 a 65 m^2/ módulo
Padrão superior	65 m^2 a 85 m^2/ módulo

A variação dos custos – máximo e mínimo – decorre dos seguintes fatores:

- área total de construção para cada padrão de hotel;
- tipo de construção: vertical ou horizontal, com ou sem subsolo, etc.;
- disponibilidade e custos de material e mão de obra da região onde será implantado o hotel;

- características do clima da região;
- dimensões, características topográficas e geológicas do terreno;
- características do projeto de arquitetura e estrutura;
- características construtivas do hotel: sistema construtivo, padrão de acabamento, número de pavimentos, etc;
- infraestrutura existente no local: acessibilidade, redes de energia elétrica, abastecimento de água, coleta de esgotos, comunicações, etc;
- padrão do equipamento hoteleiro e operacional estabelecido pela empresa operadora do hotel, quando for o caso.

Quadro B
Custos aproximados dos hotéis no Brasil

Agosto de 2012 US$ = R$ 2,00

PADRÕES DE HOTÉIS	Preço por m² (US$)		Preço por módulo (US$)	
Níveis dos hotéis	Máximo	Mínimo	Máximo	Mínimo
Supereconômico	1.100	930	37.500	32.500
Econômico	1.400	1.150	65.000	45.500
Médio	1.800	1.500	95.000	75.000
Superior	2.400	2.100	185.000	135.000

O quadro C, apresentado a seguir, estabelece os percentuais de cada um dos itens que compõem o orçamento de um hotel de acordo com o seu padrão (supereconômico, econômico, médio e superior). Esses percentuais derivam da experiência dos autores em projetos de que participaram. São percentuais aproximados e podem variar em razão dos custos previstos conforme o padrão do hotel (apresentados no quadro B).

Nos percentuais, para cada padrão de hotel, não foi considerado o custo do terreno.

Note-se que, para os hotéis de padrões supereconômico e econômico, incide uma percentagem maior para o custo total de obras civis e instalações (90% e 85%, respectivamente) em relação à somatória (10% e 15%, respectivamente) das percentagens dos custos de equipamentos hoteleiros, mobiliário e decoração e equipamentos diversos. Essa maior incidência no percentual de obras civis e instalações deve-se ao fato de que, para os hotéis de padrões supereconômico e econômico, as áreas de hospedagem são bem maiores quando comparadas com as áreas sociais (lobby, restaurantes, salas de reuniões, etc.). Consequentemente, há uma redução significativa nos percentuais dos itens relativos aos equipamentos hoteleiros: mobiliário das áreas sociais, enxoval, equipamentos para áreas de lazer e esportes, etc.

No caso dos hotéis de padrões médio e superior, ocorre menor incidência (77% e 74%, respectivamente) nos percentuais de obras civis e instalações e maior incidência nos percentuais (23% e 27%, respectivamente) relacionados com equipamentos hoteleiros, mobiliário, equipamentos diversos e enxoval. Para esses hotéis, há um significativo incremento das áreas sociais (lobby, restaurantes, bares, área de piscinas, fitness, salões de eventos, quadra de esportes, etc.), que, por sua vez, acarretam maiores custos em equipamentos hoteleiros, mobiliário e decoração, equipamentos diversos, enxoval, etc.

Quadro C
Distribuição percentual aproximada de custos conforme o padrão dos hotéis

DISCRIMINAÇÃO	Supereconômico	Econômico	Médio	Superior
1. OBRAS CIVIS E INSTALAÇÕES				
Projetos de arquitetura, engenharia e gerenciamento	4%	4,5%	5%	5,5%
Sondagens, testes e controle tecnológico, serviços preliminares, canteiro, acampamento, materiais e equipamentos de construção	1%	1,5%	1,5%	1,5%
Trabalhos em terra e infraestrutura	11%	8,5%	6%	3,5%
Supraestrutura	23%	17%	11,5%	8%
Paredes e painéis	3%	3%	3,5%	3,5%

(continua)

(continuação)

DISCRIMINAÇÃO	Supereconômico	Econômico	Médio	Superior
1. OBRAS CIVIS E INSTALAÇÕES				
Esquadrias de madeira	2%	2,5%	2%	1,5%
Esquadrias metálicas	0,2%	0,2%	0,3%	0,3%
Esquadrias de alumínio	2,5%	3%	3%	3,5%
Cobertura	0,6%	0,7%	0,7%	0,8%
Instalações hidráulicas	5%	4,5%	3,2%	2,5%
Prevenção contra incêndio	2%	2%	1,5%	1%
Aparelhos sanitários	1%	1,5%	1,5%	1,5%
Instalações de gás	0,1%	0,1%	0,5%	0,5%
Instalações elétricas – entrada geral	4%	4%	4,5%	4,5%
Instalações elétricas – distribuição	0,5%	0,8%	1%	1%
Forros	1%	1%	1,2%	1,5%
Impermeabilização	1%	1%	1%	1%
Revestimentos internos	3%	3,5%	3,5%	4%
Revestimentos externos	1%	1,5%	1,5%	1,5%
Pisos internos	2%	2,5%	2,5%	3%
Vidros e espelhos	2%	2%	2%	2,5%
Pintura	2%	2%	1,7%	1,5%
Paisagismo, urbanismo	0,5%	0,5%	0,5%	0,7%
Limpeza	0,2%	0,2%	0,2%	0,2%
Elevadores/escadas rolantes	3%	3%	2,5%	2,5%
Equipamentos diversos	1,4%	1,5%	1,5%	1%
Ar-condicionado	4,5%	5%	5,5%	6,5%
Custos diversos/BDI	7%	7,5%	7,8%	9%
TOTAL 1	**90%**	**85%**	**77%**	**74%**

(continua)

(continuação)

DISCRIMINAÇÃO	Supereconômico	Econômico	Médio	Superior
2. EQUIPAMENTOS HOTELEIROS, MOBILIÁRIO, EQUIPAMENTOS DIVERSOS, UTENSÍLIOS E ENXOVAL				
2.1 Equipamentos hoteleiros				
Comunicação visual	0,2%	0,3%	0,5%	0,6%
Cozinha e câmaras frigoríficas	1%	1,2%	1,3%	1,5%
Colchões	0,6%	0,8%	1%	1,3%
Equipamentos de ginástica	0,1%	0,2%	0,2%	0,3%
Divisórias acústicas	0%	0,1%	1,4%	1,4%
Televisores	0,1%	0,1%	0,1%	1.2%
Equipamentos (CFTV, detecção, cabeamento, telefonia, etc.)	1%	1,1%	2%	2,2%
Sistemas de informática	1%	1,2%	1,5%	1,7%
Subtotal 2.1	**4%**	**5%**	**8%**	**9%**
2.2 Mobiliário e decoração (apartamentos e áreas públicas)				
Mobiliário e decoração dos apartamentos	3,5%	6,5%	9,5%	10%
Mobiliário e decoração das áreas públicas	1%	1,5%	2,5%	3,5%
Subtotal 2.2	**4,5%**	**8%**	**12%**	**13,5%**
2.3. Equipamentos diversos, utensílios e enxoval				
Carrinhos operacionais, governança, roupas de cama, mesa e banho, uniformes, louças, talheres, copos, utensílios de cozinha, ferramentas de manutenção, etc.	1,5%	2%	3%	3,5%
Subtotal 2.3	**1,5%**	**2%**	**3%**	**3,5%**
TOTAL 2	**10%**	**15%**	**23%**	**26%**
TOTAL GERAL (1 + 2)	**100%**	**100%**	**100%**	**100%**

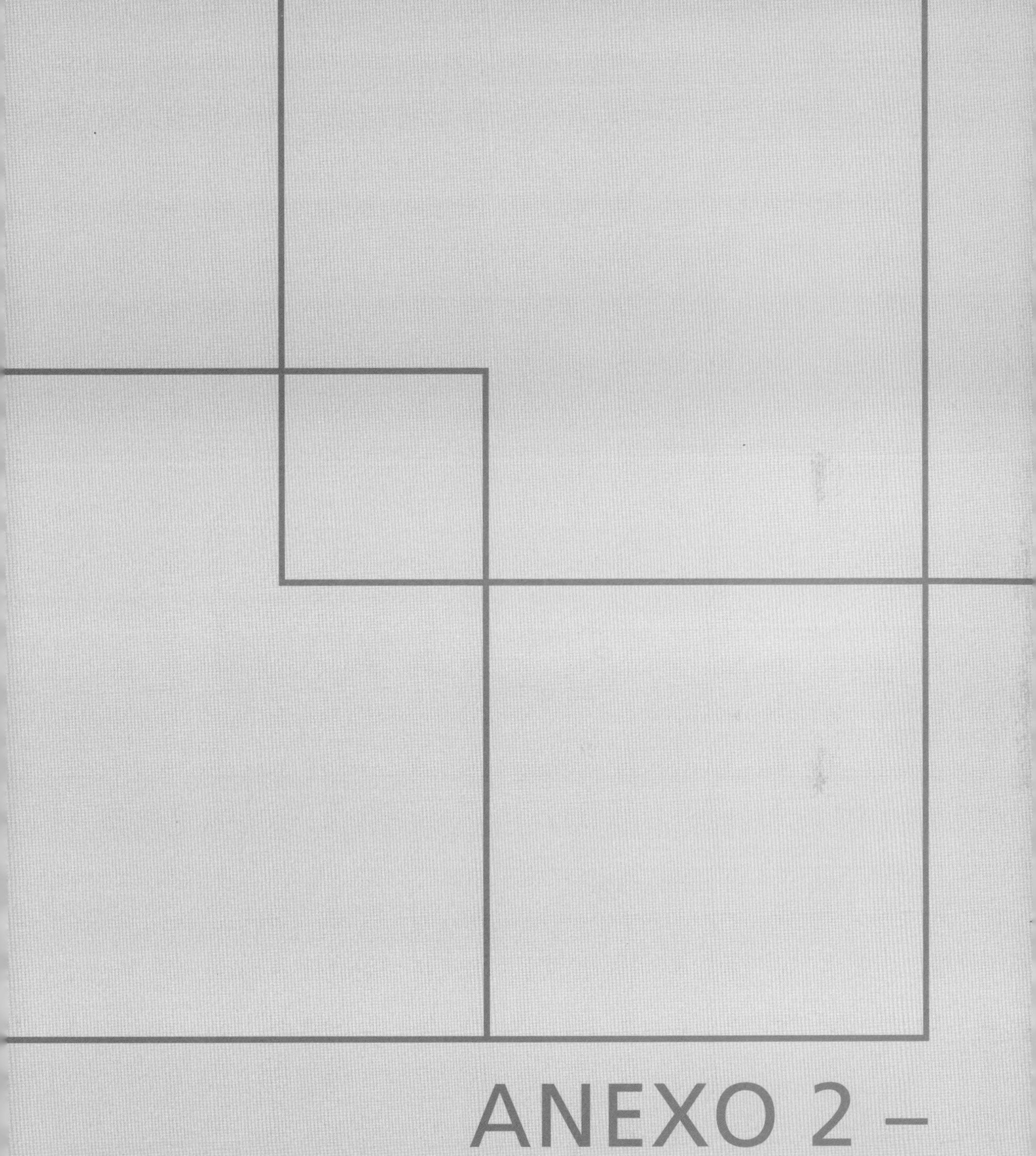

ANEXO 2 – RELAÇÃO DE ÁREAS E FUNÇÕES

ÁREAS DE HOSPEDAGEM

Andar-tipo de hospedagem:

- hall dos elevadores de serviço;
- rouparia e WC do andar;
- hall dos elevadores de hóspedes;
- circulação;
- apartamentos simples;
- studios;
- suítes simples;
- suítes especiais;
- suíte presidencial;
- apartamentos dúplex.

Serviços previstos para apartamentos e suítes:

- frigobar;
- geladeira;
- televisão;
- televisão por cabo;
- condicionador de ar individual;
- condicionador de ar central;
- *sprinkler* no apartamento;
- *sprinkler* nos corredores do andar;
- detector de fumaça;
- água quente;
- canais de som;
- telefone interno;
- telefone externo;
- room service;
- troca diária de roupa de cama;
- troca diária de roupa de banho;
- serviço de mordomo no andar.

ÁREAS SOCIAIS

Lobby:

- portaria (bell captain);

- atendimento;
- mensageiro;
- correio;
- sanitários masculino, feminino e para pessoas com deficiência;
- telefones públicos;
- telefones;
- chamadas internas.

Front office:

- balcão de recepção;
- concierge (informações, espetáculos, *tours*, etc.);
- caixas;
- cofres de segurança;
- depósito de bagagem;
- área de apoio e mensageiros;
- salas das gerências e do *controller*;
- sala de espera e secretaria;
- sala dos analistas do CPD;
- sanitários.

Áreas de estar:

- salas de estar;
- salas de leitura;
- sala de TV;
- salão de exposições;
- salas VIP, com sanitários masculino, feminino e para pessoas com deficiência.

Restaurantes e bares:

- piano-bar;
- restaurante de luxo;
- restaurantes típicos;
- coffee shop;
- restaurante infantil;
- bar da piscina;
- lobby com bar;
- nightclub e respectivas instalações;
- salão de chá;
- salas de almoço privativas.

Área de eventos:

- foyer;
- sanitários masculino, feminino e para pessoas com deficiência;
- chapelaria;
- telefones públicos;
- áreas de apoio a eventos;
- área de vendas de eventos;
- salão nobre;
- salas de reunião;
- cabine de som e projeção;
- cabines de tradução simultânea;
- área de exposições;
- depósito de móveis;
- cozinha terminal.

Auditório/teatro:

- bilheteria;
- foyer;
- sanitários masculino e feminino e para pessoas com deficiência;
- sala de som e projeção;
- cabines de tradução simultânea;
- camarins masculino e feminino;
- plateia;
- palco;
- depósito de móveis.

Área comercial - lojas:

- floricultura;
- jornais e revistas;
- *bonbonnière*;
- tabacaria;
- agência de turismo;
- aluguel de carros;
- loja de artigos masculinos;
- loja de artigos femininos;
- artigos infantis;
- artigos esportivos;

- joalheria;
- galeria de arte;
- artigos regionais;
- agência bancária;
- loja de artesanato.

Escritórios de aluguel:

- secretaria;
- central de comunicações;
- central de reproduções;
- salas de reunião;
- sanitários masculino, feminino e para pessoas com deficiência;
- copa de apoio.

Área de administração:

- recrutamento e seleção de pessoal;
- ambulatório médico;
- departamento pessoal;
- agência bancária;
- seção de compras;
- contabilidade;
- setor de reservas;
- salas da gerência (geral, A&B, patrimônio, *controller*, etc.);
- salas de reunião;
- secretaria;
- sanitários;
- departamento de marketing;
- departamento de vendas;
- salas de treinamento de pessoal;
- sala de segurança.

ÁREA DE SERVIÇOS

Entrada e portaria:

- portaria de serviço;
- controle de funcionários;
- distribuição de uniformes;

- relógio de ponto;
- segurança;
- protocolo;
- vestiários e sanitários masculinos;
- vestiários e sanitários femininos;
- rouparia dos funcionários;
- refeitório dos funcionários;
- sala de descanso.

Área de recebimento:

- doca de carga e de descarga;
- controle de recebimento;
- área de triagem;
- balança;
- depósito de vasilhames;
- depósito de lixo seco;
- câmara frigorífica de lixo úmido.

Armazenamento:

- almoxarifado de alimentos;
- almoxarifado de bebidas;
- adega climatizada.

Área de pré-preparo:

- área de pré-preparo de alimentos;
- câmara frigorífica (carnes);
- câmara frigorífica (peixes);
- câmara frigorífica (congelados);
- câmara frigorífica (frutas e verduras);
- câmara frigorífica (lacticínios).

Cozinha principal:

- câmaras frigoríficas de uso diário;
- área de cocção básica;
- preparo de saladas e sobremesas;
- padaria e confeitaria;
- higienização de panelas;
- controle do room service;
- higienização de louças, copos e talheres;
- área de distribuição;

- cozinhas terminais;
- bar central;
- caixas;
- escritório do chefe da cozinha;
- sanitários do pessoal da cozinha.

Cozinha terminal de banquetes:

- câmaras frigoríficas;
- fritadeiras e fornos;
- higienização;
- carros-estufa;
- área de montagem dos pratos;
- área de lavagem de louças;
- depósito de louças, cristais e prataria;
- área de distribuição dos pratos.

Cozinhas terminais:

- câmaras frigoríficas (uso diário);
- higienização de louças e panelas;
- controle.

Almoxarifado:

- controle;
- panos, pratarias, louças, cristais;
- material de limpeza;
- material de consumo dos hóspedes;
- material de manutenção;
- material de escritório;
- móveis e estofados;
- cortinas e carpetes;
- máquinas e ferramentas.

Lavanderia e governança – recebimento:

- duto de roupa suja;
- depósito de roupa suja;
- área de recebimento e triagem.

Lavanderia:

- lavadoras/extratoras;
- secadoras;

- calandra;
- máquinas de passar;
- sala de costura;
- estacionamento de carrinhos;
- depósito de roupa limpa;
- sala do chefe da lavanderia;
- equipamento de vácuo e ar comprimido.

Governança:

- sala do chefe de governança;
- depósito de material de limpeza e produtos químicos.

Áreas de manutenção:

- chefe da manutenção;
- almoxarifado de manutenção;
- refrigeração;
- hidráulica;
- elétrica;
- marcenaria;
- estofados;
- jardinagem;
- funilaria;
- pintura;
- reparos.

ÁREA DOS EQUIPAMENTOS

Sistema de água:

- reservatório inferior;
- poço profundo;
- casa de bombas;
- reservatório superior;
- estação de tratamento de água;
- tratamento de água das piscinas.

Sistema de esgotos:

- estação de tratamento de esgotos;
- estação elevatória de esgotos.

Caldeiras:

- baixa pressão;
- alta pressão;
- água quente.

Sistema de ar-condicionado:

- central de água gelada;
- torres de resfriamento;
- condicionadores;
- exaustores.

Combustíveis:

- tanques de óleo diesel;
- central de gás;
- tanque de gasolina.

GRUPO GERADOR DE EMERGÊNCIA

Sistema de energia elétrica:

- sala dos transformadores;
- cabines de medição;
- salas dos quadros elétricos.

Sistemas eletrônicos:

- central telefônica;
- sala das telefonistas;
- sanitário e sala de descanso;
- central de som;
- central BIP;
- circuito fechado de TV;
- sala do CPD;
- Centro de Controle Operacional (CCO).

ÁREA DE RECREAÇÃO

Fisioterapia/ginástica:

- controle;

- sauna seca, sauna a vapor;
- ducha escocesa;
- ducha circular;
- chuveiros especiais;
- turbilhão;
- piscina de água ozonizada;
- aparelhos de ginástica;
- sala de estar e bar;
- bar da sauna;
- mecanoterapia;
- massagens;
- repouso.

Anexo da fisioterapia:

- barbearia;
- cabeleireiro;
- salão de beleza;
- bar;
- sanitários e vestiários masculino e feminino e para pessoas com deficiência.

Esportes:

- controle e rouparia;
- parque aquático;
- piscina para adultos;
- piscina infantil;
- bar molhado;
- sanitários e vestiários masculino e feminino e para pessoas com deficiência;
- quadras de squash;
- quadra de tênis;
- quadra poliesportiva;
- campo de golfe (ou minigolfe);
- outros.

Jogos:

- salão de jogos;
- salão de jogos infantis;
- salão de bilhar;

- jogos eletrônicos;
- cassino e respectivas instalações.

Parques e jardins:

- minizoológico;
- horta;
- bosque;
- cavalariça.

Esportes náuticos:

- marina e respectivas instalações;
- aluguel de equipamentos náuticos;
- ancoradouro de barcos.

TRANSPORTES

- controle do estacionamento;
- sala dos manobristas;
- sanitário dos manobristas;
- terminal de ônibus;
- heliponto.

BIBLIOGRAFIA

ASSOCIACÃO BRASILEIRA DE NORMAS TÉCNICAS. *NBR 9.050: 2004.* Versão Corrigida: 2005. "Acessibilidade a edificações, mobiliário, espaços e equipamentos urbanos", 2005.

_______. *NBR 9.077. Saídas de emergência em edifícios - Procedimentos/ Emenda nº 1 de 2011*, 2011.

_______. *NBR 14.240. Sistemas de detecção e alarme de incêndio - Projeto, instalação, comissionamento e manutenção de sistemas de detecção e alarme de incêndio - Requisitos*, 2010.

BANGERT, Albrecht & RIEWOLDT, Otto. *Diseño de nuevos hoteles*. Barcelona: Gustavo Gilli, 1993.

BAZIN, Germain. *L'Architecture religieuse barocque au Brésil*. Vol. 1. Paris: Librerie Plan, 1956.

BELCHIOR, Elysio de Oliveira & POYARES, Ramón. *Pioneiros da hotelaria no Rio de Janeiro*. São Paulo: Editora Senac São Paulo, 1987.

CALFAT JACOB, Caio Sérgio. *Hotelaria e desenvolvimento urbano de São Paulo: 150 anos de história*. São Paulo: Azulsol Editora, 2014.

CHOICE Hotéis do Brasil. *Regras e regulamentos do Sleep Inn*. s/l., s/d.

CHOICE Hotels Internationals. *Sleep Inn: Prototype Specifications*. s/l., 1994.

CONSELHO NACIONAL DE TURISMO. "Resolução Normativa nº 24, de junho de 1987". Em *Diário Oficial da União*. Brasília, 12-8-1987.

DI MARCO, Anita Regina. *CBA - Cadernos brasileiros de arquitetura nº 19 - hotéis*. São Paulo: Projetos Editores Associados, 1987.

DUARTE, Vladir Vieira. *Administração de sistemas hoteleiros: conceitos básicos*. São Paulo: Editora Senac São Paulo, 1995.

EMBRATUR & INMETRO. *Regulamento e matriz de classificação dos meios de hospedagem e turismo - Deliberação normativa 397*, 28-1-1998. São Paulo: Editora Suprimentos & Serviços, s/d.

Grande Hotel São Pedro: 25 anos de administração Senac. São Paulo: Editora Senac São Paulo, 1995.

Guia de hotéis e convenções: 1º semestre de 1998. São Paulo: Editora Guia de Hotéis e Convenções, 1998.

Guia de hotéis e convenções: 1º semestre de 1999. São Paulo: Editora Guia de Hotéis e Convenções, 1999.

HOLIDAY INN Hotels & Suites. *Manual de normas Holiday Inn*. s/l., s/d.

_______. *Manual de standards Holiday Inn Express*. s/l, 1993.

HOTEL AND TRAVEL INDEX. s/l: s/d.

HOTEL INVESTMENT ADVISORS (HIA) & Horwath HTL. *Hotelaria em números - Brasil 2007*, São Paulo, 2007.

INSTITUTO BRASILEIRO DE GEOGRAFIA E ESTATÍSTICA. *Anuário estatístico*. IBGE, 2012.

KNAPP, Fredéric. *Hotel Renovation: Planning and Design*. Nova York: Retail Report Corporation, 1995.

LAWSON, Fred. *Hotels, Motels and Condominius: Design, Planning and Maintenance*. Londres: The Architectural Press, 1976.

_______. *Hotels and Resorts: Planning, Design and Refurbishment*. Oxford: The Architectural Press, 1995.

MELLO, Gustavo & GOLDENSTEIN, Marcelo. "Perspectivas da hotelaria no Brasil". Em *BNDES setorial*, nº 33, 2011.

MINISTÉRIO DO TRABALHO E EMPREGO. *Norma Regulamentadora nº 24*. Disponível em http://portal.mte.gov.br/legislacao/norma-regulamentadora-n-24.htm. Acesso em 7-5-2013.

MINISTÉRIO DO TURISMO. *Portaria nº 100*, de 16 de junho de 2011. Disponível em http://www.turismo.gov.br/turismo/legislacao/meios_hospedagem/P100.html. Acesso em 28-2-2013.

MUTO, Shoichi. *European Hotels & Their Restaurants*. Tóquio: Shotenkenchiku - Sha Co., 1991.

PREMIER HOTELS & RESORTS. Nova York: Advanstar Communications, 1997-1998.

RUTES, Walter A. & PENNER, Richard H. *Hotel Planning and Design*. Nova York: Whitney Library of Design/Watson-Gruptill Publications, 1985.

SAITO, Gen Takeshi. *American Hotels & Their Restaurants*. Tóquio: Shotenkenchiku - Sha Co., 1988.

SECRETARIA MUNICIPAL DE HABITACÃO DE SÃO PAULO. *Lei nº 8.006*, de 8 de janeiro de 1974. Disponível em http://www.prefeitura.sp.gov.br/cidade/secretarias/habitacao/plantas_on_line/legislacao/index.php?p=10899. Acesso em 28-2-2013.

_______. *Lei nº 11.228,* de 25 de junho de 1992. *Código de Obras e Edificações.* Disponível em http://www.prefeitura.sp.gov.br/cidade/secretarias/habitacao/legislacao/index.php?p=3257. Acesso em 28-2-2013.

SHIBATA, Yozo. *Hotel Facilities: New Concepts in Architecture & Design.* Tóquio: Meisei Publications, 1997.

TUCH, David Lord. *Dimensionamento das áreas de um hotel.* São Paulo: Senac/Ceatel, 1994.

CRÉDITOS DAS IMAGENS

P. 27: Rodolpho Machado/Opção Brasil Imagens.
P. 29: Senac São Paulo (à esquerda).
P. 29: Coleção Caio Calfat (à direita).
P. 31: Coleção Caio Calfat (acima).
P. 31: Coleção Caio Calfat (abaixo).
P. 63: Nelson Kon (acima).
P. 63: Carlson Rezidor Hotel Group. Foto: Orange Stock RF/ Grupo keystone (abaixo).
P. 64: Divulgação (acima).
P. 64: Divulgação (abaixo, à esquerda).
P. 64: Carlson Rezidor Hotel Group (abaixo, à direita).
P. 65: Divulgação (abaixo).
P. 65: Hilton São Paulo Morumbi (acima, à direita).
P. 72: Divulgação (abaixo).
P. 72: Divulgação (acima).
P. 73: © Creativei/Dreamstime.com (abaixo).
P. 73: Divulgação (acima, à direita).
P. 73: Divulgação (acima, à esquerda).
P. 78: Divulgação.
P. 79: Divulgação (abaixo).
P. 79: Divulgação (acima).
P. 83: Divulgação.
P. 85: Divulgação.
P. 86: Orange Stock RF/ Grupo Keystone (acima).
P. 86: Art Directors & Trips Photo (abaixo).
P. 87: Orange Stock RF/ Grupo Keystone.
P. 89: Divulgação.
P. 90: Alamy/ Other Images (abaixo).
P. 90: Latinstock/ © Atlantide Phototravel/ Corbis/ Corbis (DC)(acima).
P. 91: Latinstock/ © Bill Ross/ Corbis/ Corbis (DC) (acima).
P. 91: Divulgação (abaixo).
P. 92: Top Foto/ Grupo Keystone.
P. 95: Cesar Saulo (acima).
P. 95: Divulgação (abaixo).
P. 96: Divulgação (acima).
P. 96: Divulgação (abaixo).
P. 97: Divulgação.
P. 99: Imagebroker/ Grupo Keystone (acima).
P. 99: Age Fotostock/ Grupo Keystone (abaixo).
P. 100: Imagebroker/ Grupo Keystone (acima).

P. 100: Age Fotostock/ Grupo Keystone (abaixo).
P. 101: Alamy/ Other Images.
P. 102: Leonide Príncipe (abaixo).
P. 102: Leonide Príncipe (acima).
P. 103: Divulgação.
P. 129: Nelson Kon (acima).
P. 129: Nelson Kon (abaixo).
P. 130: Divulgação (acima).
P. 130: Latinstock/ © Ludovic Maisant/ Hemis/ Corbis/ Corbis (DC) (abaixo).
P. 131: Alessandro Batistessa (acima).
P. 131: Alessandro Batistessa (abaixo).
P. 132: Photoshot/ Grupo Keystone (à direita).
P. 132: Photoshot/ Grupo Keystone (abaixo).
P. 132: TPG Photo/ Grupo Keystone (acima, à esquerda).
P. 133: AGE Fotostock/ Grupo Keystone (acima).
P. 133: AGE Fotostock/ Grupo Keystone (abaixo).
P. 134: Divulgação (abaixo, acima).
P. 134: Divulgação (abaixo, abaixo).
P. 135: Lau Polinesio (acima).
P. 135: Erico Iannarelli (abaixo).
P. 136: Divulgação (acima).
P. 136: Nelson Andrade (abaixo).
P. 137: Nelson Andrade (acima).
P. 137: Nelson Andrade (abaixo).
P. 138: Divulgação (acima).
P. 138: Divulgação (abaixo).
P. 144: Kurt Vinion/ Getty Images (à direita).
P. 144: Nelson Andrade (à esquerda).
P. 145: Nelson Kon (acima).
P. 145: Nelson Kon (abaixo).
P. 146: Divulgação (acima).
P. 146: Divulgação (abaixo).
P. 147: Mr. Aszmann (acima).
P. 147: Alessandro Batistessa (abaixo).
P. 148: Bruna Iannarelli (acima).
P. 148: Chris Jackson/ Getty Images (abaixo, à direita).
P. 148: Divulgação (abaixo, à esquerda).
P. 149: Alamy/ Other Images (à direita).
P. 149: Divulgação (acima, à esquerda).
P. 149: Erico Iannarelli (abaixo).
P. 153: Michel Setboun/Getty Images.
P. 154: Nelson Kon (acima).
P. 154: Divulgação (abaixo).
P. 155: Divulgação (abaixo).

P. 155: Photoshot/ Grupo Keystone (acima).
P. 156: TPG Photo/ Grupo Keystone (acima).
P. 156: Divulgação (abaixo).
P. 157: Erico Iannarelli (acima).
P. 157: Erico Iannarelli (abaixo).
P. 158: Imagem CIMG1369 (acima, à esquerda).
P. 158: Divulgação (abaixo).
P. 158: TPG Photo/Grupo Keystone (acima, à direita).
P. 164: Juan Guerra (abaixo).
P. 164: Juan Guerra (meio).
P. 164: Simone Pacífico (acima).
P. 165: Divulgação (acima).
P. 165: Divulgação (abaixo).
P. 166: Divulgação (acima).
P. 166: José Ricardo (abaixo).
P. 167: Divulgação (acima).
P. 167: Divulgação (abaixo).
P. 168: Alessandro Batistessa.
P. 170: Daniel Malva (acima).
P. 170: Divulgação (abaixo).
P. 171: Bildagentur/ Tips/ Glow Images (abaixo).
P. 171: Divulgação (acima).
P. 172: Divulgação (acima).
P. 172: Divulgação (abaixo).
P. 173: Divulgação (acima).
P. 173: Divulgação (meio).
P. 173: Nelson Kon (abaixo).
P. 174: Divulgação (acima).
P. 174: Divulgação (abaixo).
P. 177: Divulgação (acima).
P. 177: Nelson Andrade (meio).
P. 177: Divulgação (abaixo).
P. 178: Elizabeth Lee (acima)
P. 178: Nelson Kon (abaixo).
P. 179: Bruna Iannarelli.
P. 193: Divulgação.

ÍNDICE

Agradecimentos, 17
Anexo 1 - Parâmetros de custos, 275
Anexo 2 - Relação de áreas e funções, 283
Área de recreação, 291
Área de serviços, 287
Área dos equipamentos, 290
Áreas de hospedagem, 284
Áreas sociais, 284
Grupo gerador de emergência, 291
Transportes, 293
Apresentação, 19
Bibliografia, 295
Créditos das imagens, 299
Dimensionamento, 229
Dimensionamento das áreas de serviços, 263
Almoxarifado, 270
Área de recebimento e triagem, 266
Armazenagem de alimentos e bebidas, 268
Governança, 271
Instalações de funcionários, 263
Refeitório, 265
Sala de descanso e lazer, 265
Sala para controle e revista, 264
Sanitários e vestiários, 264
Lavanderia, 270
Preparo de alimentos, 268
Dimensionamento das áreas públicas e sociais, 254
Administração, 262
Áreas de eventos, 258
Balcão de recepção, 255
Bares e restaurantes, 256
Instalações sanitárias, 261
Lobby, 254
Dimensionamento do andar-tipo de hospedagem, 233
Configuração do andar, 234
Dimensionamento dos postos de serviço do andar de hospedagem, 253
Banheiro, 228

Hall de elevadores de serviço, 253
Rouparia, 253
Dimensões dos apartamentos, 238
Dimensões dos corredores, 246
Elevadores de hóspedes e de serviço, 249
Hall de elevadores de hóspedes, 252
Número de elevadores, 249
Número de apartamentos por andar, 233
Número e largura das escadas, 247
Dimensionamento geral, 230
Elaboração do programa, 217
Nota do editor, 7
Planejamento de empreendimentos hoteleiros, 39
Definição do produto, 40
Estudo de mercado, 41
Estudo de viabilidade econômico-financeira do empreendimento, 42
Localização, 44
Estudo de localização em escala regional, 45
Estudo de localização em escala urbana, 46
Hotel cassino, 48
Hotel central, 46
Hotel de convenções/eventos, 47
Hotel de design/Hotel boutique, 48
Hotel de selva, 48
Hotel econômico, 47
Hotel supereconômico, 47
Resort ou hotel de lazer, 47
Estudo de viabilidade para terreno específico, 48
O projeto, 109
Administração, 175
Áreas administrativas, 179
Recepção, 175
Área de hospedagem, 112
Apartamento para pessoas com deficiência, 139
Apartamento-tipo, 120
Áreas de alimentos e bebidas (A&B), 186
Áreas de produção - cozinha industrial, 188
Armazenagem de alimentos e bebidas, 187
Preparo de alimentos, 189
Áreas de equipamentos e sistemas de instalações, 196

Ar-condicionado e ventilação, 210
Condicionadores autônomos (*self contained*), 211
Condicionadores de ar *fan coil* com *chillers*, 211
Sistema com multievaporadoras, 213
Sistemas divididos do tipo *split*, 212
Iluminação,199
Iluminação de emergência, 200
Interruptores e tomadas gerais de força, 200
Níveis de iluminação, 199
Sinalização de emergência e iluminação de segurança, 200
Tipos de lâmpadas, 200
Tomadas de 110 volts monofásicas, 201
Tomadas de 220 volts monofásicas, 200
Tomadas de 380/220 volts trifásicas, 201
Instalações hidráulico-sanitárias, 208
Sistema de água fria, 208
Sistema de água quente, 208
Sistema de esgoto sanitário, 209
Proteção contra incêndios, 214
Brigada de combate a incêndios, 215
Hidrantes, *sprinklers* e extintores, 214
Pressurização das escadas de emergência, 214
Sistema de refrigeração, 215
Sistema de suprimento de energia e instalações elétricas, 198
Sistema de distribuição de energia elétrica, 198
Sistema de energia de emergência, 198
Sistema *no-break*, 198
Suprimento normal, 198
Sistemas eletrônicos, 201
Circuito fechado de televisão (CFTV), 203
Recepção de TV, 204
Sistema de controle de acesso e registro de ponto, 204
Sistema de detecção e alarme de incêndio, 205
Sistema de fechaduras eletrônicas, 207
Sistema de gerenciamento hoteleiro (*hotel management system*), 208
Sistema de projeção e áudio, 204
Sistema de radiobusca (BIP), 202
Sistema de radiocomunicação (*walkie-talkie*), 202
Sistema de relógios, 204

Sistema de sonorização ambiente, 203
Sistema de supervisão e controle (SSC), 206
Sistema de supervisão e controle dos apartamentos (SSCA), 207
Sistema de tradução simultânea, 205
Sistema informativo de TV, 207
Sistema telefônico, 201
Áreas de serviço, 182
Acesso e instalações para funcionários, 182
Área de recebimento, 185
Área de alimentos e bebidas, 186
Lavanderia e governança, 193
Áreas públicas e sociais, 141
Áreas de eventos, 159
Áreas recreativas, 168
Bares e restaurantes, 150
Entrada principal e estacionamento, 141
Lobby, 142
Prefácio, 9
Prefácio à 10ª edição, 13
Sumário, 5
Tipos de hotel, 51
Classificação dos hotéis, 53
Hotéis centrais, 56
Características do lobby, 60
Características dos apartamentos, 61
Estacionamento, 62
Localização, 56
Tamanho e diversidade das instalações, 57
Hotéis de aeroportos, 84
Hotéis econômicos, 75
Características do lobby, 77
Características dos apartamentos, 77
Estacionamento, 78
Localização, 76
Tamanho e diversidade das instalações, 76
Hotéis não centrais, 67
Características do lobby, 70
Características dos apartamentos, 71
Estacionamento, 71
Localização, 68

Tamanho e diversidade das instalações, 69
Hotéis supereconômicos, 80
Características dos apartamentos, 82
Estacionamento, 83
Localização, 82
Tamanho e diversidade das instalações, 82
Resorts, 88
Outros tipos de hotel, 94
Hotéis cassino, 104
Hotéis de convenções/eventos, 103
Hotéis de design/Hotéis boutique, 98
Hotéis de selva, 101
Hotéis fazenda/Hotéis de lazer, 94
Hotéis residência (apart-hotéis e flats), 104
Navios, 105
Pousadas, 97
Spas, 104
Um breve histórico, 23
Introdução, 24
Marcos da hotelaria no mundo, 25
A hotelaria no Brasil, 25
A hotelaria em São Paulo, 28
1900: a chegada dos imigrantes, 28
1930: a quebra do café, 30
1954: o quarto centenário de fundação da cidade, 32
1960-1970: mudança do centro financeiro, 33
A hotelaria no Brasil a partir de 1966 e as tendências para o setor, 33
A hotelaria no Rio de Janeiro, 26
Marcos da hotelaria no Brasil, 36